Ihr werdet Deutschland
nicht wiedererkennen

Walter Hasenclever

Ihr werdet Deutschland nicht wiedererkennen

Erinnerungen

Kiepenheuer & Witsch

© 1975 by Walter Hasenclever
Ein Buch des Verlages Kiepenheuer & Witsch
Entstanden mit Hilfe und unter den Auspizien des
Literarischen Colloquiums Berlin
Gesamtherstellung Poeschel & Schulz-Schomburgk, Eschwege und
Butzon & Bercker Kevelaer
Printed in Germany 1975
ISBN 3 462 01074 3

BENNO D. FRANK

Inhalt

Vorwort 9

1 Die Begegnung 11

2 Wir 39

3 Verhöre 56

4 Die kleinen Nazis, andere Typen in Zivil
   und einige Charaktere 81

5 Generäle 107

6 Mondorf 131

7 Geschichtliche Notwendigkeit 241

Vorwort

»Ihr werdet Deutschland nicht wiedererkennen« ist ein halbes Hitlerzitat. Ganz lautet es: »Gebt mir vier Jahre, und ihr werdet Deutschland nicht wiedererkennen.« Wir haben diesen prophetischen Spruch über den Eingang zu unserem Gefangenenlager geschrieben, das in einem unvollendeten Fabrikgebäude nebst Gelände in Namur an der Maas eingerichtet war.

Wie ich dazu kam, als Amerikaner in meine deutsche Heimat zurückzukehren, ist in diesem Buch beschrieben. Was ich dort nicht wiedererkannte, aber sehr bald erkennen mußte, versuche ich zu schildern. Es ist eine Geschichte, die sich von nun an immer wiederholen kann. So wie Hitler von Stalin gelernt hat, lernen die heutigen Diktatoren von Hitler. Sie alle begreifen immer nur eins: Wie man den Gegner ausrottet. Die Mittel dazu werden immer vollkommener.

Ich habe kurz nach meiner Rückkehr in die Vereinigten Staaten Aufzeichnungen über meine Verhöre und meine Eindrücke angefertigt. Diese Aufzeichnungen sind verloren. Ich kann daher nur aus meinen Erinnerungen rekonstruieren, was ich damals erfahren und erlebt habe. Daher haben auch die Gestalten, die ich beschreibe, teils mehr und teils weniger Substanz oder plastische Existenz. Einige sind nur noch als Aussagen oder als Rätsel ihrer Zeitgeschichte und des von ihnen geschilderten Gesellschaftssystems in meiner Erinnerung.

Ich habe bewußt darauf verzichtet, meinen Erinnerungen geschichtliche Forschungen zu unterlegen. Meine Kommentare zu den einzelnen Persönlichkeiten stammen ebenso aus meinem Gedächtnis wie die Charakteristiken, die ich versuche. Ich wollte ein rein subjektives Buch schreiben. Wenn dabei sachliche Fehler unterlaufen sind, dann bitte ich das aus eben diesem Grund mir nicht allzu heftig anzukreiden.

Ebenso sind meine Überlegungen zum nationalsozialistischen Staat rein subjektiv und mit fortschreitender Zeit fast impressionistisch geworden. Ich halte, wie gesagt, diesen Staat nicht mehr für einen pathologischen Einzelfall, obwohl seine deutschen Vertreter sehr deutliche nationale Züge tragen. Aber die krampfhafte Synthese von Mythos und Technik, die gerade heute wieder der Jugend zu schaffen macht, beschwört schlimme Ahnungen herauf. Vor allem scheint mir in Hitlers Staat zum ersten Mal die Frage sehr klar gestellt, ob die Menschheit darauf verzichten kann, das zu tun, wozu sie technisch in der Lage ist. Hätte sie durch einen Willensentschluß davon abstehen können, zum Mond zu fliegen? Kann sie davon abstehen, sich selbst zu vernichten, nachdem ihr die Mittel dafür in die Hand gegeben sind?

Für den Mondflug sind bisher nur Techniker eingesetzt worden, die zugleich Militärs sind. Ein einziger Wissenschaftler, kein Künstler, aber auch niemand, der nicht Amerikas rassischer »Elite« entspräche.

Wenn die Vernichtungstechnik ebenso besetzt wird, dann wird eines Tages der »normale« Nationalbürger darüber zu entscheiden haben, ob die menschliche Welt weiter existieren darf – oder vielleicht, was Gott verhüten mag, ein Priester oder ein General. Unter Priester verstehe ich dabei auch den Führer eines weltanschaulich gebundenen Staates. Denn wenn seine Religion nicht stimmt, verliert die Welt ihre Berechtigung zu existieren.

Wie und mit wem man das zuwege bringt, steht in diesem Buch. Es beginnt im Jahre 1944 nach acht Jahren Exil, die allerdings keineswegs trostlos waren oder damit ausgefüllt, daß ich das Land der Deutschen mit der Seele suchte. Ich habe Amerika mit ebenso großer Sorge und Sehnsucht geliebt wie Deutschland. Und meine Trauer über seinen heutigen Niedergang empfinde ich ebenso intensiv wie den unaufhaltsamen Aufstieg der zunächst schweigenden Mehrheit Kleindeutschlands, die man zum Brüllen brachte.

Aber genug. Es ist 1944, nach der Invasion. Die ersten deutschen Gefangenen sind im Anrollen.

1 Die Begegnung

Wie würde es aussehen, das Deutschland, das ich im Herbst 1936 verlassen hatte? Als ich ging, befand es sich im Taumel der manischen Erfüllung. Die Olympischen Spiele waren gerade zu Ende gegangen und hatten der Welt nicht nur bewiesen, daß Deutschland im Gesamtergebnis allen anderen Nationen überlegen war, sondern auch mit einer lückenlosen Organisation und scheinbarer Weltoffenheit das Vertrauen aller Völker und ihrer Regierungen verdiente. Daß der vielumjubelte Führer immer dann, wenn ein Neger oder ein Jude eine Medaille gewonnen hatte, die Siegerehrung umstandshalber nicht selber vornahm, wurde taktvoll übersehen. Die allgemeine Seligkeit war viel zu groß, als daß man sich durch derartige Kleinigkeiten die Freude verderben lassen wollte.

Zudem hatte das deutsche Volk mit Staunen erkannt, daß die »degenerierten« Demokratien nicht imstande waren, der dynamischen Aggressivität der nationalistischen Regierung zu widerstehen. Vor vollendete Tatsachen gestellt, konnten sie nur achselzuckend ihr gequältes, oder auch erleichtertes, Einverständnis kundtun und versuchen, weiterhin mit dieser unheimlichen Nation im Gespräch zu bleiben.

Wie sah der Feind nun aus, der schließlich einmal das eigene Volk gewesen war? Wie hatten sich die triumphalen nationalsozialistischen Erfolge, die Siege über Polen, Frankreich, Holland, Belgien, Norwegen, Dänemark, die Balkanstaaten und anfänglich auch über die russische Armee ausgewirkt. Und wie hatte ihm der Krieg zugesetzt, der für Deutschland einen immer katastrophaleren Verlauf nahm? Man kannte die Deutschen noch aus der Zeit, als sie auf der Höhe ihres Selbstgefühls standen, als sie bereit waren zu denunzieren, zu schikanieren, die eigene Mittelmäßigkeit zu kompensieren – und zu glauben. Denn welches Volk wird sich dem Glauben verschließen, daß es anderen gegenüber Herrenrechte besitzt, daß es von der Geschichte zur Führung und Entscheidung ausersehen ist, und daß seine Gerechtigkeit, die wie jede Gerechtigkeit verpflichtet ist, gleiche

Tatbestände gleich zu behandeln, die Tatbestände Jude, Marxist, Demokrat usw. – da sie keine gleichen Tatbestände sind – anders, unerbittlich, endgeschichtlich behandeln dürfe, ja müsse.

Es war ein infernalischer Einfall gewesen, daß man dem Volk seine Privilegien vor der ganzen Welt schenkte und zunächst über den Preis nicht sprach. Man hämmerte ihm nur ein, wer der Feind, das heißt der ungleiche Tatbestand war, man ermächtigte das Volk, sich ihm überlegen zu fühlen. Man schuf die große Polarisierung. Das Volk machte begeistert mit. Es purgierte sich vor allen Elementen, die ihm als Gegner dargestellt wurden. Lange bevor die Massenmorde in den Konzentrations- und Vernichtungslagern begannen, wurden die Existenzmorde der Gegner des Nationalsozialismus vollzogen. Die Masse kann der Aufforderung zur Vernichtung nicht widerstehen. Das gehörte zum Plan. Man ließ das »Volk« sehr bewußt mitmachen. Man ließ es schuldig werden. Man ließ es nicht wissen, was geschah, aber ahnen. Man schuf schließlich, als die Euphorie vorbei war, das schlechte Gewissen. Das »Volk« war an seine Taten und Ahnungen gebunden. Sie waren nicht rühmlich.

Denn als der Mißerfolg zur Besinnung rief, stellte sich heraus, daß die nationalsozialistische Revolution, wenn sie überhaupt eine Revolution gewesen war, nichts anderes geschaffen hatte, als die Mittelmäßigkeit durch alle Schichten des sozialen und kulturellen Geschehens hindurch. Diejenigen, die auf eine soziale Revolution, einen konservativen Nationalismus gerechnet hatten – wobei konservativ die Aktivierung der kulturellen Überlieferung der gesamten deutschen Geschichte bedeuten sollte – oder gar auf die »Demokratie«, die nach Thomas Mann bei weitem nicht »Pöbelei, Korruption und Parteiwirtschaft« ist, sondern »weitgehende zeitgemäße Zugeständnisse auf die sozialistische Gesellschaftsidee« zum Inhalt hat, wurden enttäuscht. Thomas Mann fährt fort: »Der politische Radikalismus, das ist die Hingabe an die kommunistische Heilslehre, involviert einen Glauben an die rettende Macht der Gesellschaftsidee der proletarischen Klasse, welcher dieser am Ende ebensowenig gebührt wie der ›Kultur‹; einen Glauben nämlich an die Erlösungsfähigkeit des Menschen durch sich selbst, der nur im Zustand fanatischer Selbstbetäubung festzuhalten ist. Was nottäte, was endgültig deutsch sein könnte, wäre ein Bund und Pakt der konservativen Kulturidee mit dem revolutionären Gesellschaftsgedanken, zwischen Griechenland und Moskau, um es pointiert zu sagen – schon einmal habe ich dies auf die Spitze zu stellen versucht. Ich sagte, gut werde es erst stehen um Deutschland, und dieses werde ich selbst gefunden haben, wenn Karl Marx den Friedrich Hölderlin gelesen haben werde – eine Begegnung, die übrigens im Begriffe sei sich zu vollziehen. Ich vergaß hinzuzufügen, daß eine einseitige Kenntnisnahme unfruchtbar bleiben müßte.«

Falls Karl Marx den Friedrich Hölderlin gelesen haben sollte, oder umgekehrt, der Nationalsozialismus hatte keinen von beiden gelesen. Das von Thomas Mann postulierte Deutschtum lag in weiter Ferne. Die Mittelmäßigkeit kann Karl Marx nicht kennen, und noch viel weniger Friedrich Hölderlin. Die Mittelmäßigkeit, und besonders die totalitäre Mittelmäßigkeit, ist etwas, was köpft. Und damit bin ich bei einem anderen Zitat, bei einem Zitat von Norman Mailer, der in seinem Buch »The Presidential Papers« sagt: »Der Totalitarismus ist seinem Wesen nach etwas, was Köpfe rollen läßt. Es läßt die Köpfe rollen der Individualität, der Varietät, der Meinungsverschiedenheit, der extremen Möglichkeit des romantischen Glaubens. Er blendet die Vision, läßt den Instinkt sterben und verwischt die Vergangenheit.« Die Nazis kamen zur Macht mit dem Versprechen, daß sie Deutschland zu den primitiven Geheimnissen ihrer barbarischen Aera zurückführen würden.

Das ist ihnen in der Tat gelungen. Die Barbarei, die ja auch Thomas Mann in seinen frühen Werken gefeiert hat, wirkte wie ein Zauberwort auf das Kleinbürgertum Deutschlands, das natürlich nicht wußte, worauf es sich damit einließ. Wenn man anfänglich noch Vorstellungen vom edlen Wilden gehabt haben mochte, von Sonnenriten und Blutweihen, wenn man geglaubt hatte, daß die Primitivität eine heilsame Einfalt und bieder brüllende Größe garantierte, so drängte sich vor der Primitivität bald die Barbarei in den Vordergrund. Sie konnte es nicht dulden, daß andere Tatbestände ihr den Rang streitig machten.

Und mit der Barbarei beginnt das Köpfen. Die Barbarei kann die Ausnahme nicht zulassen. Wer über das gesetzte Mittelmaß hinausragt, muß um das Überragende gekürzt werden. Die Barbarei des totalitären Staates ist wie ein Prokrustes-Bett. Was für das Mittelmaß zu lang ist, muß weggehackt, was zu kurz ist, totgestreckt werden.

Daraus erklärt sich in totalitären Staaten das abgrundtiefe Mißtrauen gegen die Intelligenz und gegen die Kunst, soweit sie von einem glatten Realismus oder Monumentalismus abweicht. Ebenso erklärt sich auch der offene oder versteckte Kampf gegen die Religion, weil sich die totalitäre Ideologie selbst als Religion versteht und andere Götter neben sich nicht dulden will. Gleichwohl war der Heilige Stuhl die erste Macht, die mit dem sogenannten Dritten Reich einen Vertrag abschloß, das Konkordat. Das war allerdings keine Ausnahme. Der Heilige Stuhl hatte zuvor mit Mussolinis Italien paktiert und sollte später Francos Spanien freudig sanktionieren. Außerdem hatte er alle Waffen gesegnet, die für die schmutzigen Kriege der damaligen Zeit eingesetzt wurden, sowohl Mussolinis Waffen in Äthiopien wie auch Francos Waffen in Spanien.

Ein großer Teil der deutschen Intelligenz ging außer Landes oder in die sogenannte innere Emigration. Ein größerer Teil fand in seiner Seele, daß er schon immer dem nationalsozialistischen Ideengut gehuldigt hätte. Aber die Besten gingen. Schriftsteller, Musiker, Maler, die großen Architekten und Designer, die überragenden Naturwissenschaftler, die fähigsten Ärzte. Sie begaben sich ins Ausland, um sich dort eine neue Existenz zu suchen. Das deutsche Kulturleben und die deutschen Universitäten verarmten. Den Machthabern konnte das nur recht sein, denn damit starb auch die Diskussion.

Es starb nicht nur die Diskussion. Es starb auch das, was man mystisch das Volk nennt. An die Stelle des Volkes trat die Masse, an die Stelle der Mystik die Pragmatik, an die Stelle der Idee die Organisation. Ihre Leiter und Vollstrecker waren ebenso Mittelmaß wie die Organisierten. Sie waren die Ingenieure einer perfekten Maschine. Sie waren als Menschen banal, und ihre Handlungen waren banal. Aber sie kosteten Millionen Menschen das Leben. Über die Arithmetik der Banalität wird später noch zu reden sein.

Für die gleichgeschalteten Massen – und gleichgeschaltet ist hier das richtige Wort, weil eben die Ingenieure die Schaltung besorgt hatten – war es ein einfaches Leben. Die Haltungen, Meinungen und Pflichten waren genau vorgezeichnet, man konnte nichts falsch machen. Das gibt selbst dem gegängelten Menschen ein Gefühl der Freiheit. Die deutschen Massen lebten in einer Euphorie, die sie nie wieder gekannt haben. Sie wird von ihnen auch heute noch oft sehnsüchtig und gefühlsselig beschworen.

Wie perfekt die Maschine und ihre Handlanger gearbeitet hatten, wußten wir damals noch nicht. Zu welchen Orgien der Banalität sie gelangt war, war uns unbekannt. Für die deutschen Kriegsgefangenen war das ein Glück.

Vielleicht ist es nicht gerecht, die Deutschen nach den Gefangenen zu beurteilen, denen wir damals begegneten. Der Gefangene ist eine arme Kreatur. Er hat zum mindesten für seine Person das Spiel verloren. Er ist einer neuen, unbekannten Willkür ausgesetzt. Er befindet sich in einem Zustand des Schocks. Trotzdem möchte ich behaupten, daß Deutschland von seinen Gefangenen nicht schlecht vertreten war. Es war eine bunt zusammengewürfelte Schar aus allen Schichten des Volkes und allen Bezirken des Landes, die uns gegenübertrat. Aber sie hatten eins gemeinsam, daß sie Soldaten waren. Natürlich können Soldaten individuell ungeheuer verschieden sein, aber sie sind dadurch gekennzeichnet, daß sie alle die Uniform tragen. (Es läßt sich nicht vermeiden, daß die Uniform in diesem Buch eine beinahe leitmotivische Rolle spielt.) Die Uniform bedeutet eine gemeinsame Abrichtung. Die Uniform deutet auf eine Norm, und hierin findet sich die Entsprechung zwischen dem Naziregime und seinem totalen Staat und der uniformierten Kriegsmacht. Auch die Kriegsmacht ist eine Maschine, und wenn die Maschine von so guten Ingenieuren gebaut ist wie die deutsche Wehrmacht, ist ihre Leistung überragend. Allerdings erhebt sich in diesem Zusammenhang eine Frage, die heute in zunehmendem Maße auch an den Komputer gestellt wird: Gibt es eine Psychologie der Maschine? Kann es vorkommen, daß die einzelnen Teile nicht mehr an sich glauben, daß der Motor pathologisch wird oder gar, daß sich die Pathologie des Oberingenieurs auf sie überträgt?

Die Maschine, die wir im Herbst 1944 zu sehen kriegten, deutete auf ein absehbares Erliegen. Der Glaube der Maschine an sich selbst ist ein Motiv für ihr Funktionieren. Diesen Glauben einzubüßen oder nicht zu betätigen, war im damaligen Deutschland mit der Todesstrafe bedroht. Daß man am Sieg zweifelte, durfte man nicht sagen. Damit war aber der Zweifel nicht behoben.

Wenn jedoch der Endsieg bei unseren Gesprächspartnern nicht mehr hoch im Kurs stand, dann durften wir daraus keine voreiligen Schlüsse ziehen. Die Gefangenen, mit denen wir sprachen, gehörten nicht zur großen Masse, waren nicht der sprichwörtliche Schütze Arsch, der seit fünf Jahren von einem Schlachtfeld zum anderen wechselte und seine Knochen für den Führer hinhielt. Wir sprachen mit solchen, die wir ausgewählt hatten, weil wir bei ihnen Informationen erwarteten, und zwar Informationen, die auf frischen Eindrücken beruhten. Das heißt, daß unsere Gefangenen entweder erst verhältnismäßig kurz bei der Wehrmacht waren oder dort mit neuen Geräten oder Waffen zu tun hatten und darüber Auskunft geben konnten.

Neu in der Wehrmacht waren aber zumeist nur die Opfer der sogenannten »Goebbelsspende«. In einer großen Jubelkundgebung im Berliner Sportpalast hatte Goebbels eine Rede, in der er den nahen Endsieg in Aussicht stellte, mit der Frage gekrönt: »Wollt ihr den totalen Krieg?« Darauf folgte ein brüllendes, begeistertes »Ja«. Die Folge war, daß man aus dem großen Faß des Menschenmaterials die Bodenreste hervorholte, die nicht absolut wesentlich für den Produktionsprozeß, bisher aber von der Einberufung verschont geblieben waren. Dazu gehörten Intellektuelle und Künstler, Schauspieler, Regisseure, Redakteure, Lehrer und Professoren, Eisenbahner, Naturwissenschaftler, dazu die Ältesten und die Jüngsten – lauter Menschen, deren Disziplin auf den Verlauf des Krieges keinen Einfluß mehr haben konnte. Sie waren, wie gesagt, nicht unbedingt typisch. Dafür waren sie artikuliert.

Sie waren jedoch nicht artikuliert genug, um ihr Verhältnis zum Nationalsozialismus präzise zu formulieren. Dies war unzweifelhaft ein Zeichen des Verfalls und des schlechten Gewissens. Es waren ja keine Sieger mehr, die uns gegenübersaßen. Kein Gefangener ist ein Sieger, selbst wenn er die Gefangenschaft gesucht hat. Aber hier waren die Leute, die den Glauben an ihre Unbesiegbarkeit, an ihre Vorrechte, an ihre Sendung und an ihren Führer eingebüßt hatten. Was man in solchen Fällen tut, ist in der Bibel vorgezeichnet: Man verleugnet.

Es begann mit dem sogenannten deutschen Blick. Selbst in der

Abgeschiedenheit unserer kleinen Hütten konnten die Gefangenen ihn sich nicht verkneifen. Sie blickten verstohlen erst über die linke, dann die rechte Schulter und senkten unwillkürlich die Stimme. Kein Gefangener gab zu, ein Nazi gewesen zu sein. In der Partei waren sie gewesen, jawohl. Sie mußten ja, aber überzeugte Nazis waren sie beileibe nicht. Warum mußten sie eigentlich, war dann die Frage. Darauf ein gequältes Stammeln, man mußte es, um beruflich vorwärts zu kommen, um die Familie zu schützen, um nicht unliebsam aufzufallen. Das war reiner Selbsterhaltungstrieb und hatte mit ihrer Gesinnung nichts zu tun. Vieles von dem, was die Nazis taten, hätten sie empörend gefunden. Auf die Frage, ob sie Antisemiten gewesen wären, beteuerten sie: »Im Gegenteil.« Sie hätten ihrem jüdischen Arzt, Anwalt, Pferdehändler, Nachbarn geliebt. Er sei bei ihnen ein und aus gegangen. Bis es dann eines Tages nicht mehr ging, verstehen Sie? Was aus ihm geworden sei? Ja, sie hätten lange nichts mehr von ihm gehört. Er hätte nach der Machtergreifung sehr zurückgezogen gelebt, und dann sei eines Tages seine Wohnung leer gewesen. War er verschleppt worden? Aber sie hatten immer die Fenster geschlossen, wenn nachts die Züge der Abgeholten durch die Straßen schlurften. Wenn man dann auf Konzentrationslager oder Deportationen zu sprechen kam – von der sogenannten »Endlösung« wußten wir anfänglich noch nichts – erfolgte bei allen fast stereotyp eine abwehrende Geste, ein Zurückwerfen des Körpers und die Versicherung, daß man davon nichts wisse. Man hatte sich solche Erkenntnisse vom Leibe gehalten. Sie dienten nur dazu, das Gewissen zu beunruhigen. Und etwas Glauben brauchte man doch, um weiter zu leben. Einige Gefangene, bei denen wir nach diesen Beteuerungen unter dem Arm die SS-Tätowierung entdeckten, beteuerten trotzdem, daß sie die Wahrheit sprächen.

Nun hatte allerdings die Zugehörigkeit zur Partei oder einer ihrer Organisationen als solche keine Beweiskraft für die Gesinnung des einzelnen. Je nach dem Eifer und dem Fanatismus des unmittelbaren Vorgesetzten im Zivilberuf konnte der Druck auf die Individuen sehr verschieden gewesen sein. Vor allem war eins festzustellen. Je prominenter ein Mensch in seinem Beruf war, desto dringender wurde an ihn das Ansinnen gestellt, der Partei beizutreten. Der gute Schauspieler, der große Regisseur, der berühmte Dirigent konnte sich dem Drängen kaum entziehen, es sei denn, er wollte demonstrativ in die innere Emigration abwandern. Der zweit-, dritt- und viertklassige war nicht in gleicher Weise betroffen. Daß trotzdem die Masse dem Nationalsozialismus begeistert anhing und selig im Strudel seines Erfolges mitgeschwommen war, ist allerdings nicht zu bezweifeln. Von den etwa zweitausend Gefangenen, mit denen ich verhandelt habe, haben sich zwei als überzeugte Nazis bekannt. Davon einer aus Dummheit: Doktor Robert Ley, Leiter der Arbeitsfront.

Wir haben nie feststellen können, ob es typisch war, daß keiner der Befragten noch an den Sieg der Deutschen glaubte. Besonders die verhältnismäßig neuen Soldaten, die zum erstenmal der motorisierten Armee der Amerikaner begegneten, war überzeugt, daß sie dieser mechanisierten Kriegsmaschine nichts entgegenzusetzen hatten. Der einzige, der noch fest an den Endsieg der Deutschen glaubte, war ein Pole, der in den deutschen Militärdienst gepreßt worden war. Auf die Frage, worauf er diesen Glauben stütze, erwiderte er: »Auf die Geheimwaffen.« Wir baten ihn, uns diese Geheimwaffen zu beschreiben. Er erwiderte, es gäbe zwei, die V-1 und die V-2. Die V-1 sei eine riesige Bombe, die nach London flöge, dort einen Stadtteil zerstörte, um darauf vierzig Engländer beim Schopf zu ergreifen und als Gefangene nach Deutschland zurückzubringen. Schlimmer jedoch sei die V-2. Diese sei ein Unterseeboot, das mit rasender Geschwindigkeit um England, das ja bekanntlich eine Insel sei, kreiste und – hier sei er nicht ganz sicher – entweder die Insel von ihrer Basis sägte, so daß sie über kurz oder lang im Wasser versinken müsse, oder sie gewissermaßen wie eine Feile abhobelte und das Land verkleinerte, so daß schließlich die Bevölkerung darauf keinen Platz mehr finden könne.

Natürlich war auch dieser Mann, dessen Aussage bis in die amerikanische Presse gelangte, abgerichtet worden. Insofern war er Soldat und als solcher gefeit. Als einzelner mochte er lächerlich sein, als Teil eines Haufens konnte er imponieren. Das sollten wir lernen.

Zu unserer amerikanischen Einheit gehörte ein schlichter und lieber Mann, der früher Polizeiwachtmeister in Köln gewesen war. Als Hitler an die Macht kam, mußte er auswandern. Seine politische Gesinnung hatte ihn den Nazis verdächtig gemacht. Er war Soldat von Geblüt und Temperament. An einem hohen amerikanischen Feiertag nahm er sich einige hundert deutsche Gefangene, die er, so gut es ging, auf Hochglanz gebracht hatte, und ließ sie vor einem Stab hoher amerikanischer Offiziere exerzieren. Er jagte sie durch alle Touren, die im deutschen Exerzierreglement vorgeschrieben sind. Er schliff sie, wie sie seit ihrer Ausbildung nicht mehr geschliffen worden waren. Die amerikanischen Offiziere waren beeindruckt und hochbefriedigt, aber mehr noch die deutschen Gefangenen. »Gelernt ist gelernt«, sagte bewundernd einer der Betroffenen. Wir waren jedoch nicht überzeugt.

Wir wußten, daß die Deutschen besser marschieren und besser exerzieren konnten, und vielleicht Mann für Mann besser abgerichtete Soldaten waren als die Amerikaner – mit Ausnahme einiger hochtrainierter Einheiten. Und so sahen wir die zum Verhör Ausgewählten jeden Morgen bei uns ankommen, unter dem Befehl eines deutschen Feldwebels stramm, zackig, vorbildlich ausgerichtet, mit präzisen Wendungen. Der Feldwebel seinerseits hatte nur den Befehlsgeber gewechselt: Er empfing jetzt seine Instruktionen vom Amerikaner. Der »gute« Soldat fragt nicht nach der Quelle der Befehle. Er führt sie aus.

Dem galt es entgegenzuwirken. Wir durften nicht mit der Maschine zu tun haben, sondern brauchten Individuen. Wir mußten sozusagen die Uniform depotenzieren, um die gewünschten Resultate – das heißt ein Höchstmaß an Information – zu erzielen.

Daher setzten wir an die Stelle des Feldwebels einen Österreicher, einen Mann, der in seinem ganzen Leben nie einen militärischen Befehl gegeben hatte, sich aber in vier Jahren Konzentrationslager das Recht erworben hatte, auch einmal Autorität auszuüben. Rache lag ihm fern. Er hatte eher das Gemüt eines Buchhalters, nicht ohne Sensibilität und Überblick.

Seitdem war der Anmarsch der Gefangenen zu unserem Quartier, einem kleinen Haus, um das wir ein halbes Dutzend präfabrizierter Hütten aufgestellt hatten, ein wahrer Jux. Unser neuernannter »Feldwebel« setzte den Haufen in Bewegung, indem er etwas murmelte, was etwa klang wie: »So, nun gehn's mal vorwärts« und als Kommando der Ausführung: »Bittschön«. Nur die Hälfte der Gefangenen hatte ihn verstanden, die andere Hälfte zottelte hinterher. Wir hingen jeden Morgen aus den Fenstern, um das Schauspiel nicht zu versäumen. Dann kam der Befehl: »So, nun halten alle an, bittschön« und danach die gemurmelte Überlegung, mußte nun nach rechts oder links gewendet werden, damit der Haufen ihm zugekehrt war. Es war, solange wir diese Schau genossen, nie beim ersten Mal richtig. Die Soldaten kehrten uns und dem Kommandierenden den Rücken zu und mußten erst durch das weitere Kommando »Ja, dann drehen's Ihnen nochmal ganz um, bittschön« in die richtige Position gebracht werden.

Die Soldaten schämten sich. Selbst eine schmutzige und stinkende Uniform ist eine Art Symbol. Sie garantiert eine Art von Haltung und heischt internationalen Respekt. Ein Soldat in Uniform steht unter dem Schutz der Genfer Konvention; sie fordert daher ein gewisses Auftreten: männliche Würde, Disziplin, Selbstbewußtsein. Wenn diese zerstört waren, war man nur noch Mensch – und das war oft sehr wenig.

Manche versuchten, die Blöße durch besonders schneidiges Verhalten wettzumachen. Einer meiner Gefangenen trat ein und bot mir einen Hitlergruß, der meine kleine Bude erschütterte. Dann erstarrte er, denn man hatte ihn davor gewarnt, den Amerikaner auf diese Art zu grüßen. Sein Arm sank, sein Mund klappte auf, er erwartete Strafe. Ich sagte ihm, er solle schleunigst die Hütte verlassen, nach einer halben Minute wieder eintreten und grüßen wie ein anständiger Mensch. Er kam auch und riß seine Knochen so mächtig zusammen, daß mein Ofen umfiel. Darüber mußte ich leider lachen, worauf er in Tränen ausbrach. Er war ein Österreicher aus der Steiermark, knapp achtzehn Jahre alt und heftig bemüht, für voll genommen zu werden. Wäre er ein Geheimnisträger gewesen, er hätte alle Geheimnisse aus sich herausgeschrien, ohne daß ich zu fragen brauchte. So konnte ich nur versuchen, ihn zu trösten. Den Ofen bauten wir beide wieder auf.

Aber meistens bedurfte es keines so handgreiflichen Anlasses, um die Männer zum Reden zu bringen. Sie hatten in den letzten Monaten und Jahren das Reden in eine sehr strenge Zucht nehmen müssen. Wenn sie ihre innersten Gedanken einem Freund oder Vertrauten gegenüber aussprechen wollten, so taten sie es hinter der vorgehaltenen Hand. Sie hatten einen ungeheuren Redestoff in sich aufgestaut, den sie loswerden wollten. Die Begegnung mit den Amerikanern war eine Möglichkeit, dem Herzen freie Luft zu machen. Der Redestrom, der sich über uns ergoß, kannte schier keine Dämme und keine Grenzen. Die Sorge um die Familie, um die gesamte Zukunft nahm alle Gedanken der Gefangenen in Anspruch und wollte geäußert sein. Die Verzweiflung am Kriege, der Nichtglaube an den Endsieg, der nach den bestehenden Gesetzen immer noch mit dem Tode bestraft wurde, mußte endlich zur Befreiung der Seele einmal formuliert werden. Ich hörte gern zu. Es interessierte mich; aber überdies ist ein Mann, der überhaupt angefangen hat zu sprechen, später nicht mehr imstande, Rede und Auskunft zu verweigern.

Aber wenn einem die Männer auch, trotz veränderter Umstände, vertraut vorkamen, völlig unvertraut war ihre Sprache. Wenn es Goebbels vielleicht auch nicht gelungen war, allen Köpfen die Lehren des Nationalsozialismus einzuhämmern, so war es ihm jedenfalls gelungen, ihre Zungen zu verbiegen. Der Nationalsozialismus hatte aus der Sprache einen Jargon gemacht. Er hatte Wörter, Begriffe und ganze Komplexe entwertet, verbilligt und mit nationalsozialistischen Emotionen aufgeladen. Jede politische Situation schafft sich ihre Phrasen. Auch die heutigen sogenannten Sub-Kulturen, die Rauschgiftkultur, die Kommunenkultur, die politischen Kulturen haben sich einen Jargon geschaffen, den sie untereinander reden und ohne den sie nicht mehr auskommen können. Aber niemals ist eine Sprache in solcher Totalität verballhornt worden wie die deutsche Sprache zur Zeit der Nazis. Nur wenige Bereiche waren davon ausgeschlossen. Und nur wenige Deutsche waren davon nicht befallen. Das merkten wir erst später, als die ersten von den Amerikanern lizensierten Zeitungen in Deutschland erschienen. Die Redakteure waren bewährte Demokraten, die sich irgendwie durch den Krieg und die Verfolgung der Nazizeit hindurchgerettet hatten, aber für uns, die wir noch die vor-hitlerische Sprache kannten, waren die schönen demokratischen Ideen, die in ihren Zeitungen präsentiert wurden, in einen Stil und einen Wortschatz verpackt, die direkt aus dem Propagandaministerium stammen konnten. Um wieviel anfälliger mußten die Durchschnittsbürger sein, die jetzt in Uniform vor uns saßen und seit Jahren in jeder Veröffentlichung, in den Massenmedien, in den Versammlungen, bei den Demonstrationen dieser Sprache ausgesetzt und unterworfen waren.

Aber daran konnte man sich gewöhnen. Man fand auch immer wieder Töne etwa in der Mundart oder im Anekdotischen, die von nationalsozialistischen Tonfall freigeblieben waren.

Wie gesagt, man konnte mit ihnen reden, oder man konnte sie reden lassen. Abgesehen von ihrem Verlangen, sich zu entkorken und aus sich herauszusprudeln, was so lange unter Verschluß gewesen war, hatten sie auch andere Gründe, sich mit den Amerikanern gut zu stellen. Es hatte sich herumgesprochen, und wir hatten für die Verbreitung dieses durchaus fundierten Gerüchtes gesorgt, daß diejenigen, die bereitwillig wichtige und aufschlußreiche Informationen gaben, als Gefangene nach den Vereinigten Staaten geschickt würden. Die Alternative war Frankreich. Die Gefangenschaft in Frankreich war jedoch gefürchtet. Die Franzosen gaben den Gefangenen wenig zu essen und ließen sie schwer arbeiten. In Amerika war das Essen reichlich und die Arbeit durchaus erträglich. Wenn in einem Lager amerikanische Soldaten mit Kriegsgefangenen etwa beim Küchendienst zusammentrafen, dann rückten die Gefangenen nach acht Stunden in ihre Quartiere, um noch Fußball zu spielen oder sich sonst zu amüsieren, während ihre unfreiwilligen Gastgeber manchmal bis zu vierzehn Stunden arbeiten mußten.

Diese Aussicht auf eine Reise nach Übersee bewirkte in manchen Fällen, daß die Gefangenen sich nicht einmal die Zeit nahmen, sich hinzusetzen, sondern gleich auszupacken begannen. In solchen Fällen war eine wache Skepsis geboten. Wir ertappten unsere gesprächigen Informanten öfters dabei, daß sie sich ihre Angaben aus den Fingern sogen und große Märchen mit einem kleinen Wahrheitsgehalt erzählten. Das eklatanteste Beispiel war die Erfindung eines Superpanzers, den uns ein Gefangener anbot, mit allen Maßen, Rädern, Ketten, Panzerdicke, Geschützbestückung, Maschinengewehren, Motor und PS-Zahl. Die Information war lückenlos imponierend. Man hätte nach den Angaben einen solchen deutschen Panzer, der außerdem auch auf den Geleisen der Eisenbahn fahren konnte, bauen können. Leider beruhte dieses Panzergefährt größtenteils auf der Phantasie des Gefangenen. Es war allerdings einmal ein solcher

Typ, mit dem Spitznamen »Maus« geplant, aber schnell wieder verworfen worden. Der verhörende Offizier fiel jedoch auf die Geschichte herein und verordnete seinem Informanten einen Flug nach Amerika. Bevor er ihn aber antreten konnte, hatten wir diese »Maus« entlarvt und erklärten ihrem zerknirschten Erfinder, daß er seinen Freiflug verwirkt hätte.

Viel schwieriger und trauriger waren die Gespräche mit den vielen Jugendlichen, die sich als Gefangene bei uns einfanden. Unter ihnen fanden wir auch die einzigen, die glaubten, einer Art organisiertem Widerstand anzugehören. Sicher war die praktische Wirkung dieses Widerstandes nicht eben groß, aber es mußte die Nationalsozialisten, die sich als ideales Sprachrohr gerade der Jugendlichen betrachteten, betroffen machen, daß ausgerechnet von dieser Gruppe die Ablehnung kam. Sie nannten sich die »Edelweißpiraten« und beriefen sich auf einen katholischen Priester – obwohl sie konfessionell nicht gebunden waren – der ziemlich kurz nach der Machtübernahme gegen den Nationalsozialismus rebelliert hatte (was für die meisten auf Hörensagen beruhte) und hingerichtet worden war. Dunkel schwebten ihnen auch Vorstellungen und Daten der früheren Jugendbewegung vor, vor allem der sogenannten dj 1/11 Eberhard Köbels, genannt tusk, der sich mit viel Elan, Dynamik und Brimborium, wenn auch schließlich vergebens, bemüht hatte, eine »autonome Jungenschaft« zu gründen. Seine sogenannte »rotgraue garnison« in der Klosterstraße Berlins war eine frühe Kommune, die von entlaufenen Jugendlichen wimmelte.

Bemerkenswert war an diesen Edelweißpiraten, daß sie überhaupt den Widerstand wollten. Ihre rebellischen Aktionen liefen zumeist nur auf Prügeleien mit den Gruppen der Hitlerjugend hinaus, und erstreckten sich in einigen Fällen bis zur Sabotage militärischer Einrichtungen wie Telefonleitungen und dergleichen. Aber einig waren sie sich, daß sie die Bevormundung der Partei und der Jugendorganisationen ablehnten und sich ein autonomeres, freieres Leben wünschten.

Wenn dann die nächste Frage lautete, wie sie sich dieses freiere Leben vorstellten, dann war die Verlegenheit groß. Denn diese jungen Leute, sechzehn bis achtzehn Jahre alt, hatten ein anderes Leben als das des Hitler-Staates niemals kennengelernt. Ein Junge, den ich fragte, was er denn sei, wenn er kein Nationalsozialist sei, überlegte einige Zeit angestrengt und stieß dann hervor: »Ich bin Plutokrat.« Ich fragte ihn, was er sich unter einem Plutokraten denn vorstelle, und er antwortete: »Ich weiß es nicht. Aber ich habe oft von Goebbels gehört, daß er gegen Marxisten, Demokraten und Plutokraten ist, und was Goebbels mißfällt, das gefällt mir.« Auf die weitere Frage, warum er sich denn nicht informiert habe, um Alternativen zum Nationalsozialismus kennenzulernen, erwiderte er: »Wie und wo sollte ich das denn? Die Bücher, die mir erreichbar waren, in den öffentlichen Bibliotheken und in den Schulen, sprachen nur vom Nationalsozialismus. Schriften, die auch andere Staatsformen behandelten, standen unter Verschluß und waren für mich nicht greifbar. Sie mir heimlich zu verschaffen, dazu hatte ich keine Zeit. Durch die Schule, die Hitlerjugend und die Einberufung zum Militärdienst war ich zu sehr angespannt, um solche Forschungen zu betreiben.«

Bitterkeit gegen den nationalsozialistischen Staat fanden wir auch bei dem jugendlichen Nachwuchs der Waffen-SS. Diese hatte jedenfalls gegen Ende des Krieges mit der politischen SS nichts zu tun, aber sie legte Wert darauf, nur solche Rekruten zu bekommen, die durch Rasse, Wuchs, Größe und Haltung vor den anderen hervorstachen. In den ersten Jahren des Krieges galt es als eine Auszeichnung, von der Waffen-SS angenommen zu werden. Später wurde der Glanz dieses Ehrenschildes blind. Zwar behaupteten die regulären Verbände, daß die Waffen-SS immer nur zum Einsatz käme, wenn die schmutzige Arbeit schon geleistet und nur noch ein Sieg zu krönen sei – auf alle Fälle hatte die Formel »SS« bei den Jugendlichen keinen guten Klang mehr, und wenige drängten sich nach der Auszeichnung, bei der Waffen-SS dienen zu dürfen. Deshalb mußte der Staat andere Mittel erfinden, um »Freiwillige« für die SS zu rekrutieren. Die Methoden dafür waren vielfältig und sämtlich unsauber. Man spannte z. B. in einer Höhe von 1,85 m zwischen zwei Stangen ein Seil in einer Turnhalle und ließ die Jungen unter dem Seil durchmarschieren. Diejenigen, die sich beim Marschieren bücken mußten, um nicht das Seil mit dem Kopf zu berühren, hatten sich automatisch »unfreiwillig« zur SS gemeldet. Widerstand half nicht. Wer sich dem Einberufungsbefehl widersetzte, wurde ins Gefängnis gesteckt, wo man ihm so lange mit Drohungen und Lockungen zusetzte, auch mit Beschreibungen, wie er seine Familie gefährde, bis der Junge nachgab. Eine andere Methode bestand darin, daß man ein Sportfest veranstaltete und den Jungen dafür Sportgeräte lieh. Sie mußten dafür auf einem Schriftstück quittieren. Unter der Quittung lag die Erklärung, daß sich die Jungen freiwillig zur Waffen-SS meldeten. Der Namenszug war durch Kohlepapier durchgepaust. Auch gegen dieses Verfahren gab es keinen Widerspruch und keine Berufung.

Naturgemäß hatten die Jungen der SS Angst vor dem, was ihnen bevorstand. Sie wußten, daß die Franzosen, Belgier und Holländer verkündet hatten, sie würden die SS, und zwar die Waffen-SS wie auch die politische, nicht als Soldaten, sondern als Verbrecher behandeln. Ich kann nur hoffen, daß man auch in diesen Ländern den Unterschied zwischen Schuldigen und den Unschuldigen zu machen wußte; diese Jugendlichen waren keine Verbrecher, sondern Opfer von Verbrechern.

Eine weitere Gruppe Jugendlicher, die weit über ihr Vermögen in das Kriegsgeschehen einbezogen worden waren, waren die sogenannten Luftwaffenhelfer. Sie wurden teilweise schon mit fünfzehn Jahren in Verbände eingezogen, die für die Luftabwehr eingesetzt wurden. Das geschah keineswegs an ihrem Heimatort. Viele wurden von Stelle zu Stelle, von Stadt zu Stadt, von Land zu Land geschickt, mußten alle paar Wochen oder Monate ihre Schule wechseln und waren zusätzlich tage- und nächtelang im Einsatz. Sie bedienten alle Typen von Flakgeschützen bis zu den großen 8,8 cm Kanonen, die mit Radar gekoppelt waren. Ihre Verluste waren grausig hoch, weil natürlicherweise die angegriffenen Flugzeuge zunächst die Batterien aufs Korn nahmen, die auf sie schossen, um sie entweder mit Bomben oder im Tiefflug unschädlich zu machen.

Am meisten Sorge machte diesen Jungen ihr Bildungs- oder Ausbildungsrückstand. Die wiederholte Umschulung, die Gewöhnung an eine neue Umgebung, neue Lehrpläne, die große Übermüdung durch den Tag- und Nachtdienst und sicher auch das Gefühl, über das Lernen in der Schule längst erhaben zu sein, hatten sie normalen Schülern gegenüber schwer benachteiligt. Dazu kam jetzt die ungewisse Zeit der Gefangenschaft. Sie erschienen bei uns ratlos und verängstigt, bangten um ihr Zuhause, das sie teilweise seit Monaten oder Jahren nicht mehr gesehen hatten, und um ihre Zukunft.

Eine letzte Gruppe, die bei uns auftauchte, wahrscheinlich weil man nicht wußte, wohin man sie entlassen sollte, waren Insassen eines Jugendkonzentrationslagers, das nicht weit von Hannover lag. Sie waren wegen irgendwelcher politischer Vergehen in dieses Konzentrationslager gesteckt worden, vielleicht weil sie Flugblätter verteilt oder Äußerungen getan hatten, die den Führer, die Regierung, die Partei oder den Krieg verunglimpften. Sie waren im Lager grausam behandelt worden. Alte Unteroffiziere oder Parteimitglieder prügelten oder mißhandelten sie und versuchten, ihnen auf diese Weise die richtige Gesinnung beizubringen. Wir wußten nicht, was wir mit ihnen anfangen sollten. Wir konnten sie nicht entlassen, weil wir keine Ahnung hatten, wohin wir sie entlassen sollten, und weil großenteils die Regionen, aus denen sie kamen, noch nicht von den Alliierten erobert worden waren, andererseits wollten wir ihnen gern das Schicksal der Gefangenschaft ersparen, aber da waren unsere Mittel gleichermaßen beschränkt. Wir konnten sie nur irgendwelchen amerikanischen Dienststellen empfehlen und um gute Behandlung für sie bitten.

Und schließlich fällt mir noch der achtzehn- oder neunzehnjährige Hitlerjugendführer ein, der ein blinder Anhänger Hitlers gewesen war und seine Gefolgschaft zu der eigenen Begeisterung bekehrt hatte. Als er jedoch sah, wie Jugendliche wahllos und sinnlos mit Panzerfäusten an den Straßenecken aufgestellt wurden, um den amerikanischen Vormarsch aufzuhalten, und als er sah, wie sie hingemäht wurden, während die oberen Parteichargen schon längst das Weite gesucht hatten, faßte ihn ein solches Grauen vor seinem bis dahin geliebten Führer, daß er sich den Amerikanern ergab. Er flehte uns um die Erlaubnis an, an seinen Heimatort zurückzukehren und seine Gefolgschaft aufzuklären, wie sehr er sich geirrt und wie falsch er sie belehrt hatte. Auch hier konnten wir nur versuchen, ihm die Wege zu ebnen, ohne jedoch an einen Erfolg zu glauben. Die Amerikaner waren auf solche Fälle – verständlicherweise – nicht vorbereitet.

Begreiflicherweise war die Ratlosigkeit der Jugendlichen größer als die der Erwachsenen. Ihnen war im ganzen Leben nur ein einziges Idol vorgezeichnet worden: Adolf Hitler und sein nationalsozialistischer Staat. Jetzt, wo dieses Idol gestürzt war, wo ihnen klar wurde, daß man sie getäuscht hatte, daß im Namen Hitlers Greuel geschehen waren, die sie nicht fassen konnten, standen sie auf einmal seelisch vor dem Nichts. Wir trafen sie immer wieder, die jungen Leute, die sich schworen, an nichts im ganzen Leben mehr glauben zu wollen, ihr Schicksal an nichts mehr zu hängen, niemandem mehr zu trauen, die sich aber trotzdem nach einer geistigen oder moralischen Sicherheit sehnten. Wir trafen auch später auf die Wehrwölfe, denen von gewissenlosen Führern befohlen wurde, Sabotageakte gegen den Feind auszuführen. Die meisten kamen nicht dazu, irgendwelchen Schaden anzustiften, aber diejenigen, die auf frischer Tat ertappt wurden, gerieten selbstverständlich in Gefangenschaft und mußten sich auf ein Strafverfahren gefaßt machen. Einige baten uns flehentlich, doch nach Hause gehen zu dürfen. Sie wollten ja auch wieder bei Vater und Mutter wohnen, was ihnen bisher nicht sehr verlockend erschienen war. Aber es stand nicht in unserer Macht, das zu verfügen. Irgendwie fiel uns auch damals das Tagebuch eines Hitlermädchens in die Hände, das sich jeden Tag versicherte, wie treu es dem herrlichen Führer ergeben sei, und schließlich, als sein Untergang besiegelt und der Krieg endgültig verloren war, keinen anderen Ausweg mehr fand als den Selbstmord.

Man mußte aus sehr hartem Stoff sein, wenn einen das Verbrechen gegen diese Jugendlichen nicht erschütterte. Andererseits ist es wohl verständlich, daß die amerikanische Heerführung, die einen Krieg gewinnen mußte, derartige Dinge als uninteressante Randerscheinungen abtat. Das Mitleid ist ein persönlicher Luxus. Der Maschine ist es fremd.

Aber es dauerte nicht lange, bis wir von den noch größeren Verbrechen erfuhren, die der nationalsozialistische Staat in seinen Vernichtungslagern begangen hatte.

Mir war ein Gefangener mit Namen Bleich zugeteilt worden, ein kleiner schmächtiger Mensch mit ungesundem Teint, der von vornherein nicht für sich einnahm. Sein Verhalten schwankte zwischen kriecherischer Unterwürfigkeit und Arroganz. Er lächelte und lachte viel, aber seine Heiterkeit reichte niemals bis zu den Augen. Nur die untere Gesichtspartie hatte daran teil, während der stechende Blick auf den Gesprächspartner gerichtet blieb.

Bleich war ein Gehilfe von Dr. Karl Brandt, dem Leibarzt Hitlers, gewesen. Er hatte an zwei Programmen des Dritten Reiches mitgewirkt, an der »Euthanasie«, das heißt der Tötung Geisteskranker und solcher, die dafür erklärt wurden, und später an der »Endlösung« (ein damals noch nicht bekanntes Wort), die die Ausrottung der Juden zum Inhalt hatte. Er erzählte mir von den Organisationen und Mitwissern dieser beiden Programme. Der Kreis der Mitwisser war in der Tat außerordentlich klein, und das Geheimnis war streng gehütet. Das Euthanasieprogramm hatte als Adresse nur das Postfach 101 im Berliner Postamt W 35. Der Firmen- oder Organisationsname lautete: »Gemeinnütziger Verein für Anstaltspflege«.

Unter dieser Firmenbezeichnung wurden Zehntausende von Geisteskranken, manchmal jedoch auch von politisch Unliebsamen, die kurzerhand für geisteskrank erklärt wurden, durch Skopalamin-Injektionen getötet und entweder in Öfen verbrannt oder in der Erde verscharrt. Mehrere Irrenanstalten Deutschlands und ihre Ärzte waren in dieses Programm einbezogen und leisteten fleißig Handlangerdienst. Den Angehörigen der auf diese Weise Umgebrachten wurden Urnen mit der Asche des Verstorbenen zugestellt (auch den Katholiken, die die Feuerbestattung ablehnen) begleitet von einem Brief, in dem stand, daß der Betreffende an einer ansteckenden Krankheit gestorben sei und wegen der Gefahr der Weiterverbreitung dieser Krankheit sofort eingeäschert werden mußte. In den Städten, in denen diese Irrenanstalten standen (zum Beispiel Hadamar bei Limburg) verbreitete sich allmählich eine Panik, weil dauernd die Krematorien in Betrieb waren und der Geruch der Leichenverbrennung sich so lähmend auf die Stadt legte, daß manche abwanderten oder gemütskrank wurden. Darauf ging man dann zur Erdbestattung über, von dem man die Angehörigen in einem vorgedruckten Schreiben benachrichtigte. Wir haben später selbst mit einem Arzt gesprochen, der das Irrenhaus in Hadamar leitete. Darüber wird noch zu berichten sein.

Nachdem Bleich, zusammen mit Dr. Brandt, dieses Programm organisiert und die Kartei der Opfer angelegt hatte, wurde er nach Auschwitz geschickt. Ich hatte den Namen Auschwitz bis dahin noch nie gehört und fragte ihn, ob das ein weiteres Konzentrationslager sei. Er erwiderte mir, das sei kein Konzentrationslager, sondern ein Vernichtungslager. Die Leute, die dort hingeschickt würden, kämen nicht mehr zurück. Die Arbeitsfähigen erhielten eine Frist, solange ihre Arbeitskraft reichte, aber dann würde auch ihnen die Stunde schlagen. Ich fragte ihn, wieviele seiner Schätzung nach in den Vernichtungslagern umgekommen seien, und er erwiderte: »Zwischen anderthalb und zwei Millionen.« Das waren Zahlen, mit denen keiner von uns im entferntesten gerechnet hatte. So sehr wir auch überzeugt waren, daß die Mordmaschinen des nationalsozialistischen Regimes in dauerndem Einsatz waren, so sehr waren wir doch von dieser Zahl erschüttert, die unsere Vorstellungen bei weitem überstieg (und hinter der Wirklichkeit noch weit zurückblieb). Bleich berichtete von der Prozedur der Vernichtung. Er erzählte von der Monotonie des Mordens, daß jedoch selbst bei den abgestumpftesten SS-Henkern noch mit der Möglichkeit gerechnet wurde, sie könnten des pausenlosen Mordens überdrüssig werden. Um dem entgegenzuwirken, wurden jeden Abend Trinkgelage und Sexualorgien veranstaltet, die für die Eintönigkeit des Tages entschädigen sollten.

Wodurch sich Bleich schließlich bei seinen Vorgesetzten unbeliebt machte, weiß ich nicht mehr. Jedenfalls wurde er eines Tages aus Auschwitz abgeschoben und zur kämpfenden Truppe versetzt. Er geriet in einen Abschnitt, der hart umkämpft war und aus dem ein Entkommen nicht mehr möglich schien. Er schloß daraus, daß man ihn absichtlich an diesen gefährlichen Frontsektor gebracht hatte, damit er als Träger wichtiger und unliebsamer Geheimnisse durch eine – eigene oder feindliche – Kugel getötet würde. Er beschloß daher, bei der nächsten sich bietenden Gelegenheit zu den Amerikanern überzulaufen.

Während des ganzen Verhörs hatte er energisch bestritten, jemals zur Partei oder zur SS gehört zu haben. Aber er verriet sich auf sonderbare Weise. Als ich ihm auftrug, einige seiner Angaben niederzuschreiben, lieferte er mir ein längeres Schriftstück, in dem naturgemäß das Wort SS verschiedene Male vorkam. Er schrieb es niemals mit Buchstaben, sondern immer mit dem Runenzeichen, an dem er jedoch oben einen kleinen Haken anbrachte, der beinahe aussah wie ein flatternder Wimpel. Mit anderen Worten, er hatte auf dem SS seinen Wimpel gehißt und dadurch unbewußt seine Zugehörigkeit und Ergebenheit preisgegeben. Ich sagte ihm daher bei unserer nächsten Unterredung seine Mitgliedschaft bei der SS auf den Kopf zu. Und da er nicht wußte, woher meine Kenntnis stammte, versuchte er nicht weiter zu leugnen.

Allmählich wurde uns jedoch auch klar, daß es selbst im nationalsozialistischen Deutschland nicht nur Zonen gab, die gewissermaßen parteifrei geblieben waren, sondern sogar Sammelpunkte eines Widerstandes, dem zwar die unmittelbare politische Wirkung versagt war, der sich jedoch der Notwendigkeit zum Widerstand bewußt blieb. Als Vertreter solcher Gruppen traten bei uns auf: Zwei Regisseure, einige Geistliche, Wirtschaftler, Richter, der Leiter einer Jazz-Band und zugleich deren Vokalist.

Alle diese Begegnungen waren für uns nicht nur eine Quelle der Information, sondern auch der Belehrung. Von den beiden Regisseuren erfuhr ich nicht nur, daß das Theater und der Film eine Art Oase gewisser Freiheit und Freiheiten geblieben war, sondern daß sich dort auch eine Sprache bewahrt hatte, die der nationalsozialistischen Korruption entgangen war. Außerdem wurde uns klar, daß der Mann des Theaters sich in seiner Phantasiewelt eine eigene Sphäre der Freiheit schaffen kann. Einer von den beiden, der als Schauspieler meistens die Rolle von Bösewichtern gespielt hatte, verwandelte sich vor mir plötzlich in seiner Uniform. Er wurde bucklig, sein Uniformrock erschien wie ein schwarzes Cape, sein Blick wurde stechend und er krächzte einige Verse Richards III, so daß ich meine kleine Hütte in eine Bühne verwandelt fand. Der andere schilderte mir eine Aufführung, die er vor ziemlich kurzer Zeit inszeniert hatte und die vorwiegend mit Beleuchtungseffekten spielte. Er ließ schließlich die ganze Helligkeit erstrahlen, verlor sich völlig in sein Thema und schreckte furchtbar zusammen, als er sich statt im gleißenden Licht im schummrigen Duster eines Winternachmittags wiederfand.

Der sprachlichen Korruption entgangen waren auch die Kirchen. Ihre Sprache war durch jahrhundertelange Tradition geprägt, im protestantischen Bereich durch die Bibelübersetzung Luthers gefestigt und konnte sich gegen die Umdeutungen des

Nationalsozialismus zur Wehr setzen. In den Kirchen waren die wackersten Streiter gegen den nationalsozialistischen Nihilismus aufgestanden. Dort wurde der Widerstand offen von den Kanzeln verkündet und dem Volk klargemacht, daß es zumindest eine Alternative zur Unheilslehre des Dritten Reiches gab.

Ein protestantischer Geistlicher kam zu mir mit der Bitte um Rat. Er hätte nach den internationalen Abmachungen eine frühe Entlassung in die Heimat leichter ins Werk setzen können als die anderen Soldaten. Andererseits fühlte er, daß die Gefangenen ihn brauchten. In dem fürchterlichen Vakuum, das der Zusammenbruch des Hitlerreiches für die meisten Deutschen geschaffen hatte – ganz gleich ob sie nun dem Nationalsozialismus angehörten oder nicht – meinte er, daß er als Seelsorger zu den Soldaten gehörte. Trotzdem sei die Lockung, bald nach Hause zu kommen, natürlich sehr groß, zumal ihn seine Familie erwarte. Was ich ihm dazu sagen könnte?

Ich konnte ihm nur erwidern, daß ich ihm die Entscheidung nicht abnehmen wollte. Keinesfalls würde ich ihm vorgaukeln, daß das Leben als Gefangener leicht zu ertragen sei. Auch sei es gar nicht abzusehen, wie lange die Gefangenschaft noch währen könnte. Der Krieg war noch nicht zu Ende, zudem setzten die Franzosen die Gefangenen dafür ein, zerstörte Gebiete wieder aufzubauen und ließen sie bei karger Verpflegung schwer arbeiten. Jedenfalls sei der seelsorgerische Weg der dornigere von beiden. Er müsse abwägen zwischen seinem geistlichen Amt und seiner Verpflichtung als Familienvater. Er dankte mir und ließ sich mit dem nächsten Gefangenentrupp nach Frankreich verschicken.

Nach und nach lernten wir auch die Gefangenen des 999. Strafbataillons kennen, die in irgendeiner Weise gegen die Gesetze des Hitlerstaates verstoßen hatten. Teils waren es Leute, die sich irgendeiner Insubordination schuldig gemacht hatten, aber meistens waren es solche, die entweder ihren Zweifeln an der Integrität der Führer Ausdruck verliehen oder unvorsichtigerweise verkündet hatten, daß sie nicht mehr an den Endsieg glaubten. Wenn solche mit dem Leben davonkamen, hatten sie Glück. Aber die schlimme Kriegslage machte es in steigendem Maße nötig, daß sie zur »Frontbewährung« in den Kampf geschickt wurden.

Die Angehörigen eines Strafbataillons trugen keine Waffen. Sie wurden waffenlos an die Front befördert, in sehr vorgeschobene und exponierte Stellungen gebracht, dort mit Waffen versehen und ihrem Schicksal überlassen. Allerdings konnten sie ihr Schicksal nicht so weit in die Hand nehmen, daß sie die Flucht nach vorn antraten, denn hinter ihnen nahmen in einer zweiten Linie Angehörige der SS Stellung, die auf die Soldaten des Strafbataillons schossen, wenn sie Anstalten machten, zum Feind überzulaufen. Die wenigen, denen es trotzdem gelang, die amerikanischen Linien zu erreichen, hatten Glück. Unter ihnen waren oft sehr intelligente und entschlossene Leute. Es war für die Amerikaner ein großer Fehler, daß sie keine Möglichkeit sahen, solche Leute für sich aufzusparen, um sie bei der Hand zu haben, wenn sie in Deutschland einmarschierten. Welche oft katastrophalen Folgen das haben sollte, wird man später noch erfahren.

Daß es einen Widerstand gegen Hitler und sein Regime gab, offenbarte sich uns erst im Laufe der Zeit. Gewiß hatten wir vom 20. Juli und dem Attentat gegen Hitler gehört, hatten auch die Namen derer erfahren, die in dieses Attentat verwickelt waren, aber wir konnten daraus keine überzeugenden Schlüsse ziehen. Wenn es eine Opposition gab, wie war sie organisiert? Wo befand sie sich? Wie verständigte sie sich? Wie machte sie sich bemerkbar?

Die Antworten auf diese Frage waren verschwommen. Eine regelrecht organisierte Opposition oder ein organisierter Widerstand waren unter den Umständen nicht möglich. Jeder etwas größere Kreis von auch nur halbwegs profilierten Persönlichkeiten, der mit einiger Regelmäßigkeit zusammentraf, hätte den Verdacht der politischen Polizei erweckt und wäre von ihr gesprengt oder infiltriert worden. Ganz sicher hatte die Geheime Staatspolizei schon lange vor dem Attentat auf Hitler am 20. Juli 1944 von dem Vorhandensein einer Verschwörergruppe Kenntnis erhalten und wußte im Kreisauer Kreis, dem die meisten Verschwörer angehörten, ziemlich genau Bescheid. Es wurde schon damals davon gemunkelt, daß Himmler selbst von den Verschwörern aufgefordert worden sei, sich an der Ausführung ihrer Pläne zu beteiligen, oder sie wenigstens zu dulden. Ob dies den Tatsachen entsprach, möchte ich dahingestellt sein lassen. Denkbar war es, nach Himmlers späterem Verhalten zu urteilen, durchaus. Und jedenfalls hat die Geheime Staatspolizei nach dem Mißlingen des Attentats zu schnell, zu kenntnisreich und zu zielbewußt gehandelt, als daß man ihr glauben kann, von der Verschwörung nichts gewußt zu haben.

Wenn man sich also dem Druck der Partei oder sonstigen politischen Zwängen entziehen wollte, blieb nur der Weg in die Wehrmacht. In der Wehrmacht ruhte die Parteizugehörigkeit. Das war eine alte militärische Tradition im deutschen Heer. Die Soldaten hatten sich um die Politik nicht zu kümmern; sie galt als zweitrangig und eigentlich anrüchig. In der deutschen Wehrmacht waren es besonders die Abwehrverbände, in denen sich Widerstandsgruppen sammelten. Das ist leicht einzusehen. Da die Abwehr nur auf Erkundung des Feindes gerichtet ist, indem man entweder seine Pläne und Möglichkeiten in Erfahrung bringt oder Infiltrationen abwehrt oder durch Sabotage die Ausführung feindlicher Pläne stört, muß man eine ziemlich genaue Kenntnis des Feindes, seiner Sprache und seiner Mentalität besitzen. Das setzt eine gewisse Bildung, ein feines Einfühlungsvermögen und allgemein gesprochen, Auslandserfahrung voraus. Schon diese drei Eigenschaften waren beim ›normalen‹ Nationalsozialisten nicht gegeben und eher verdächtig. Er war von seiner eigenen Überlegenheit über alle anderen Völker und Rassen besonders deswegen überzeugt, weil er ihnen nie begegnet war. Daher wurde die Abwehr von den Nazis mit Argwohn betrachtet. Zu Recht, wie sich herausstellen sollte. Man konnte später ihren Leiter, Admiral Canaris, verschiedener Akte der Sabotage und des Landesverrats überführen. Sein Nachfolger, Oberst Oster, wurde nach dem 20. Juli 1944 hingerichtet, weil die Bombe, die in das Führerhauptquartier eingeschmuggelt wurde, aus der Sabotageabteilung der Abwehr stammte. Ein großer Teil des damaligen Personals der Abwehr ist den Säuberungen nach dem Attentat zum Opfer gefallen.

Damit war allerdings die Feindaufklärung empfindlich gelähmt. Zwar hatten die Nazis vorgesorgt und ähnliche Aufgaben an andere Stellen übertragen. Das entsprach einem Grundsatz, der sich durch die gesamte Verwaltung verbreitete: man schuf mehrere Stellen, die etwa den gleichen Aufgabenbereich zugewiesen bekamen. Dadurch schuf man eine Rivalität, die nicht nur bessere Ergebnisse versprach, sondern auch für die oberste Führung Horchposten lieferte, weil sich die konkurrierenden Ämter gegenseitig bespitzelten.

So gab es im Reichssicherheitshauptamt eine Abteilung, die eigene Vertretungen im Ausland unterhielt und auf höchster Ebene militärische Spionage betrieb. Zugleich besaß die SS eine Außenstelle, die mit ähnlichen Aufgaben betraut war, und diese wiederum konkurrierte mit dem Auswärtigen Amt, das selbstverständlich innerhalb der verschiedenen diplomatischen Vertretungen auch Spionage betrieb und bemüht war, Erkundungen in den feindlichen oder halb feindlichen Ländern einzuziehen. Sogar das Propagandaministerium besaß seine Außenstellen, die mehr oder weniger der Spionage dienten. Und zuguterletzt leitete auch Alfred Rosenberg, der Ideologe des Nationalsozialismus, ein Außenpolitisches Amt der Partei, das sich auf eigene Faust Informationen beschaffte.

Wie sich nach dem Kriege herausstellte, waren wenige dieser Stellen wirklich zuverlässig. Selbst die Abteilung 6 im Reichssicherheitshauptamt unter der Leitung von Walter Schellenberg war ein Nest geheimen Widerstandes gegen das Naziregime und hat ihm anscheinend erheblichen Schaden zugefügt. Sicher war das auch im Auswärtigen Amt der Fall, während die übrigen Stellen treu gedient haben mögen, aber ihrer Bedeutung nach nicht wesentlich ins Gewicht fielen. Auf alle Fälle war die militärische Abwehr ein Nukleus des Widerstandes gewesen und hatte sich auch so verstanden. Und auf alle Fälle diente die Wehrmacht vielen Männern als Unterschlupf vor den Verfolgungen oder Forderungen der Partei.

Ob in großem Umfange während des Krieges industrielle Sabotage getrieben wurde, ließ sich in unseren Verhören nicht feststellen. Von den trotzigen Edelweißpiraten, die Telefondrähte durchschnitten, anderweitig die Nachrichtenübermittlung gestört und Kriegsgerät unbrauchbar gemacht haben wollten, war schon die Rede. Das mag jedoch bei der Jugend und Frustrierung der Beteiligten auch Prahlerei gewesen sein. Jedenfalls ist die Kriegsproduktion niemals durch Sabotage so sehr beeinträchtigt worden, daß es ins Gewicht fiel.

Wie verhältnismäßig wenig die Bombenangriffe auf die deutsche Kriegsproduktion den Produktionsablauf störten, erfuhren wir erst nach und nach. Der Mann, dem die gesamte Kriegswirtschaft unterstellt war und der für die möglichst reibungslose Lieferung der benötigten Kriegsvorräte, der Waffen, Munition usw. verantwortlich war, Albert Speer, kann als das hervorragende Genie der ganzen Naziclique bezeichnet werden. Ich möchte von seinen architektonischen Leistungen nicht sprechen. Wir sahen später mehrere Beispiele seiner nachempfundenen Monumentalarchitektur. Aber seine Organisation der Kriegswirtschaft war schlechthin großartig. Wir erfuhren, wie die Arbeit eines Werkes, das durch Bomben zerstört worden war, innerhalb kürzester Zeit von einem Ersatzwerk übernommen wurde, wie die sogenannten »Ringe« der Produktion funktionierten und nach welchem System die Ausweichwerke die reibungslose Weiterproduktion übernahmen. Selbstverständlich machten sich irgendwann die Verluste durch die Bombenangriffe bemerkbar. Aber es ging jedenfalls sehr viel langsamer, als die alliierten Strategen vorausgesehen hatten. Uns wurde jedoch allmählich klar, daß es einen schwachen Punkt gab, auf den wir unser Hauptaugenmerk richteten, und zwar den Transport. Das beste System nützt nichts, wenn die Arbeiter durch Flächenbombardement gehindert werden, an ihre Arbeitsplätze zu gelangen, und die beste Produktion nützt nichts, wenn die Güter nicht dorthin transportiert werden können, wo sie gebraucht werden. Es gelang uns, das Hauptquartier der zwölften Armeegruppe zu überzeugen, von nun an der Störung des Transports erste Priorität zu geben. Das bedeutete nicht nur die Vernichtung von Signalsystemen, Brücken, Waggons und Lokomotiven der Eisenbahn, sondern auch Ölraffinerien, Fabriken zur Herstellung von synthetischem Benzin, Kugellagerfabriken und dergleichen. Es dauerte auch nicht lange, bis diese Strategie deutliche Wirkungen erkennen ließ.

Mittlerweile waren uns schon viele Gefangene begegnet. Die meisten hofften, daß die Amerikaner von Deutschland noch retten würden, was überhaupt noch zu retten war. Keiner glaubte mehr an den Sieg. Alle wünschten, daß sie mit ihrer Auskunft dazu beitragen könnten, den Krieg schneller zu beenden.

Eines Tages allerdings hatten die Gefangenen wieder ein anderes Gesicht. Man sah selbstbewußte, disziplinierte Soldaten, die auf militärisches Gebaren Wert legten und nur sehr widerwillig Auskunft gaben. Die Ardennenschlacht hatte ihren Anfang genommen. Unsere Fragen änderten sich. Vergessen waren Produktion, Transport, Psychologie und Wirtschaft. Statt dessen bemühten wir uns wieder um die Identifikation von Einheiten und Truppenstärke, Bewaffnung, Transportmittel, Nachschub, Munition, Namen und Daten. Aber der Spuk dauerte nur kurze Zeit. Dann war auch diese letzte, sinnloseste Anstrengung der nationalsozialistischen Militärmaschine vorüber, und wir konnten uns wieder mit unseren alten Themen beschäftigen. Was damals im Dezember 1944 nach Westen geworfen worden war, um den Vormarsch der Amerikaner und Engländer aufzuhalten, fehlte später im Osten, als die Russen in Deutschland einrückten.

Sonst ging das Leben seinen gewohnten Gang. Unter den Gefangenen begannen sich Polaritäten zu bilden; die Soldaten, die von den Amerikanern ausgesucht worden waren, weil man bei ihnen wichtige Informationen vermutete, wurden von ihren Kameraden scheel angesehen. Zunächst neidete man ihnen wahrscheinlich das bessere Leben, das sie zu führen schienen – und wohl auch führten, weil sie bei den Verhören rauchen durften, und manchmal sogar Zigaretten oder Schokolade geschenkt bekamen – andererseits begann sich aber auch in den Lagern die SS durchzusetzen und die Führung an sich zu reißen. Die Gefangenen, die von uns verhört worden waren, bezeichneten sie als Vaterlandsverräter.

Die anderen Gefangenen, die nicht zur SS gehörten, aber auch nicht verhört worden waren, waren zu abgestumpft, um sich zur Wehr zu setzen. Langsam breitete sich daher ein übler Femegeist in den Lagern aus, nicht nur in unserem, sondern auch in anderen, von denen wir hörten. Als wir von dieser Entwicklung erfuhren, sorgten wir dafür, daß die Rädelsführer der SS-Gruppen schleunigst entfernt wurden und die Führung Männern anvertraut wurde, von deren guter Gesinnung wir überzeugt waren.

Was war in diesem Zusammenhang und in dieser Lage gute Gesinnung? Wir waren schließlich immer noch die Feinde. Und wenn manchmal die Gefangenen das Gefühl hatten, daß diese Feinde ihre einzigen Freunde waren, nicht nur, weil sie ihnen auf Gedeih und Verderb ausgeliefert waren, sondern auch, weil sie ihre Probleme verstanden und eigentlich auf ein ihnen am Herzen liegendes Problem hinsteuerten, nämlich die Beendigung des Krieges, blieb diese Kluft bestehen. Viele unserer Gefangenen, die auch räumlich von den anderen Gefangenen getrennt waren, freuten sich, wenn sie uns sahen. Sie hatten kleine Witzchen für uns, und einer, ein begabter Karikaturist, fertigte eine ganz reizende Karikatur von einem baumlangen Gefangenen an, der mit mir, einem recht kurz geratenen Amerikaner, ein Gespräch führte. Er hatte zunächst Angst, mir dieses Kunstwerk zu zeigen, aber von den anderen Gefangenen überredet, holte er es schließlich hervor und überließ es mir gegen eine Schachtel Zigaretten, die damals sehr hoch im Kurs standen.

Zu einem bunten Abend wurden wir eingeladen, dessen Hauptattraktion Horst Winter, ein damals sehr populärer Jazz-Sänger und Leiter einer Jazz-Band war. Wir waren die Ehrengäste und saßen in der ersten Reihe; auf unser Gefallen und unseren Beifall kam es an.

Nicht zugegen waren wir, als zwei höchst musikalische Gefangene vor der versammelten Mannschaft an mehreren Abenden die gesamte »Zauberflöte« teils pfeifend, teils singend, aufführten. Der eine von ihnen war ein Aachener Industrieller, der sich geweigert hatte, sich von der SS ins Hinterland evakuieren zu lassen, als die Amerikaner vor Aachen standen. Er war von seinem Haus, das am Rande der Stadt lag, nach Westen gekrochen, um zu den Amerikanern zu gelangen. Dabei wurde er schwer verwundet und blieb zwischen den Linien der Deutschen und der Amerikaner liegen – Tamino vergleichbar, der auch zwischen zwei Prinzipien schwankend ins Ungemach gerät. Aber seine Pamina, seine Ehefrau, ging mitten übers Niemandsland zu den Amerikanern und bat einen dortigen Hauptmann, ihren Mann bergen zu lassen. Der Hauptmann schickte seine Sanitäter, der Mann wurde gerettet und wieder ordentlich zusammengeflickt. Er war den Amerikanern dankbar.

In etwas peinlicher Weise der amerikanischen Sache ergeben war ein deutscher Richter aus Linz am Rhein, der schon in vorgerücktem Alter stand. Er hatte zum Volkssturm gehört und war auf diese Weise in Gefangenschaft geraten. Er kam zu uns mit einer Forderung. Er sei, behauptete er, ein entschiedener und ausgesprochener Gegner des nationalsozialistischen Regimes gewesen und hätte das in mehreren Briefen und Äußerungen auch kundgetan. Da er damit unzweifelhaft im amerikanischen Interesse und sozusagen durch Geschäftsführung ohne Auftrag für die Amerikaner tätig geworden wäre, müsse er uns jetzt bitten, ihm seine gesamten Aufwendungen und den Schaden, den er durch seine Gefangennahme und den Verlust seines Richteramtes erlitten hätte, zu ersetzen.

Zu der Zeit wurde mir auch der älteste Gefangene vorgestellt, der weder Volkssturm noch Luftwaffenhelfer, sondern regelrechter Soldat war. Er war klein, weißhaarig und sächsisch – und zweiundsiebzig Jahre alt. Wie und nach welchen Gesichtspunkten ihm die Ehre widerfahren war, zur deutschen Wehrmacht einberufen zu werden, wußte er nicht zu sagen. Er wurde von seinen Kameraden rührend umsorgt. Sie paßten auf, daß er nicht fror, daß er genügend zu essen bekam und sich, soweit das die Umstände erlaubten, behaglich fühlte. Als ich ihn fragte, was er denn in der Wehrmacht zu suchen hätte, lächelte er verschmitzt und sagte mit breitem sächsischen Akzent: »Ja, wissen Sie, ich bin Hitlers Geheimwaffe.«

Und noch zwei Begegnungen mit Soldaten, die mir für die Einstellung der Gefangenen typisch zu sein schienen:

Ein Soldat, der in der Nähe von Düren gefangen genommen worden war, gab mir folgenden Bericht: »Da kamen die Amerikaner. Ich lag mit meinem Maschinengewehr etwas abseits der Straße und hatte sie im Visier. Sie schwatzten laut miteinander. Sie gingen alle auf einem Haufen, weder verstreut noch gestaffelt. Ich hätte sie mit meinem MG alle umlegen können. Sie waren insgesamt Kinder des Todes. Und als ich das einsah, bin ich aufgestanden und habe mich ergeben.«

Der andere war ein Berliner. Er befand sich in einem Bunker des sogenannten Westwalls und hielt Wache. Sein Hauptmann, der sich nach einer durchwachten Nacht etwas ausruhen wollte, hatte ihm als letztes gesagt: »Passen Sie gut auf, wenn die Amerikaner kommen.« »Und da«, sagte mir mein Gefangener, »ha'ck jut uffjepaßt, und als se da warn, ha'ck mir erjeben.«

2 Wir

Wer waren wir? Wo waren wir? Warum waren wir da? Wie waren wir hingekommen? Was war unsere Aufgabe? Und wie begegneten wir ihr?

Als erstes ist zu sagen: Wir waren alle Amerikaner. Als zweites: Wir waren alle Einwanderer, aus Deutschland, aus Österreich oder der Schweiz. Wir hatten alle deutsch als erste Muttersprache gelernt. Nicht alle waren zur Hitlerzeit eingewandert. Einige waren schon gewissermaßen Alteingesessene. Es waren auch Böhmen dabei. Wir waren alle gute Amerikaner. Amerika hatte uns in Zeiten der Not aufgenommen, wenn auch nicht notwendigerweise mit offenen Armen. Aber wir hatten uns durchgebissen. Wir hatten es alle zu einem bürgerlichen Beruf und einem auskömmlichen Gelderwerb gebracht. Daß wir dabei unentrinnbar Europäer geblieben waren, merkten wir erst später. Gesellschaftlich reichten wir vom österreichischen Hochadel bis zum jüdischen Handlungsgehilfen oder umgekehrt.

Es war uns wahrscheinlich allen gleich gegangen. Zwar waren viele in New York hängengeblieben, was ich für einen großen Schaden halte, denn New York ist nicht Amerika, und wer in New York Amerikaner zu sein glaubt, versteht wenig von diesem großen Land. Amerikaner zu werden ist sowieso ein fast unmögliches Unterfangen, denn wo immer man sich in diesem Lande befindet, trifft man auf jemanden, der einem versichert: »Dies hier ist nicht Amerika, müssen Sie wissen.« Amerika ist sozusagen unauffindbar. Ich war nach kurzem Aufenthalt nach Neu-England gekommen, nach Massachusetts, an eine der dortigen großen Privatschulen, die auf eine stolze Vergangenheit zurückblicken. In meine Schule hatte der erste amerikanische Präsident, George Washington, einen Neffen und sechs Großneffen geschickt. Fast alle wurden von der Schule entfernt, bevor sie das Ziel der vierjährigen Schulzeit, das sogenannte Diplom, erreicht hatten. Sie waren den Anforderungen entweder scholastisch oder moralisch nicht gewachsen gewesen. Das ist eine amerikanische Geschichte. In welchem anderen Land könnte es vorkommen, daß der Direktor einer Schule dem Präsidenten schreibt: »Ihr Neffe, bzw. Großneffe, hat weder das geistige, noch das moralische Rüstzeug, um in meine Schule zu passen. Mit freundlichen Grüßen, Schuldirektor.« George Washington, der allerdings mit dem Schuldirektor befreundet war, hat gegen diese Entscheidung nie den Hauch eines Protestes erhoben. Ich versuche, mir Franz Josef Strauß in einer gleichen Situation vorzustellen.

Dort war ich Lehrer und genoß eine gewisse Achtung im benachbarten Städtchen von etwa sechzehntausend Einwohnern. Aber dann kam der Krieg. Der Deutschlehrer wurde zum potentiellen Feind. Gerüchte rankten sich um mich. Man munkelte im Städtchen, daß ich mich nach jedem deutschen Sieg in der feudalen Villa eines in der Nachbarschaft lebenden Deutschen, übrigens eines widerlichen Burschen, an Jubelorgien beteiligte. Als ich während der Ferien nach Wyoming fuhr, um mir einige der Nationalparks anzusehen und einige Berge zu besteigen, hieß es, ich sei zur Westküste gefahren, um mich mit einem deutschen Agenten zu treffen. Die Schulleitung trat wacker für mich ein, nicht so die Stadt. Alle Deutschen und Italiener – übrigens auch die Japaner, die größtenteils alteingesessene Amerikaner waren und von ihrer Wahlheimat übel behandelt wurden, aber nicht die Österreicher, die Hitler so begeistert zugejubelt hatten, als er ihr Land vereinnahmte – wurden zu feindlichen Ausländern erklärt. Feindliche Ausländer durften keinen Kurzwellenempfänger in ihrer Wohnung haben. Sie durften kein Bankkonto besitzen. Sie durften keine Reisen unternehmen, die sie weiter als fünfzig Kilometer von ihrem Wohnort entfernten. Wenn man eine solche Reise antreten mußte, hatte man dafür eine besondere Genehmigung von der obersten Justizbehörde des Staates zu beantragen, in dem man lebte, und durfte dann drei Wochen lang auf die Erteilung oder Verweigerung dieser Genehmigung warten. Man durfte sich nicht freiwillig zum Militärdienst melden. Man wurde aber andererseits nicht gefragt, ob man den Militärdienst leisten wollte. Mit den sogenannten *first papers,* die dem Eingewanderten eine Anwartschaft auf künftige Staatsbürgerschaft in Aussicht stellten, hatte man bereits seine Bereitwilligkeit erklärt, im Kriegsfall das Land zu verteidigen.

So geschah es dann eines Tages: Die vorgedruckte Karte des Präsidenten Franklin Delano Roosevelt, in der er mir seinen Gruß entbot und mir sagte, daß ein Ausschuß meiner Nachbarn mich zum ehrenvollen Kriegsdienst für das Vaterland ausersehen hätte, wurde mir mit der Post zugestellt. Kurz darauf war ich Soldat, obwohl ich noch deutscher Staatsbürger war.

Gewiß konnte man sich weigern. Das hätte bedeutet, daß man bei der nächsten Gelegenheit aus den Vereinigten Staaten deportiert und, soweit es möglich war, nach Deutschland zurückgeschickt worden wäre. Diese Aussicht schien nicht eben verlockend. Überdies hatte ich mich mit dem Gedanken vertraut gemacht, daß Hitler im Interesse Deutschlands und der westlichen Welt, wenn nötig, mit Waffengewalt besiegt werden mußte. Und ich wollte mich davon nicht ausschließen. So wurde ich also Soldat. So wurden auch die anderen Soldaten, mit denen ich zusammentraf. Auch sie hatten das Schicksal des feindlichen Ausländers erdulden müssen – wie gesagt, bis auf die Oesterreicher – und fanden sich auf einmal als Wehrpflichtige in der amerikanischen Armee.

Bis wir uns trafen, war bereits eine Menge Zeit vergangen. Wir hatten irgendwo unsere militärische Laufbahn begonnen, waren dann schließlich nach und nach in einem Trainingszentrum für *Intelligence* – was man auf deutsch Abwehr nennen würde – zusammengetroffen, hatten dort eine mit dramatischen Vorfällen gespickte, aber doch einigermaßen gründliche Ausbildung erhalten, die allerdings nichts über amerikanische Verbände verriet, sondern nur von der deutschen Armeeorganisation, deutschen Uniformen, deutscher Strategie, deutscher Taktik, deutschen Waffen usw. handelte. Mit einem großen, achttägigen Manöver, bei dem wir Tag und Nacht bis zur Erschöpfung eingespannt waren, hatte die Ausbildung geendet, und wir erhielten unser Diplom.

Das Lager, in dem das alles geschah, war damals wohl der seltsamste Ort der gesamten Vereinigten Staaten. Seine Insassen waren keineswegs nur Deutsche, sondern Angehörige aller Nationen, die irgendeine Fremdsprache fließend beherrschten. Wir hatten Franzosen, Italiener, Norweger, Dänen, Spanier, Nordafrikaner, Araber, Polen, Tschechen, Jugoslawen, Rumänen, Bulgaren, Türken, Griechen und Indianer. Die Indianer sollten für Nachrichtenübermittlungen eingesetzt werden, denn die englische Sprache war so bekannt, daß alle Nachrichten ohne weiteres im Klartext abgefangen werden konnten. Wenn jedoch an jedem Ende der Nachrichtenübermittlung ein Navajo-Indianer saß und sich die beiden in der Navajosprache unterhielten, war es wenig wahrscheinlich, daß ein Japaner oder ein Deutscher dieser Unterhaltung folgen konnte.

Das Lager war ein wahres Babel. Wir wurden aufgefordert und ermutigt, uns in der jeweiligen Fremdsprache zu unterhalten, die für unsere Abwehrtätigkeit wichtig werden sollte. Englisch sprach man nur mit den Wachen und den Offizieren, oder mit den Angehörigen anderer Sprachgebiete, um überhaupt eine Verständigung zu ermöglichen. Sonst hörte man an jeder Straßenecke und an jedem Barackenwinkel eine andere Fremdsprache – wobei Fremdsprache gleich Nichtenglisch ist – die fließend und mit Leidenschaft gesprochen wurde.

Dann wurden wir eines Tages alle Amerikaner. Kurz zuvor noch Feinde, jetzt Geheimnisträger und Angehörige einer sehr sentitiven Waffengattung. Nach und nach kamen wir nach Übersee.

Die erste Begegnung mit Deutschen fand noch in England statt. Die Invasion des europäischen Festlandes war gerade gelungen, und die Gefangenen mußten mit aller Schnelligkeit nach Organisation, Stärke, Bewaffnung und dergleichen befragt werden. Es war eine Zeit ohne Schlaf. Zwischen zwei Gefangenenschüben konnte man sich vielleicht eine halbe Stunde, vielleicht anderthalb Stunden aufs Bett werfen, um gleich wieder an Deck zu sein, wenn neue Gefangene gemeldet wurden. Die Arbeit war viehisch, aber sie war faszinierend. Bis eines Tages ein sehr überflüssiger Oberst erschien und brüllend darauf hinwies, daß unsere Quartiere verdreckt, unsere Betten nicht gemacht, unsere Fußböden nicht aufgewischt und unsere Uniform nicht geplättet waren. Wir ließen ihn toben und machten weiter. Als er jedoch nach einigen Tagen wieder erschien, sich abermals wichtig machte und mit Strafen drohte, stellten wir unsere Arbeit ein. Wir schliefen acht bis neun Stunden, plätteten unsere Uniformen, wischten unsere Quartiere auf und machten unsere Betten und verwandelten die Baracke in ein Schmuckkästchen. Die Beschwerde des höchsten Hauptquartiers wegen mangelnder Information kam an den Obersten, nachdem wir in den ersten Tagen eine ausdrückliche Belobigung bekommen hatten. Er erschien wieder, brüllte wieder und verlangte mehr Informationsmaterial. Wir zeigten ihm statt Informationsmaterial unsere Betten, unsere Hosen, unser Quartier, den Fußboden, die Fensterscheiben und alles was er nicht sehen wollte, und stellten ihn dann vor eine Alternative. Es war das erste Mal, daß wir streikten. Es war keineswegs das letzte Mal.

Aber ich sage immer noch wir. Wer waren wir denn? Wir, wenn ich mit mir anfangen darf, war ein verkrachter Jurist, der in Amerika keine Möglichkeit fand, mit seinen deutschen juristischen Kenntnissen hausieren zu gehen. Also wurde er Lehrer. Er hätte sich sowieso lieber auf einen Lehrerberuf vorbereitet. Aber seine Eltern fanden, daß die Juristerei aussichtsreicher sei. Es ist wohl doch nur in Amerika möglich, daß ein studierter Jurist, der niemals eine Klasse unterrichtet hat, in einer sehr guten Schule als Lehrer angestellt wird. Aber im Land der Unmöglichkeiten gibt es eben auch Möglichkeiten, die unmöglich sind. Wir waren ein Regisseur, der in Hollywood gearbeitet hatte, ein junger Philosoph, der mit seinem Studium noch nicht fertig war; der österreichische Herr Graf, der nach der Besetzung seines Landes im Jahre 1938 freiwillig aus der Heimat gegangen war, um in Belgien jüdische Auswanderer zu betreuen, der in Lehenstreue, aber ohne Überzeugung, Otto von Habsburg zur Hand gegangen war, als er in Amerika die hochkomische »Österreichische Legion« schuf; ein außerordentlich liebenswürdiger und intelligenter östereichischer Exportkaufmann; ein hünenhafter Bayer, der sich im Mittelwesten Amerikas niedergelassen hatte; ein armseliger Mensch, der eine krächzende Pfauenstimme mit dem Aussehen einer ramponierten Krähe verband und jeden Abend schmachtende Briefe an seine bildschöne Frau schrieb. Als er jedoch nach langer, schmerzlicher Treue nach Amerika zurückkehrte, fand er, daß seine Frau längst mit einem anderen zusammenlebte und von ihm die Scheidung verlangte. Da war das unzertrennliche Paar, einer davon Kolonialwarenhändler aus Baden, der jedoch schon langjähriger Amerikaner war, der andere, wenn ich mich recht entsinne, Versicherungsvertreter. Sie zeichneten sich durch ein hämisches und überlegenes Gebaren aus und hießen wegen ihrer giftigen

Äußerungen und ihrer Betulichkeit »Arsen und Spitzenhäubchen«. Da war der Empfangschef eines mittleren New Yorker Hotels, der in liebenswürdiger und listiger Verhandlung alles deichseln konnte. Da war der erzgescheite und sympathische Max. Da war der gutmütige und erzgescheite Breslauer, dessen Familie bei Hannover eine Lackfabrik gehabt hatte, der »Herr Oberschirrmeister«, der wie ein Vater die Gefangenen betreute, und noch so mancher andere.

Wir waren, bis auf den Herrn Grafen, der sich in letzter Zeit emporgedient hatte, alle Mannschaft. Die Offiziere waren säuberlich von uns getrennt. In der angeblich demokratischen amerikanischen Armee ist es dem Offizier zum Beispiel nicht gestattet, mit einem Mann im Mannschaftsgrad zusammen zu essen. Sie haben getrennte Quartiere, getrennte Kantinen, getrennte Erholungsräume. Dafür gibt es dann allerdings auch nicht die Einrichtung eines Offiziersburschen. Die Offiziere mußten mit ihren Kleidungsstücken und Habseligkeiten selbst zu Rande kommen. Und als einmal bei einem Manöver in Kalifornien infolge eines Gewitterregens das Offizierszelt zusammenbrach, weigerte sich die Mannschaft, den Offizieren beim Wiederaufrichten des Zeltes behilflich zu sein. Die Mannschaft hatte Gründe für die Weigerung, aber die Offiziere waren verschnupft.

Bei den Offizieren war die Spaltung zwischen Amerikanern und Amerikoanern (diese Bezeichnung stammte aus dem Österreichischen und sollte bedeuten: Der Amerikoaner ist koaner) sehr tief. Der Kommandant unserer Einheit stammte gewissermaßen aus dem amerikanischen Adel, war außerordentlich reich, sehr verwöhnt, recht intelligent, gut gebildet – er hatte die besten Schulen Amerikas besucht – und im großen und ganzen gut zu leiden. Er war nur etwas infantil und ein Playboy. Der nächste in der Reihe war zwar deutscher Abstammung, sprach aber kaum noch deutsch, hatte einen überragenden Verstand und nur einen Fehler: Er war ein Intrigant. Man konnte ihm nicht trauen. Der dritte, wohl auch deutscher Abstammung, war dumm. Er vergötterte die Armee und brachte es innerhalb der Armee am weitesten. Wenn er noch lebt, wird er wohl inzwischen General geworden sein. Er hatte das Zeug dazu. Die deutschen Offiziere bildeten eine Clique für sich und hatten teilweise ein ziemlich trauriges Schicksal. Davon wird noch zu berichten sein.

Die Arbeit wurde zu über neunzig Prozent von den Mannschaften geleistet. Kaum einer der Offiziere war imstande, ein gründliches und kundiges Verhör anzustellen. Bei manchen haperte es an der Sprache, bei den anderen an der Geduld, am Einfühlungsvermögen, an der Kenntnis der Sachlage.

Hier wäre nun natürlich die Frage berechtigt, warum die Mannschaft, die eine derart spezialisierte Aufgabe zuerteilt bekam, nicht zu Offizieren ernannt wurde. Aber dem stand ein gewisses amerikanisches Mißtrauen im Wege. Zwar besteht das amerikanische Volk bis auf die Indianer letzten Endes ausschließlich aus Fremden, aber trotzdem gibt es dort eine Ausländerphobie, die sich mit der der Franzosen durchaus messen kann. Nur sehr wenige Deutsche kamen während des Krieges über den Hauptmann hinaus, obwohl sicher mehr als achtzig Prozent aller Informationen über den Feind von naturalisierten Amerikanern beschafft worden waren.

Wir waren inzwischen in Belgien, in Namur an der Maas. Dort hatte die zwölfte Armeegruppe unter General Bradley ihr Hauptquartier, dem unsere Einheit direkt unterstellt war. Wir hatten schwer zu arbeiten. Wir hatten ja schließlich nicht nur Gefangene zu verhören, sondern das, was sich aus den Verhören an Informationen ergab, ausschließlich und mit allen verfügbaren Belegen niederzuschreiben. Das hätte sich sicher leichter bewerkstelligen lassen, wenn wir nicht Angehörige der amerikanischen Armee gewesen wären, wobei die Betonung keineswegs auf amerikanisch liegt. Darin zum mindesten unterscheiden sich die Armeen nicht voneinander. Wenn man eine einigermaßen selbständige Arbeit zu leisten hat, dann kämpft man etwa zehn Prozent gegen den Feind und neunzig Prozent gegen die eigene Armee. So war es auch bei uns. Wir waren von allen Seiten gehemmt und eingeengt. Keines der Hemmnisse war besonders ernst oder unüberwindlich. Aber die Zeit und Kraft, die aufgewendet werden mußten, um sie zu überwinden, hätten sehr viel besser für andere Aufgaben eingesetzt werden können.

Es gab zum Beispiel bei uns die Verfügung, daß die Mannschaften um elf Uhr im Bett sein mußten. Dann erschien ein Offizier, der etwa zehn Jahre jünger war als die Jüngsten von uns, und sah zu, daß auch alle hübsch im Bett lagen.

Ich hatte für dergleichen Scherze keine Zeit. Wenn ich meine

Berichte schreiben und gleichzeitig das Pensum der Verhöre erledigen wollte, brauchte ich die Nacht. So geschah es denn eines Tages, daß unser Offizier mich um elf Uhr im Bett nicht vorfand und mich selbstverständlich sofort beim Kommandeur meldete. Ich wurde am nächsten Morgen zitiert.

Er empfing mich mit der Frage, wo ich gestern um elf Uhr gewesen sei. Ich erwiderte: »Im Hauptquartier, Herr Major.« Er sagte: »Warum waren Sie bei der Bettkontrolle nicht zugegen?« Ich sagte: »Weil ich zu arbeiten hatte.« Er sagte: »Es besteht aber eine Verfügung, daß Sie um elf Uhr im Bett sein müssen.« Ich sagte: »Wenn diese Verfügung besteht, dann bitte ich Sie, dieselbe sofort aufzuheben.« Er sagte: »Verfügungen sind aber dazu da, daß sie befolgt werden.« Ich erwiderte: »Herr Major, ich bin im Zivilleben Lehrer. Ich habe über das geistige und moralische Wohl und Wehe meiner Schüler zu wachen gehabt. Ich bin zehn Jahre älter als Sie. Darf ich Sie fragen, wo Sie gestern um elf Uhr nachts gewesen sind?«

Er hatte die anmutige Angewohnheit, rot zu werden, wenn er sich schämte. Er war jedoch nicht bereit, Auskunft zu geben, was er auch gar nicht nötig hatte. Wir wußten alle, daß er eine Freundin in der Stadt hatte. Aber da er intelligent und eigentlich großzügig war, und bestimmt kein schlechter Kerl, gab er sich einen Ruck und sagte: »Schön, dann wollen wir die Verfügung mit der Bettkontrolle fallenlassen.« Ich dankte ihm, salutierte und ging. Der Inhalt anderer Kontroversen war nicht welterschütternder als dieser. Aber auch sie kosteten Zeit und Nerven, Erklärungen und Überredung. Und der Erfolg war keineswegs immer gesichert.

Viel schlimmer als uns ging es jedoch zwei Offizieren, die zum deutschen Flügel gehörten. Die Ardennenschlacht hatte gerade ihren Höhepunkt erreicht, und es hatte sich in den Verhören ergeben, daß eine Anzahl von Fallschirmtruppen hinter den amerikanischen Linien abgesprungen waren, die in amerikanischen Uniformen staken, fließend englisch sprachen, sich mit der amerikanischen Armeeorganisation auskannten und Sabotageakte ausführen sollten, wie zum Beispiel die Unterbrechung von Nachschubwegen, Zerstörung von Munitions- oder Treibstoffdepots und dergleichen. Die Sicherheitsvorkehrungen waren deshalb außerordentlich verschärft worden. Man konnte überall angehalten und nach einer Parole gefragt oder mit sehr amerikanischen Slangworten und volkstümlichen Begebenheiten konfrontiert werden, die einem Deutschen sicher unbekannt waren.

Die beiden Offiziere, die englisch mit einem dicken deutschen Akzent sprachen, gingen in die Stadt Namur und bestellten sich im »Ace de Pique« etwas zu trinken. Sie unterhielten sich ungeniert, da sie schließlich nichts zu verbergen hatten. Als sie das Lokal verließen, trat ihnen ein Unteroffizier der Militärpolizei in den Weg und sagte: »Ich habe euer Gespräch überhört. Ihr seid keine Amerikaner. Ihr seid Deutsche. Ihr seid verhaftet.«

Die Offiziere erwiderten: »Wir sind zwar geflüchtete Deutsche; wir sind Emigranten. Aber wir sind amerikanische Offiziere. Hier ist unsere Legitimation.«

Der MP erwiderte: »Es ist selbstverständlich, daß ihr die ordnungsmäßigen Papiere habt, daran habe ich nicht gezweifelt. Damit seid ihr ausgestattet. Aber wenn ihr Amerikaner seid, dann antwortet mir auf die folgende Frage: ›Wer hat die ›World Series‹ gewonnen?‹«

Jeder Amerikaner, jedes amerikanische Kind weiß, was die ›World Series‹ sind. Während der ganzen Baseball-Saison vom Juni bis September spielen die Clubs der Amerikanischen und der Nationalen Liga gegeneinander, und zur Krönung der Saison bestreiten die gewinnenden Clubs beider Ligen die sogenannten ›World Series‹. In jenen Tagen ist ganz Amerika vom Fieber gepackt. Natürlich werden die ›World Series‹ über Rundfunk und Fernsehen übertragen, und die Clubs spielen so lange, bis einer von beiden vier Siege errungen hat. Es kann also bis zu sieben Spiele geben. In diesem Jahr hatten die St. Louis ›Cardinals‹ die ›World Series‹ gewonnen.

Die armen beiden Offiziere, die sich niemals mit Baseball beschäftigt hatten, weil sie nicht damit aufgewachsen waren und wahrhaftig anderes zu tun hatten, um sich den bloßen Lebensunterhalt zu verdienen, starrten den Militärpolizisten mit leerem Gesichtsausdruck an, bis einer von ihnen die verhängnisvolle Frage stellte: »Wot's set« (What's that?)

Man war inzwischen in der Amtsstube der Militärpolizei. Der Militärpolizist zog seine Pistole und sagte: »Los ihr Burschen, rüber zur Wand! Ich erschieße euch.« Das entsprach durchaus dem Befehl, und der Militärpolizist war im Recht. Aber unsere zwei Offiziere begannen jetzt zu schnattern, nicht nur vor Angst, sondern auch, weil sie ja schließlich ihre Identität beweisen konnten. Sie baten den Polizisten, doch wenigstens bei ihrer Einheit anzurufen.

Der erwiderte: »So dumm werde ich gerade sein. Während ich telefoniere, kommt der eine von der einen, der andere von der anderen Seite, und ihr versucht, mich auf diese Weise fertig zu machen. Ich brauche nicht zu telefonieren. Ich weiß, wer ihr seid. An die Wand und haltet die Schnauze.«

Schließlich gelang es den beiden, die alle zwei durchaus beleibt waren, den MP zu folgendem Kompromiß zu bewegen: Sie wollten sich auf den Bauch legen, die Hände hinter dem Kopf verschränkt, und er sollte mit der Einheit telefonieren und sich vergewissern, ob sie nicht die Wahrheit gesagt hatten. Darauf ging er ein. Bis sich diese beiden aus der Bauchlage erhoben und zum Angriff auf ihn übergegangen wären, hätte er eine halbe Kompanie erschießen können. Er kriegte also den Major an die Strippe und sagte: »Entschuldigen Herr Major die Störung. Ich habe hier zwei Typen in meiner Amtsstube, die behaupten, Offiziere Ihrer Einheit zu sein. Es ist für mich absolut erwiesen, daß das nicht der Fall ist. Aber ich wollte zur Sicherheit immerhin mal nachfragen. Ihre Namen lauten ...«

»Ich komme gleich rüber«, sagte der Major. »Es sind Offiziere meiner Einheit.«

Worauf nun der MP einen wahnsinnigen Schreck bekam, die Offiziere vom Boden aufhob, sie ein wenig abstaubte und ihnen sagte, es sei alles in der besten Absicht geschehen, und seine Instruktionen lauteten so. Worauf ihrerseits die beiden, soweit sie überhaupt noch reden konnten vor schnatternden Unterkiefern, erwiderten, er sei ein ganz besonders guter Soldat, und sie würden ihn auch bei seiner militärischen Einheit empfehlen. Man trennte sich zwar in strahlendem Einverständnis, aber als die beiden Todeskandidaten bei uns in der Einheit ankamen, lief ihnen noch der kalte Schweiß über die Stirne. Sie waren leichenblaß und zitterten und mußten ins Bett gebracht werden. Für den Rest der Ardennenschlacht haben sie ihr Quartier nicht mehr verlassen.

Die Ardennenschlacht wirkte gewissermaßen als Katalysator.

Das Heldentum ist keine Eigenschaft, zu der man verpflichtet ist. Es gilt zwar als Soldatentugend, aber das Leben des Soldaten ist an sich schon so tugendarm, daß man das Heldentum zu den großen Ausnahmen rechnen und auch dann manchmal noch feststellen muß, daß es keine bewußte Handlung, sondern eine Panne war.

Als die Deutschen am 16. Dezember – ich glaube, das war das Datum – 1944 ihren Angriff gegen die sehr dünn besetzten amerikanischen Linien eröffneten, war der Hauptstoß unzweifelhaft auf Lüttich und Namur gerichtet. Die Lage, in der wir uns befanden, war nicht beneidenswert. In unserem Lager hatten wir etwa 1500 deutsche Gefangene, und die Spitze des deutschen Vormarsches war nach unseren letzten Informationen nur etwa dreißig Kilometer von uns entfernt. Die Moral unserer Einheit brach zusammen. Schließlich befanden wir uns, eine Einheit von etwa dreißig Mann, zwischen etwa 1500 Gefangenen und der anrückenden deutschen Armee. Zudem lag das Gefangenenlager auf der rechten Maasseite, während sich unser Quartier auf der anderen Flußseite befand. Die Brücke, die die Maas überspannte, war mit Sprengladungen versehen und konnte jeden Augenblick in die Luft gejagt werden. Wann dieser Augenblick eintreten würde, war nicht vorauszusehen. Es konnte also auch zu einem Zeitpunkt geschehen, bevor es uns gelungen war, auf das linke Ufer zurückzukehren.

Bei einer normalen Einheit hätte das keine so sehr große Rolle gespielt. Selbstverständlich ist jeder daran interessiert, soweit das möglich ist, sein eigenes Leben zu retten. Aber es war uns klar, daß die Deutschen uns nicht als normale Gefangene behandelt hätten. Meine Kameraden waren zum größten Teil jüdischer Abkunft. Wir alle waren Deutsche, die aus irgendeinem Grunde, der meistens mit den politischen Verhältnissen nach 1933 zusammenhing, die Heimat verlassen hatten. Wir konnten uns auf Folterungen und ein sehr elendes Lebensende gefaßt machen. Das ist unter keinen Umständen eine erfreuliche Aussicht. Die Meinungen innerhalb der Einheit waren daher gespalten. Während ein alter deutscher Unteroffizier, der, soweit wir davon erfuhren, aus rein politischen Gründen nach den Vereinigten Staaten gekommen war, von uns forderte, daß wir uns bewaffnet an den Straßenecken aufstellen sollten, um dem deutschen Vormarsch Widerstand zu leisten, weigerten sich andere ganz entschieden, zur anderen Flußseite hinüberzugehen, um dort die Verhöre der Gefangenen fortzusetzen. Dabei war es dringender notwendig als je zuvor, die neuankommenden Gefangenen so schnell wie möglich zu verhören, um zu erfahren, wo sie sich befanden, mit welchem Erfolg sie kämpften, wie ihre Bewaffnung war, welche Reserven sie hatten, wie ihr Nachschub funktionierte, und wo neue Vorstöße geplant waren.

Wir kamen bald zu einer Einigung. Wir fanden es wenig aussichtsreich, uns dem deutschen Vormarsch, falls er bis Namur gelangen sollte, in den Weg zu stellen. Die schwersten Waffen, über die wir verfügten, waren Karabiner, mit denen man bestimmt gegen Panzer nicht sehr viel Schaden anrichten kann. Wir verstanden auch die Ängste derjenigen, die sich nicht mehr auf die andere Flußseite trauten und versprachen ihnen, daß wir mit allen Mitteln ihre Abwesenheit decken würden. Sie ist, soviel wir wissen, auch nie bemerkt, und wenn sie bemerkt wurde, nie kommentiert worden. Die Arbeitslast derer, die zum Dienst antraten, war dadurch zwar vergrößert, aber darüber hat sich keiner der Betroffenen beklagt. Wir hielten den sogenannten soldatischen Mut nicht notwendigerweise für eine Tugend und haben sozusagen die Feigheit geehrt, wo wir sie begründet fanden.

Gar nicht feige, aber auch nicht eben soldatisch, haben sich einige Monate später ein paar von uns benommen, als um Leipzig gekämpft wurde. Ich erinnere mich nicht mehr, aufgrund welcher besonderen Anordnung wir nach Leipzig und mitten in die Schlacht geraten waren. Damals war der Krieg schon fast vorüber. Ich kann nicht einmal mehr sagen, ob Hitler noch am Leben war oder sich bereits umgebracht hatte. Die Kampffreudigkeit der deutschen Truppen war jedenfalls nicht mehr sehr groß. Aber es gab wie immer noch einige Offiziere, die fanden, daß man um jeden Preis aushalten müsse, weil der ehrenvolle Tod dem schmachvollen Leben vorzuziehen sei. Daß solche Offiziere sich dann oft von ihrer Truppe entfernten, um sich heimlich zu ergeben, sei, gewissermaßen in Klammern, hinzugefügt. Wir haben sie oft erlebt und manchmal den Truppen vorgeführt, um ihnen zu zeigen, wie ernst es den Herren mit dem Heldentod fürs Vaterland war.

Jedenfalls waren wir in Leipzig, mit dem Auftrag, dort an Ort und Stelle die frischen Gefangenen zu verhören, um herauszufinden, wo ein Widerstand geplant und wie er bewaffnet war, über welche Zahl von einsatzfähigen Truppen die Deutschen dort verfügten, wieviel Munition sie hatten, woher der Nachschub kam und ob er noch funktionierte. Wir hielten das für eine verhältnismäßig wichtige Mission, die nur den einen Fehler hatte, daß sie dem militärischen Denken entsprang. Es ist sicher wichtig zu wissen, wieviele Gewehre auf einen gerichtet sind. Wichtiger schien es uns sicherzustellen, daß diese Gewehre niemals abgefeuert würden, und danach haben wir gehandelt.

Wir haben daher in dem Stadtteil Leipzigs, in dem wir eingesetzt waren, eine kleine, eigene Eroberungsaktion inszeniert. Wir sind von Haus zu Haus gegangen, haben die Frauen herausgeklingelt und haben ihnen gesagt, sie müßten wohl selber einsehen, daß der Kampf inzwischen aussichtslos sei und sie sollten sich dementsprechend verhalten. Wenn sie irgendwo in ihrer Nähe und in den Straßenzügen, die sie überblicken könnten, einen bewaffneten Deutschen in Uniform sähen, so sollten sie ihn sofort in ein Haus zerren, ihm die Waffen abnehmen, ihm die Uniform ausziehen und ihn in Zivilkleider stecken, und vor allen Dingen darauf achten, daß er nicht eine halbe Minute vor zwölf für seinen heißgeliebten Führer noch einen sinnlosen Opfertod stürbe. Die meisten Frauen waren mit Begeisterung dazu bereit, bei unserer Aktion mitzuhelfen. Wir versteckten uns, um zuzusehen, ob der Plan auch wirklich funktionierte. Aber er funktionierte fast fehlerlos. Alle Soldaten, die sich blicken ließen, verschwanden geheimnisvoll in irgendwelchen Haustüren, und es kam in unserem Stadtteil zu keinen Kampfhandlungen, obwohl hin und wieder noch vereinzelte Schüsse fielen. Wir fühlten uns danach eigentlich ganz fröhlich. Die militärische Führung war allerdings eher ungehalten. Sie ging noch von dem Gedanken aus, daß der einzige gute Deutsche ein toter Deutscher sei und fand es äußerst verdächtig, daß wir eine solche Ansicht für faschistisch hielten.

Ihr Argwohn war teilweise berechtigt. Selbstverständlich waren wir ebenso im Krieg engagiert wie sie, und selbstverständlich sahen wir, da wir darin engagiert waren, keine andere Möglichkeit, als den Krieg siegreich zu beenden. Aber die gedankenlose Polarität zwischen Gut und Böse, die sie sich aus den Comic-strips, den Propagandafilmen und den Massenmedien herausgeklaubt hatten, konnten wir im persönlichen Bereich nicht mitvollziehen. Wie sehr Europa trotz aller fraglosen Loyalität zu unserem amerikanischen Adoptivland unsere Heimat geliebt war, merkten wir, als wir im Firth of Clyde vor Anker gingen. Es war wie eine sentimentale Heimkehr.

Viele von uns hatten sehr viel mehr Grund als alle Amerikaner zusammengenommen, die Deutschen zu hassen. Sie hatten Furchtbares erduldet, waren im Ungewissen über das Schicksal vieler Familienangehöriger und mußten, je mehr wir von der sogenannten ›Endlösung‹ erfuhren, damit rechnen, daß sie vom Nazistaat ausgerottet worden waren. Ich fand es bewundernswert, mit welcher Fairneß und Unvoreingenommenheit sie trotzdem dem einzelnen Deutschen begegneten und mit wieviel Selbstüberwindung sie sich davon zurückhielten, die Qualen, die sie erlitten hatten und andere, die ihnen wahrscheinlich noch bevorstanden, zu vergelten.

Wir standen buchstäblich zwischen zwei Welten. Die eine war unsere Heimat geworden, die andere war unsere Heimat gewesen. Wir hörten jetzt wieder eine Sprache, hörten Bezüge, Nuancen, Namen, Begriffe, die uns vertraut gewesen und noch nicht aus unserem Bewußtsein getilgt waren. Natürlich reagierten wir darauf. Natürlich waren die Verhöre nicht nur *business*, sondern manchmal auch Gespräch. Wer wollte es einem Menschen, der im Freund-Feind-Begriff konditioniert ist, übelnehmen, wenn er solches Treiben mit Mißtrauen betrachtete. Wahrscheinlich hätte die militärische Führung Leipzig lieber mit Hurra gestürmt.

Dieses Mißtrauen führte manchmal zu grotesken Ergebnissen. Eines Tages, als wir schon in Deutschland stationiert waren, machten wir einen Bauernhof ausfindig, auf dem Hühner gezüchtet wurden. Wir trafen darauf ein Abkommen mit dem Bauern, daß er gegen Bezahlung jeden Tag eine gewisse Anzahl von Eiern an unsere Einheit liefern sollte. Das tat er pünktlich und gewissenhaft. Unsere Offiziere, die darüber erstaunt waren, daß plötzlich frische Eier auf dem Frühstückstisch waren, fragten uns, woher wir diese bezogen hätten, und wir erklärten ihnen, wie wir diese Quelle ausfindig gemacht hatten. Darauf entschieden sie, das sei ein Akt der Fraternisierung mit der deutschen Bevölkerung, die durch höchsten Befehl untersagt und mit Strafen belegt war. Wir hätten die Vereinbarung augenblicklich rückgängig zu machen. Der Erfolg war, daß von nun an die Offiziere keine Eier mehr erhielten, wir aber die unseren täglich weiter aßen. Das führte natürlich auch zu Spannungen.

Sicher war es nicht einfach, mit uns fertig zu werden. Jeder Mensch, der eine Gruppe Intellektueller einem Reglement unterwerfen muß, hat irgendwann erfahren, wie unmöglich das ist. Hinzu kam, daß wir tatsächlich fast immer die besseren Gründe hatten. Nun kann man selbstverständlich Gründe mit einem Befehl überrennen, aber wir waren durchaus bereit, Befehle zu ignorieren. »Der Befehl eines Offiziers wird sofort ausgeführt«, so lautete schon in unserer Ausbildung das Motto, »vorausgesetzt, daß der Offizier die Debatte gewinnt.« Die Armen haben nie gewonnen und waren frustriert. Gewiß hatten sie bei einer Befehlsverweigerung die Möglichkeit, uns vor ein Kriegsgericht zu bringen. Aber das haben sie nie getan. Teilweise, möchte ich ihnen gern zubilligen, aus Anstand; aber teilweise auch, weil sie fürchteten, vor dem Gericht der Lächerlichkeit anheimgegeben zu werden. Denn wie gesagt, die besseren Gründe und die dialektische Möglichkeit, diese Gründe vor jedem Gremium zu beweisen, lagen bei uns.

Selbstverständlich sind viele von uns des öfteren aufgefordert worden, uns selbst um ein Offizierspatent zu bemühen. Wir haben das immer abgelehnt. Die Stellung, die die deutschstämmigen und deutschsprachigen Offiziere im Korps einnahmen, schien uns nicht verlockend oder beneidenswert. Zudem wollten wir anständig bleiben.

Natürlich waren wir uns unserer starken Stellung bewußt und scheuten uns nicht, sie auszunutzen. Trotzdem will ich behaupten, daß wir der Einheit und ihrem Offiziersstab gegenüber loyaler waren als die Offiziere uns gegenüber. Das kam zur Sprache, als wir eines Tages, schon nach dem Ende des Krieges, disziplinarisch bestraft werden sollten. Wir hatten jeden Tag, die Sonntage eingeschlossen, bis zu sechzehn Stunden gearbeitet und fühlten, daß jetzt die Zeit gekommen war, etwas langsamer zu treten. Das wurde uns übel genommen. Man bezichtigte uns aller möglichen Verstöße und kündigte einigen

Kameraden an, daß man sie im Rang degradieren werde. Unsere Antwort war massiv. Nicht daß wir die Arbeit verweigert hätten. Im Gegenteil, wir arbeiteten allem Anschein nach intensiver als zuvor. Aber irgendwie erbrachte die Arbeit keine Berichte, die unser Kommandeur dem Hauptquartier vorlegen konnte. Das ging tagelang so. Immer wieder vergewisserten sich unsere Vorgesetzten von der Tatsache, daß wir unzweifelhaft mit unseren Gefangenen verhandelten, wenn auch in einer Sprache, die ihnen fremd war. Sie konnten also nicht unterscheiden, ob wir wirklich zum Thema sprachen oder uns über künstlichen Dünger und die Kaninchenzucht unterhielten. Aber kein einziger Bericht kam auf ihren Tisch. Schließlich ging unser Major zum Hauptquartier und forderte die Auflösung der Einheit. Er hielt es anscheinend mit Brecht: »dann wäre es doch einfacher, die Regierung löste das Volk auf und wählte ein anderes«. Leider war aber das Hauptquartier nicht dieser Ansicht. Es wollte auf alle Fälle die Einheit erhalten wissen, stellte aber den Offizieren in Aussicht, daß sie zum pazifischen Kriegsschauplatz versetzt würden, um dort das Ende des Krieges zu erleben. Dort wurde nämlich auch noch gekämpft.

Am nächsten Morgen erschien ein Abgesandter der Offiziere und fragte, was unsere Forderungen wären. Wir antworteten, zunächst verlangten wir absolute Loyalität der Offiziere zu uns. Wir seien es leid, daß unsere Handlungen von ihnen immer bezweifelt und teilweise auch durchkreuzt würden. Zweitens verlangten wir sofort einen Urlaubsplan, der noch in derselben Woche in Kraft gesetzt werden sollte, und drittens verlangten wir eine genau umgrenzte Arbeitszeit mit freien Sonntagen oder sogar Wochenenden. Das wurde umgehend genehmigt. Eine halbe Stunde später hatte unser Kommandeur dreiundfünfzig Berichte auf seinem Schreibtisch, und drei Tage später war ich mit zwei anderen auf dem Wege zur Riviera, wo ich seit fast anderthalb Jahren meinen ersten Urlaub genoß.

Ein letztes Aufzucken unseres Widerstandes gegen die Diskriminierung ereignete sich, als der damalige Oberbefehlshaber aller Abwehreinheiten in Deutschland dekretierte, daß Dokumente mit der höchsten Geheimhaltungsstufe von naturalisierten Amerikanern nicht mehr eingesehen werden durften. Diesmal verweigerten wir einfach jede weitere Arbeit. Ich hatte gerade ein Verhör geführt, das der höchsten Geheimhaltungsstufe unterlag. Man beschwor mich, das Verhör doch fortzuführen, da ich den Bericht ja schließlich geschrieben hätte. Ich erwiderte, ich hätte ihn zwar geschrieben, aber da mir nicht mehr gestattet sei, ihn auch zu lesen, hätte ich an jeder Mitarbeit das Interesse verloren. Ich stünde für weitere Verhöre erst dann wieder zur Verfügung, wenn mir der Widerruf dieses Befehls schwarz auf weiß vorgelegt würde. Die Reaktion war anscheinend auch in anderen Einheiten die gleiche. Es dauerte keine Woche, bis der Befehl widerrufen war.

Bestimmt ist eine solche Widerborstigkeit für einen Soldaten, und noch dazu für einen vorgesetzten Soldaten, ein Schock. Bestimmt sollte man auch nicht vergessen, daß keine andere Armee so großzügig reagiert hätte wie die amerikanische. Das lag teilweise daran, daß die amerikanische Armee ihrer selbst nicht sicher war. Irgendwo haben die Amerikaner die Widerborstigkeit gegen die Autorität im Blute und hatten es, Gott sei Dank, noch nicht gelernt, rein militärisch darauf zu reagieren. Aber teilweise hatten sie auch Angst, und zwar die Angst des Dilettanten vor dem Experten. Ich glaube nicht, daß wir je mehr Schaden angerichtet haben, als etwa ein zu üppig wucherndes Selbstbewußtsein zu erschüttern. Daß wir der Sache genützt haben, bin ich sicher. Aber wir waren ein Ärgernis.

3 Verhöre

Es steht, glaube ich, in einem der zu Unrecht vergessenen Romane von Alfred Neumann, daß ein Mann, der von einem Gestapobeamten verhört wurde, behauptete, er brauche sich nicht zu fürchten, da er ein gutes Gewissen habe. Mit einem freundlichen und sarkastischen Lächeln erwiderte ihm der Beamte, daß er an dieses Gewissen nicht glaube. Jemand, der zum Verhör zitiert wird, habe nie ein gutes Gewissen.

Ich fürchte, daß er Recht hat. Das gute Gewissen ist leider kein abstrakter Begriff. Es hat wenig damit zu tun, ob man nach seiner innersten Überzeugung und nach seinen ethischen Grundsätzen richtig gehandelt hat. Es hat damit zu tun, ob man so gehandelt hat, daß der Mann, der die Macht und damit das Recht hat, einen zu verhören, damit zufrieden sein kann. Kein Deutscher der Jahre 1944–1945 konnte den Amerikanern gegenüber ein gutes Gewissen haben, vor allem nicht den Amerikanern gegenüber, die die Verhöre durchführten. Denn sie waren diejenigen, denen jedes Unrecht, jede Schande, jede Schmach und jedes Leid zugefügt worden war, die in der bösen Macht der Nazis standen. Selbst Menschen, die niemals an solchen Handlungen teilgenommen hatten, die sie im Innersten mit menschlichstem Mitgefühl verdammten, begegneten uns in der Uniform derer, die diese Greuel nicht nur verübt hatten, sondern die sich ihrer als der großen Errungenschaften ihres Regimes sogar rühmten.

Warum drängten sich die Gefangenen denn eigentlich danach, von uns verhört zu werden? Ich glaube, einen Grund habe ich schon genannt. Es war einfach die Sehnsucht, einmal sprechen zu dürfen, ohne sich vergewissern zu müssen, daß kein Unberufener zuhörte. Es war der Wunsch, so vieles los zu werden, daß sich aufgestaut hatte, aber besser nicht ausgesprochen werden durfte. Es war jedoch sicher auch viel Liebedienerei, die Gewißheit, daß ein Spiel verloren war und man sich besser mit denen gut stellte, die im Begriff standen, das Spiel zu gewinnen. Es war bei vielen Neugierde, wie denn diese Amerikaner aussahen, wobei sie vielleicht doch etwas an die falsche Adresse geraten waren. Es war bei vielen der Wunsch, dazu beizutragen, daß dieser Krieg so schnell wie möglich zu Ende ging. Sie zogen das Ende mit Schrecken, dem Schrecken ohne Ende bei weitem vor. Sie waren nicht Anhänger der Maxime, die sich unter den Gefangenen ausgebreitet hatte: »Genießt den Krieg, der Friede wird fürchterlich.«

Ich glaube, es gab noch eine andere Kategorie, eine Kategorie von Menschen, die den Kontakt zum geistigen Geschehen in anderen Ländern so lange entbehrt hatte, daß sie geradezu danach lechzten, ihn wieder, so weit das ging, herzustellen. Sie wollten nicht nur erzählen, sie wollten auch erfahren. Sie suchten einen Austausch und sind in diesem Suchen wahrscheinlich oft enttäuscht worden. Aber für manche von ihnen fing sichtlich das Leben mit der Gefangenschaft von neuem an.

Natürlich waren mit den Verhören gewisse Vorteile für die einzelnen verbunden. Man hatte geräumigere Quartiere. Das Essen war wahrscheinlich nicht besser, wurde aber etwas sorgfältiger dargeboten. Es war besser geheizt. Wenn man zum Verhör kam, gab es mindestens eine Zigarette zu rauchen, manchmal auch andere Vorteile. Wenn man eine Beschwerde hatte, brauchte man sie nicht den im allgemeinen sehr uninteressierten Wachtmannschaften vorzutragen, sondern konnte sich an das Verhörspersonal richten, das meistens Abhilfe schaffte. Auf diese Weise hatte man zwar kein sehr idyllisches, aber doch erträgliches Leben. Sicher ein Leben, das sich von dem in den Panzerdeckungslöchern und Gräben vorteilhaft unterschied.

Der Nachteil war der, daß man als einer, der mit den »Amis« gesprochen hatte, gegenüber den anderen Kameraden gezeichnet war. Die Zeit des Verhörs war ja verhältnismäßig kurz. Danach kam man wieder zum Haufen und wurde von denen, die keine Vergünstigungen erhalten hatten, und ihrem Führer noch stramm die Treue hielten, scheel angesehen. Zuweilen wurden sie auch ausgesprochen schlecht behandelt.

Ein großer Teil unserer Ausbildung war darauf verwandt worden, die Gefangenen fürs Verhör mürbe zu machen. Wir würden, sagte man uns, Männer begegnen, die sich auf die Genfer Konvention beriefen und nichts weiter verrieten als ihren Namen, ihren Rang und ihre Wehrnummer. Um zusätzliche Auskunft zu erhalten, müßten wir sie entweder überreden oder sie unter einen psychologischen Druck setzen, dem sie nicht widerstehen konnten. Immer wieder, hatte man uns gewarnt, würden wir der Antwort begegnen: »Meine Ehre als deutscher Soldat verbietet mir, Ihnen Auskunft zu geben.« Ich habe diese Phrase ein einziges Mal gehört, und zwar am 8. Mai 1945, an dem Tag, an dem der Krieg in Europa zu Ende war. Ich war mit meinem Kameraden zusammen, als dieser Satz fiel, und wir beide waren durch die groteske Sinnlosigkeit dieser Formulierung an diesem Tag, an diesem Orte so überrascht und belustigt, daß wir in lautes Gelächter ausbrachen. Der Gefangene geriet durch unser Gelächter in eine Panik. Er hatte erwartet, daß diese hochherzige Phrase uns beeindrucken würde. Daß sie uns zum Lachen reizte, machte ihn vollkommen unsicher. Als wir unsere Frage ganz sanft und freundlich wiederholten, gab er uns überstürzt Auskunft und versuchte auch später nicht mehr, mit seinem Wissen hinter dem Berg zu halten.

Ein Bekannter von mir, der Offizier in einer benachbarten Einheit war, hörte diesen Ausspruch zum ersten Mal von einem Hitlerjungen, der noch sowohl an die Ehre, wie an das Deutschtum wie auch seinen Führer glaubte. Darauf ergriff ihn der Offizier zog ihn an sich, setzte ihn sich auf den Schoß und erzählte ihm das Märchen vom Rotkäppchen. Bevor er fertig war, war die Ehre und der ganze Trotz gebrochen. Der Junge brach in Tränen aus und erzählte alles, was er wußte.

Natürlich hatten wir es nicht allzu schwer. Wir konnten uns mit unseren Verhören Zeit lassen. Was uns interessierte, war die strategische Kriegsführung und das, was nach dem Krieg zu erwarten stand. Einheiten von uns, die nahe der Front waren, die genau wissen mußten, wer mit wieviel Rohren und wieviel Mann auf sie schießen würde, wo die Schwerpunkte lagen, wo ein Angriff geplant war, hatten es unendlich schwerer. Bei ihnen entschieden manchmal Minuten über das Wohl oder Wehe ihrer taktischen Planung.

Einer der uns bekannten Offiziere hatte vorn in Frontnähe ein besonderes System erdacht. Wir fanden es an der Grenze oder vielleicht schon jenseits der Grenze des Erlaubten. Aber es ist kein Zweifel, daß er damit einen unmittelbaren und durchschlagenden Erfolg hatte. Seine Verhöre fanden in einem Zelt statt. In dem Zelt lag die Leiche eines vor kurzem gefallenen deutschen Soldaten. Wenn sich Gefangene vor seinem Zelt versammelten, spielte er die folgende Komödie:

Er hielt ein fingiertes Verhör mit seinem Sergeanten, der auch fließend deutsch sprach und deutscher Abstammung war. Das Verhör wurde vom Fragenden aus immer leidenschaftlicher, während der Antwortende, wie man vor dem Zelt hören konnte, immer nur sehr einsilbige und zögernde Auskünfte gab. Der Ton wurde immer lauter, steigerte sich schließlich zum Gebrüll, und darauf fiel ein Schuß. Kurz danach wurde, an den draußen wartenden Gefangenen vorbei, die Leiche des deutschen Soldaten aus dem Zelt getragen. Der verhörende Offizier trat in den Zelteingang und schrie: »Der nächste!« Kein Gefangener hat diesem Offizier je die Auskunft verweigert.

Wir hatten, wie gesagt, derartige Methoden nicht nötig. Wir hatten Zeit, wir konnten Geduld üben, wir konnten Gründe geben, wir konnten das anwenden, was man moralische Überredung nennt. Gewalt hielten wir für dumm. Sie ist manchmal nicht zu vermeiden, aber sie schadet, zum mindesten auf längere Sicht.

Selbstverständlich tauschten die Gefangenen ihre Erfahrungen miteinander aus. Die Verhörenden wurden bekannt und waren mit einem gewissen Etikett versehen. Sie galten als scharf oder unangenehm, als sehr kundig, als laut oder leise, als witzig oder trocken, als gründlich oder etwas liederlich.

Ich hieß unter den Gefangenen »der Professor«. Ich hatte keine Rangabzeichen an der Uniform und galt bei ihnen vielleicht als Zivilist. Von mir galt die Latrinenparole: »Dem Professor kannst du alles sagen.« Die Gefangenen, die zu mir kamen, fühlten sich bevorzugt und waren bereit, dafür auch etwas zu leisten. Gefangene, die eine Bitte hatten, ließen sich durch ihren deutschen Aufseher anfragen, ob sie mit mir nicht eine Unterredung haben könnten. Ich habe sie ihnen, soweit das anging, niemals verweigert und mich auch redlich bemüht, ihnen innerhalb meiner geringen Möglichkeiten zu helfen. Aber ich habe nur in einem einzigen Falle in der langen Zeit, in der ich Verhöre angestellt habe, einen Mann strafen müssen. Er lachte mich höhnisch an, als ich ihm meine erste Frage stellte. Ich habe ihn daraufhin zweimal verwarnt, und als er wieder höhnisch lachte, habe ich ihn zur Disziplinierung in den Keller geschickt. Der

Keller war im Winter kein angenehmer Aufenthalt. Nach vierundzwanzig Stunden war ihm das Lachen vergangen. An sich ist es mir gleichgültig, ob jemand mich auslacht oder nicht. Aber als Träger einer Uniform ist man gewissermaßen auch ein Symbol, und die Nation, für die ich Symbol war, durfte ich so nicht auslachen lassen.

Diese Demonstration, daß sich mit mir nicht spaßen ließ, hatte ihre heilsame Wirkung. Die geraunte Beurteilung: »Dem Professor kannst du alles sagen« wurde dahin modifiziert: »aber komm ihm nicht dämlich.«. Das muß Eindruck gemacht haben, denn es hat es nie wieder einer versucht.

Einen großen Eindruck machte es, daß ich anscheinend in deutschen Landen und in deutschen Verhältnissen wirklich Bescheid wußte. Wenn man einen Gefangenen auf seine persönlichsten Verhältnisse ansprechen kann, dann fällt es ihm schwer, dem gegenüber sein Schweigen zu bewahren. Ich erinnere mich an einen Mann, der auf meine Frage, wo er herstammte, sagte: »Ach, das kennen Sie doch nicht.« Ich gab zu, daß das durchaus möglich sei, bat ihn aber trotzdem, mir seinen Heimatort zu nennen. Er sagte, er hieße Cham. Ich erwiderte ihm, das läge doch mitten im bayrischen Wald und auf dem Marktplatz stünde ein gotischer Brunnen. Darüber war er so begeistert, daß er zunächst eine lange Tirade über den bayerischen Wald losließ, bei der ich ihm in vielen Punkten Hilfestellung leisten konnte und dann, da er nun einmal im Schwunge war, mir alles erzählte, was ich von ihm wissen wollte und mehr. Mit Berlinern hatte ich dadurch von vornherein gewonnenes Spiel. Ich sprach ihren Dialekt, und ich kannte ihre Stadt. Ich freute mich über ihre Witze und trauerte über ihre Klagen.

Natürlich waren nicht alle Verhöre so problemlos. Schließlich gibt es ein Bewußtsein, das manches Wissen zu schützen bemüht ist und verschiedene Hilfsmittel, wie man dieses Bewußtsein schützen kann, ohne sich dem Verdacht auszusetzen, bockig zu sein oder mit seinem Wissen hinter dem Berg zu halten.

Das Paradestück dieser Haltung entstammt eigentlich nicht meiner eigenen Erfahrung, sondern der eines Kollegen oder Kameraden, von dem ich jedoch eine sehr genaue Schilderung erhielt.

Durch unsere Spitzel, die wir in jedem Gefangenenlager eingesetzt hatten, erhielten wir die Meldung, daß ein Mann, der sich im Gefangenenlager der Mannschaft befand, von allen mit besonderer Hochachtung und mit auffälligen militärischen Ehren behandelt wurde. Diese Ehrungen gingen weit über das hinaus, was man einem Soldaten im Mannschaftsrang oder auch in den unteren Offiziersrängen bezeigen würde. Außerdem erfuhren wir, daß ein Massenausbruch aus dem Lager geplant war, der keinen anderen Zweck haben sollte, als diesem Mann das Entkommen zu ermöglichen. Die Höhe der Verluste durfte dabei keine Rolle spielen.

Deshalb holten wir ihn auf gut Glück und ohne zu wissen, mit wem wir es zu tun hatten zum Verhör, und zwar unter sehr erschwerten Bedingungen. Wir stellten ihn in eine Art Nische, in der er sich weder setzen, noch legen konnte und hatten zwei Soldaten mit geladenen Gewehren, die ihre Läufe auf ihn gerichtet hielten, zur Wache eingesetzt. So ließen wir ihn erst eine ganze Anzahl von Stunden stehen. Danach fragten wir ihn, wie er hieße und wer er sei.

Nun ist es eine Vorschrift der Genfer Konvention, wie schon vorher erwähnt, daß ein Gefangener seinen Namen, seinen Rang und seine Militärnummer angeben muß, um vor der feindlichen Willkür geschützt zu sein.

Der Mann sagte, er hieße Meyer. Das hielten wir für einen dummen Witz. Wenn er im Amerikanischen gesagt hätte, er hieße Smith, dann hätten wir es etwa mit derselben Bereitwilligkeit geglaubt. Wir warfen ihm vor, daß er in der Wahl des Namens wenig Phantasie entwickelt hätte und fragten ihn weiter, welchen militärischen Rang er hätte. Er erwiderte, er sei ein Gefreiter. Darauf erklärten wir ihm, daß wir uns an die Genfer Konvention nicht gebunden fühlten, weil unzweifelhaft weder sein Name noch sein Rang der Wahrheit entsprächen und er sich daher außerhalb der Genfer Konvention gestellt habe. Wir würden mit ihm also nach Gutdünken verfahren und ihn nicht als Soldaten behandeln. Wir ließen ihn also weiter in seiner Nische schmoren und ließen ihn stets durch zwei Mann mit auf ihn gerichteten Gewehren bewachen.

Als wir ihn am nächsten Tag wieder nach seinem Namen fragten, gab er uns abermals die Antwort, daß er Meyer hieße. Er versicherte es mit allem Nachdruck und allem Ernst und bat uns, es zu glauben. Nicht ganz so emphatisch war er mit den Angaben seines militärischen Ranges. Er gab zu, ein Offizier zu sein, wollte allerdings nicht sagen, welchen Offiziersrang er habe und blieb daher für uns immer noch außerhalb des Schutzes der Genfer Konvention.

Inzwischen hatten wir aber eine Ahnung davon, wer er wirklich war. Es war nämlich eine Meldung des deutschen Rundfunks aufgefangen worden, daß der Kommandant der 12. SS-Division »Hitlerjugend« gefallen sei und der bisherige Oberst Meyer, der den Ehrennamen Panzer-Meyer trug, weil er in einer Panzerschlacht einen großen Sieg davongetragen hatte, zu seinem Nachfolger ernannt und gleichzeitig zum General befördert worden sei. Wir vermuteten, daß der vor uns stehende Mann niemand anders sei als dieser Panzer-Meyer. Wir hatten inzwischen auch in Erfahrung gebracht, daß er sich nicht ergeben hatte, sondern bewußtlos auf dem Schlachtfeld aufgefunden worden war. Das bestärkte uns in unserer Meinung, denn ein hoher SS-Offizier hätte sich niemals lebendig einem Feind ergeben dürfen.

Trotzdem taten wir weiter so, als bezweifelten wir auch seinen Namen. Wir machten sarkastische Bemerkungen wie: »Ein anderer Name ist Ihnen wohl nicht eingefallen. Sehr viel Phantasie haben Sie wohl nicht? Ist Meyer denn überhaupt ein arischer Name? Sind Sie vielleicht jüdischer Abstammung?« bis er selbst mit der Mitteilung herausplatzte, daß man ihn sogar den Panzer-Meyer genannt hatte. Jetzt hatten wir unsere Gewißheit, aber da er uns immer noch nicht seinen Rang mitgeteilt hatte, den wir zwar kannten, aber nicht durch sein Dazutun, taten wir immer noch so, als betrachteten wir ihn nicht als einen soldatischen Gefangenen. Wir hatten aber bereits dem Hauptquartier in London von unserem Fang Mitteilung gemacht. Von dort erhielten wir den Befehl, schleunigst für Transport zu sorgen, damit er in London für weitere Verhöre zur Verfügung stünde. Wir luden also den Mann in einen Lastwagen, setzten ihm weiterhin zwei Wachen gegenüber, die ihre Gewehre auf ihn gerichtet hatten und fuhren in unseren Fragen an ihn fort. Meyer, der annehmen mußte, daß wir ihn an einen einsamen Ort verbringen wollten, um ihm dort den Garaus zu machen, kriegte es nun wirklich mit der Angst zu tun und begann zu reden. Er erzählte, daß er wirklich Meyer hieße, daß er ein Oberst sei und daß demnächst ein neuer Panzer zum Einsatz kommen würde, den er genau beschrieb. Es war der bald danach auftauchende Königstiger, von dem wir bis dahin noch nichts wußten. Wir hörten fasziniert zu. Es ist ein irgendwie bedrückendes, aber dann auch wieder fesselndes Schauspiel, wie ein Mensch, unter dem Druck der Umstände, seine Widerstandskraft verliert und zur Preisgabe seines sorgsam gehüteten Wissens bereit ist. Ich will mir zutrauen, das bei einem militärischen Menschen immer zu erreichen, bei manchen Intellektuellen allerdings nicht.

Wir hatten dem Fahrer des Lastwagens gesagt, er möge möglichst langsam fahren. Als wir jedoch die gesamte Information erhalten hatten, die wir für wichtig hielten, ohne den Verhören des höheren Hauptquartiers vorgreifen zu wollen, gaben wir dem Fahrer den Befehl, die Fahrt zu beschleunigen und langten ziemlich bald darauf am Pariser Flughaben an, wo bereits ein Flugzeug auf Panzer-Meyer wartete. Er ist, soviel ich weiß, später in Kanada hingerichtet worden. Vor seinem Abflug konnten wir ihm noch die vielleicht erfreuliche Mitteilung machen, daß er inzwischen vom Oberst zum General befördert worden sei.

Während auf den Panzer-Meyer noch gewissermaßen physische Gewalt ausgeübt wurde, obwohl ihn niemand jemals angerührt hat oder ihm gar Schmerzen zugefügt hat, wurde ein anderer allein durch psychische Methoden mürbe gemacht.

Das Wort Methoden ist hier allerdings schon ein Euphemismus. Denn eine Methode lag in dem, was hier geschah, überhaupt nicht. Er war verhört worden, erwies sich als ziemlich unergiebig und uninteressant und wurde zurückgeschickt. Dann vergaß ihn der für ihn zuständige Verhörsoffizier. Er vergaß ihn ehrlich. Er war an einen anderen Fall geraten, der ihn mehr interessierte und völlig in Anspruch nahm. Der Vergessene saß wochenlang in seiner Zelle, ohne je wieder zum Verhör bestellt zu werden. Nach geraumer Zeit bat er, seinem Verhörsoffizier eine Notiz zu überbringen, er bäte dringend um ein Gespräch. Das Gespräch wurde ihm gewährt, wenn auch mit einiger Verwunderung und einer guten Portion schlechten Gewissens, weil sich der Verhörsoffizier plötzlich wieder seiner entsann. Der Gefangene erschien sehr niedergeschlagen und sehr reuig zum Verhör. Da man ihn so lange Zeit nicht mehr in Anspruch genommen und ihn völlig seinem Schicksal überlassen hätte, nähme er an, daß der amerikanische Geheimdienst ihm und seiner Vergangenheit auf die Schliche gekommen sei, und er wolle, bevor er mit den Tatsachen konfrontiert würde, lieber ein umfassendes Geständnis ablegen. Der völlig überrumpelte Verhörsoffizier faßte sich schnell und bemerkte kühl, man wisse allerdings seit längerer Zeit, daß die Angaben des ersten Verhörs nicht stimmten, und hätte auch eine ziemlich gute Ahnung, was der Mann auf dem Kerbholz habe. Wenn er sich diese Dinge vom Gewissen reden wolle, so sei das zu begrüßen, und man würde die Freiwilligkeit dabei würdigen. Darauf folgte dann ein tatsächlich haarsträubendes Geständnis, zu dem es ohne das Versehen des Verhörsoffiziers niemals gekommen wäre.

Ein anderes Beispiel eines Zusammenbruchs, bei dem eine unwillkürliche, physische Bewegung eine außerordentlich starke psychische Reaktion hervorrief, ereignete sich sehr spät, als der Krieg längst vorbei war und die militärischen Gefangenen längst Zivilisten Platz gemacht hatten. Auch unsere Mannschaft hatte sich gewandelt. Ein neuer Kamerad, den wir alle nicht übermäßig schätzten, der aber ungeheuer dynamisch und tüchtig war und vor allen Dingen durch seine Sprachkenntnisse uns allen überlegen – er sprach nicht nur ein sehr gutes Englisch und fließendes Deutsch, sondern auch Russisch, Polnisch und Jiddisch –, hatte sich zu uns gesellt. Wir hatten damals zwei Gefangene, zwei Frauen, zwei Polinnen, von denen wir, aus eigentlich nie recht definierten Gründen, annahmen, daß sie russische Agentinnen waren. Unser neuer Kamerad übernahm die Verhöre.

Er war ein sehr intensiver Arbeiter und arbeitete von früh bis spät. Das Ergebnis war gleich null. Die Situation war peinlich. Man kann nicht auf einen bloßen Verdacht zwei Frauen tage- und wochenlang im Gefängnis behalten, wenn keine Aussicht besteht, daß einem ein Beweis in die Hände fällt. Unser Kamerad verlegte die Verhöre in die Nacht. Er sorgte dafür, daß die Frauen am Tag möglichst wenig schlafen konnten und verhörte die ganze Nacht hindurch. Es fruchtete nichts. Es gab weiterhin nur Vermutungen, aber keine Beweise.

Diese Unterredungen wurden abgehört. Die Zellen waren mit Mikrophonen versehen, und wenn das Gespräch in irgendeiner

Weise aufschlußreich wurde, dann schnitten wir es auf einer Matritze mit. Tonbänder gab es damals noch nicht.

Aber die Matritzen blieben leer. Die Unterredungen hatten nichts ergeben, was sich aufzuzeichnen lohnte. Die Gespräche wurden auf Polnisch geführt. Deshalb hatten wir uns jemanden verschrieben, der den Gesprächen folgen konnte. Aber er schüttelte nur den Kopf.

Inzwischen kämpfte unser Mann mit allen Mitteln der Verhörskunst. Er schrie oder flüsterte. Er wechselte das Tempo. Er näherte sich der ihm gegenüberstehenden Frau, die er selbstverständlich einzeln verhörte, ohne sie jedoch zu berühren. Er fuchtelte ihr dicht vor dem Gesicht, mit der Faust, dem Finger oder einem Bleistift. Er bat, er drohte, er lockte, er versprach. Es half nichts. Bis er bei der einen Frau eines Nachts, als er wieder drohend vor ihr stand und mit dem Bleistift fuchtelte, aus Versehen an den Halsausschnitt ihrer Bluse geriet und diese etwas aufriß. Mit einer hastigen, instinktiven Bewegung zog die Frau die Bluse wieder zu. Da kam dem Mann eine Idee. »Ziehen Sie die Bluse aus!« herrschte er die Frau an. Sie muß ihn entsetzt angesehen haben. Ihre nächste Frage an ihn war nicht mehr polnisch, sondern jiddisch. »For wus?« fragte sie, das bedeutet: »Wozu?« Er ließ nicht locker. Er ließ sie die Bluse ausziehen, während sie in lautes jiddisches Jammern ausbrach und ließ sie danach ein Kleidungsstück nach dem anderen ausziehen. Und mit jedem Kleidungsstück brach ihr Widerstand ein wenig mehr zusammen. Auf jiddisch begann sie ihm zu erzählen, daß sie von den Russen angeheuert worden war, daß die Russen sie zu unserer Einheit geschickt hatten. Sie erzählte, wie ihre Kontaktmänner hießen, von wo aus sie geschickt worden waren, was ihr Auftrag war, was sie bei den Amerikanern ermitteln sollte. Ihre Mitteilungen wurden immer hysterischer, immer hektischer, immer verzweifelter, immer flehentlicher. Zuletzt stand sie nackt vor ihm und schrie alles, was sie wußte, von sich. Darauf sagte er ihr, sie solle sich wieder ankleiden.

Die Kameraden, die dieses Gespräch abgehört hatten, waren am nächsten Tag noch ganz verwirrt. Das Drama dieses Zusammenbruchs, dieses scheinbar so kaltschnäuzigen und abgebrühten jüdischen Mädchens, das diesem Angriff auf ihre Keuschheit nicht standhalten konnte, das noch ganz in der alttestamentarischen

Überzeugung lebte, daß nur der Ehemann die Frau erkennen durfte, hatte sie erschüttert. Sie sprachen den ganzen Tag von nichts anderem. Als wir schließlich den Verhörer, der sich gleich nach der Unterredung ins Bett gelegt hatte, um sich von den Strapazen der Nacht zu erholen, mit dem üblichen augenzwinkernden Männerulk fragten: »Na, wie hat sie denn ausgesehen?« war er offenbar noch ganz betäubt. »Ich habe sie nicht gesehen«, sagte er. »Ich war so fasziniert von dem Vorgang, wie sie mit jedem Kleidungsstück mehr und mehr Information von sich streifte, wie ihre ganze Moral mit diesem Angriff auf ihre Moral in Stücke ging, daß ich sie als Frau nicht gesehen habe.«

Als er am nächsten Tag zur anderen Polin ging, versuchte er, dasselbe Drama zu inszenieren. Er fuchtelte mit dem Bleistift. Der Bleistift verfing sich im Halsausschnitt der Bluse. Er herrschte sie an: »Ziehen Sie die Bluse aus!« Worauf die Frau, ohne mit der Wimper zu zucken, die Bluse auszog und sagte: »Soll ich sonst noch was ablegen?« Das Verhör war jedoch ohnehin beendet, denn auch die zweite Frau war durch die erste belastet.

Ein grausames Spiel mußten wir mit einem Mann treiben, dessen Geschichte schon fast surrealistisch war. Er kam am Abend des 24. Dezember 1944, das heißt am Heiligen Abend und noch während der sogenannten Ardennenschlacht mit seinem Flugzeug, einer Junkers 88, wenn ich mich nicht irre, die Maas heraufgeflogen, um die große Eisenbahnbrücke, die den Fluß bei Namur überspannt, zu zerstören. Er konnte sich in der Dunkelheit am Flußlauf einigermaßen orientieren, aber als er schließlich die Brücke zu Gesicht bekam, war es viel zu spät, um darauf eine Bombe loszulassen. Trotzdem tat er es, wohl weniger, um die Brücke zu treffen, als um sich für einen zweiten Anflug eine Orientierung zu schaffen. Die Bombe traf ein kleines, alleinstehendes Haus, etwa anderthalb Kilometer von der Brücke entfernt. In dem Haus befand sich jedoch die Schaltanlage, die die unter der Brücke angebrachte Dynamitladung entzündete. Die Brücke explodierte, und der mittlere Teil fiel ins Wasser. Als der Pilot beim zweiten Anflug die Brücke, von der er wußte, daß er sie nicht getroffen hatte, im Wasser liegen sah, wurde er so verwirrt, daß er die Herrschaft über sein Flugzeug verlor und mit ihm zu Bruch ging. Er kam mit nur leichten Verletzungen davon. Aber sein Flugzeug war zerstört. Wir hatten diese ganze

Angelegenheit mit einigem Zagen miterlebt. Denn wir wohnten damals im früheren Spielkasino, das eigentlich ein Glaspalast war, knapp hundert Meter von der Autobrücke entfernt, die auch mit Dynamitladungen versehen war und in unmittelbarer Nachbarschaft von etwa hundert Kisten, die im Hof gestapelt waren und die Aufschrift »25 kg Dynamit« trugen. Wir stellten uns vor, was passieren würde, wenn eine der Bomben in diese Sprengladung hineinfuhrwerkte. Auch fanden wir die Aussicht, daß der Glaspalast über uns hereinbrach, nicht sehr verlockend.

Am nächsten Tag sprachen wir mit dem Piloten, der noch durchaus im Schock war und uns in wirklicher Panik bat, wir möchten ihn doch aus seinen Zweifeln erlösen. Er wisse genau, daß er die Brücke beim ersten Anflug nicht getroffen haben konnte. Er hätte später ja auch das brennende Haus gesehen. Trotzdem habe er ganz bestimmt, wenn er überhaupt seinen Sinnen noch trauen könnte, die Brücke beim zweiten Anflug im Wasser liegen sehen. Was denn da geschehen sei.

Wir durften es ihm nicht sagen. Die Möglichkeit, daß ein Gefangener flüchtete, war immer vorhanden. Und es wäre an diesem Punkt der Schlacht sehr ungünstig gewesen, wenn die Deutschen erfahren hätten, daß die Maasbrücke bei Namur zerstört worden war. Wir mußten ihm daher achselzuckend sagen, daß er sich leider getäuscht hätte. Die Eisenbahnbrücke sei vollkommen intakt und werde von den Zügen noch eifrig benutzt. Das löste bei dem Gefangenen fast eine Panik aus, denn er hatte Angst, daß er den Verstand verloren hätte und antwortete auf unsere Fragen mit überstürzter Bereitwilligkeit, weil er sich und uns beweisen wollte, daß er geistig noch normal sei. Er war ein ausgesprochen netter junger Mann, und wir hatten aufrichtiges Mitleid mit ihm. Der Fall als solcher aber hatte eine surrealistische Unstimmigkeit, die wir überaus reizvoll fanden.

Natürlich kam man bei solchen Gelegenheiten nicht nur den Deutschen auf die Schliche, sondern manchmal auch der eigenen Nation. Zwischen Amerika und Europa liegt ein breites, tiefes Meer. Trotz blühender Handelsbeziehungen war es den Amerikanern niemals gelungen, geistig den Sprung über das große Wasser zu schaffen. Sie lebten in einer Art fröhlicher Isolation und glaubten an dem American Way of Life, der im ersten Drittel des zwanzigsten Jahrhunderts seinen Höhepunkt und sein goldenes Zeitalter gefunden hatte, für alle Zeit ihr Genügen haben zu können. Mit einiger Geringschätzung blicken sie auf England herab, das seine große weltpolitische Führerrolle immer schlechter ausübte. Daß ihnen, den Amerikanern, eine solche Weltführerrolle einmal zufallen könnte, hatten sie niemals in Betracht gezogen.

So waren sie auch in den Krieg gegangen. Sie waren ihrer materiellen Überlegenheit über die Achsenmächte sicher. Aber sie waren ebenso sicher, daß ihre moralische Überlegenheit über das Hitlersystem sie zu idealen Vollstreckern eines gerechten Friedens bestimmte. Als sie sich, unter dem Druck der Umstände, mit den Russen verbündeten, waren sie sicher, daß dadurch die Russen zu Demokraten geworden seien. Denn es war einfach nicht denkbar, daß ein Verbündeter der Vereinigten Staaten kein Demokrat sei. Auf diese Weise kam es zu der grotesken Tatsache, daß die russische Nationalhymne während der Zeit, in der sich Amerika im Kriege befand, in den Vereinigten Staaten öfter gespielt wurde als in Rußland. Bei allen Gelegenheiten wurden die Hymnen der drei alliierten Mächte, Amerika, England und Rußland, geboten, und die Amerikaner standen mit entblößten Häuptern und Hut auf dem Herzen oder in militärischer Haltung salutierend und lauschten ergriffen den revolutionären Klängen der Internationale.

Als sich der Krieg dem Ende näherte, wurde diese Unbekümmertheit zum Dilemma. Für nichts war vorgesorgt. Man hatte weder ein Verwaltungs-, noch ein Schul-, noch ein kulturelles Programm, mit dem man die Bevölkerung, wie man es damals so hübsch nannte, umerziehen konnte. Die eroberten Orte wurden irgendwelchen Offizieren zugeteilt, die sich als Stadt- oder Dorfkommandant zu betätigen hatten, ohne von Tuten und Blasen oder von den Eigenheiten des von ihnen verwalteten Ortes eine Ahnung zu haben. Eines Tages kam ein Oberstleutnant zu uns und das war auch immerhin schon ein Ausnahmefall, und sagte, er sei zum Stadtkommandanten von, wie immer dieser Ort hieße, Käsechlottern oder so ähnlich, ernannt worden, und wir möchten ihm doch bitte mal zeigen, wo dieser Ort denn überhaupt liege und ob wir irgendwelche Informationen darüber hätten, die ihm in seinem Amt nützlich sein könnten. Im Zivilberuf sei er Polizeioffizier. Wir zeigten ihm also zunächst einmal Kaiserslautern auf der Karte, das damals noch nicht erobert worden war und versuchten, ihm wenigstens klar zu machen, wie zum Beispiel die Polizei funktioniere, was für Schulen es dort gebe und welche kulturellen Möglichkeiten er ins Auge fassen solle. Nach etwa drei Stunden verließ er uns mit wirbelndem Kopf, aber immerhin einigen Notizen, die er sich gemacht hatte, dankte uns sehr freundlich und verschwand. Wir fanden aber, wir sollten die Sache nicht auf sich beruhen lassen.

Denn wir hatten seit einiger Zeit eine beunruhigende Entwicklung beobachtet. Es kamen immer mehr Gefangene zu uns, die keine Soldaten waren, sondern Zivilisten und die in den eroberten Städten von den Amerikanern verhaftet worden waren. Sie gehörten ausnahmslos zu einer Gruppe, deren sich die Amerikaner hätten bedienen können, denn sie waren diejenigen in den Orten, die entweder nicht Nazi oder, soweit das möglich war, sogar Anti-Nazi gewesen waren. Wir vermuteten dahinter ein System.

Um diesem System auf den Grund zu kommen, veranstaltete ich eine Gesprächsrunde. Einige der Gefangenen, deren Gesinnung wir trauten, darunter ein katholischer Priester, ein Kommunist, ein ehemaliger Verwaltungsbeamter, der wegen seiner demokratischen Gesinnung von den Nazis aus dem Amt gejagt und pensioniert worden war und einige andere Männer, an deren Stellung ich mich nicht mehr erinnere, wurden um einen runden Tisch gesetzt, um zunächst einmal zu besprechen, was bisher die Amis in ihrer Gemeinde falsch gemacht hatten. Die meisten von ihnen stammten aus Aachen. Sie erklärten uns, welche Nazis in Aachen wieder im Sattel saßen, und zwar an leitenden und vertraulichen Stellen, und es war in der Tat eine stattliche Anzahl. Der einzige höhere Verwaltungsbeamte, der nachweislich kein Nazi war und niemals einer gewesen war, war der Bürgermeister. Aber dieser stand von seiten der eigenen Landsleute unter starkem Beschuß und war bei der Besatzungsmacht so angeschwärzt worden, daß seine Absetzung unmittelbar bevorstand.

Wir fragten unsere Gesprächspartner, ob sie eine Erklärung für diese außerordentlich unerfreuliche Entwicklung hätten. Sie hatten eine. Die Sache funktionierte wie ein Traum.

Wenn sich die amerikanischen Streitkräfte einer Stadt oder

einer größeren Gemeinde näherten, veranstalteten die dort herrschenden Nazis eine Versammlung. Sie stellten zunächst einmal fest, wer von den Anwesenden englisch spreche. Unter den englischsprechenden wurde ein zuverlässiger Nazi ausgesucht, der sich allerdings bisher nicht allzu sehr exponiert hatte. Dieser erhielt den folgenden Auftrag:

»Du gehst den Amerikanern entgegen, gibst dich als Abgesandter unserer Stadt zu erkennen und fragst nach dem designierten Stadtkommandanten. Wenn du ihm begegnest, sagst du ihm, die Stadt ergebe sich bedingungslos. Du selbst stündest dem Stadtkommandanten für alle Dienstleistungen und insbesondere auch als Dolmetscher zur Verfügung, und außerdem kenntest du in der Stadt eine Gruppe von Leuten, die deine Gesinnung teilten und den Amerikanern ebenso zur Verfügung stünden, wie du.« Natürlich durften zu diesen Leuten nicht solche gehören, die entweder durch ihr Amt oder durch auffällige Taten zu sehr hervorgetreten waren. Aber die gesamte zweite Garnitur der Stadtverwaltung gehörte dazu.

Im allgemeinen waren die Stadtkommandanten entzückt, in der ihnen zugesprochenen Gemeinde einen solchen Kontakt zu haben und nahmen die ihnen angebotene Hilfe mit Freuden an. So zog also dieser Emmissär an der Seite des Stadtkommandanten in seine Gemeinde ein, und eine halbe Stunde später war die alte Naziverwaltung bis auf die allerhöchsten Chargen wieder im Amt. Es wurde jedoch dafür gesorgt, daß auch die allerhöchsten Chargen mit zuverlässigen Nazis besetzt wurden.

Es konnte jedoch passieren, daß einer der noch in der Stadt verbleibenden Anti-Nazis oder zumindesten Nicht-Nazis den Beschluß faßte, den Amerikanern das Spiel zu erklären, das mit ihnen getrieben wurde. Er ging also aufs Rathaus und ließ sich beim Stadtkommandanten melden. Dort traf er allerdings im Vorzimmer auf einen der Nazis, der die Verabredungen mit dem Stadtkommandanten arrangierte und dem um eine Unterredung Ersuchenden mitteilte, daß es heute nachmittag wohl leider nicht mehr ginge, denn der Terminplan sei schon besetzt. Aber er möge doch morgen um acht Uhr kommen. Dann hätte er die erste Verabredung mit dem Stadtkommandanten. Der um die Unterredung Suchende war's zufrieden.

Aber am nächsten Morgen um halb acht war er verhaftet, und

zwar nicht von den Deutschen, sondern von den Amerikanern. Verhaftet bedeutete unter diesen Umständen, daß er in ein Gefangenenlager kam und von nun an den ganzen Leidensweg des Gefangenen antreten mußte. Auf diese Weise saßen die Nazis in den Ämtern und die Anti-Nazis in den Lagern, von denen sie bis auf weiteres nicht zurückkehren würden. Und die Amerikaner fühlten sich gut bedient.

Als ich das Ergebnis dieser Unterredung bei unserem Hauptquartier ablieferte, herrschte große Ratlosigkeit. Man hielt diese Information für zu brisant, um sie der militärischen, und besonders der politischen, Führung mitzuteilen. Man hatte Angst, daß die Reaktion von oben zornig sein und unsere Einheit in Verruf bringen würde. Es folgte eine lange Debatte, die typisch war für die militärische Feigheit. Alle waren sich zwar darüber einig, daß der jetzige Zustand nicht weiter tragbar war und daß der schon geschehene und noch zu erwartende Schaden die amerikanischen Absichten lähme. Aber trotzdem wagte man nicht, die Führung aus ihrer Selbstgefälligkeit herauszureißen und die Wahrheit zu sagen. Das heißt, die Geschichte hat ein gutes Ende. Man wagte es doch. Mit Zittern und Zagen und nach einer Debatte, die von uns mit Heftigkeit und Leidenschaft geführt worden war und, wie unsere Offiziere sagten, wider ihre bessere Einsicht – wobei sie durchaus zugaben, daß wir im Grunde recht hatten – wurde dieser Bericht in das streng geheime Informationsblatt mit aufgenommen, das wir zweimal wöchentlich ans höhere Hauptquartier schickten.

Er wurde zur Sensation. Er wurde wegen seiner beispielhaften Initiative gelobt, wurde in unzähligen Kopien unter die kämpfende Truppe verteilt und besonders an diejenigen, die als Stadtkommandanten oder Verwaltungseinheiten ausersehen waren und brachten mir sogar einen Orden ein. Unsere Offiziere atmeten auf und lobten sich, daß sie die richtige Entscheidung gefällt hatten.

Es konnte nicht ausbleiben, daß wir uns nach und nach für Experten hielten. Unsere Einheit war in zwei Teile geteilt. Diejenigen, die jeden Morgen die neu angekommenen Gefangenen durchfragten und solche aussuchten, die für ein eingehendes Verhör in Frage kamen und die anderen, die die eingehenden Verhöre führten. Daneben gab es noch einen kleinen Redaktionsstab, der den geschriebenen Berichten den letzten stilistischen Schliff verlieh.

Es gehörte ein gutes Auge, ein gutes Gehör und eine schnelle Auffassungsgabe dazu, unter den Gefangenen die richtigen auszusuchen. Keineswegs jeder war bereit, sich preiszugeben, besonders wenn er etwas getan hatte, was ihm peinlich war und für ihn gefährlich werden konnte. Manchmal gab sein Soldbuch Aufschluß, aber meistens war im Soldbuch nicht mehr (wie früher) eingetragen, zu welchem Truppenteil und zu welcher Waffengattung der Mann gehört hatte. Die Verhörenden mußten dann aus den kurzen Angaben, die die Auswahl eines jeden einzelnen Mannes begleiteten, dasjenige herausholen, was an Wissen in diesem Mann steckte.

Das ist ein reizvolles, intellektuelles Spiel. Denn selbst der bereitwilligste Gefangene kommt nicht notwendigerweise auf den Gedanken, das zu erzählen, was den größten Informationswert besitzt. Das liegt auch schon daran, daß die Informationswerte sich dauernd verändern. Während man zum Beispiel am Anfang noch Munitions- und Waffenfabriken für lohnende Ziele von Flugzeugangriffen gehalten hatte, konzentrierte man sich später, wie schon erwähnt, vorwiegend auf den Transport, besonders den Eisenbahntransport, Produktionsstätten von synthetischem Kraftstoff, Kugellagerfabriken und Werkzeugmaschinenfabriken. Alles andere erhielt eine untergeordnete Priorität.

Wenn aber das Herausfinden von informationsträchtigem Wissen und das Verhören ein intellektuelles Vergnügen war, dann war es für uns nur so lange ein Vergnügen, als es intellektuell war. Das heißt, wir schlossen die Gewalttätigkeit aus. Wenn wir äußerst selten Strafen verhängten, dann nicht dafür, daß jemand die Aussage verweigert hatte. Die Verweigerung der Aussage hielten wir für ein selbstverständliches menschliches Recht, was natürlich nicht bedeutete, daß wir die Versuche aufgaben, eine Aussage trotzdem zu erlangen. Das ist uns auch kaum jemals mißlungen.

Es wird nicht überraschen, daß diese etwas ästhetisierende Einstellung nicht in allen Fällen durchführbar war. Schließlich waren nicht alle Gefangenen und vor allen Dingen nicht die zivilen, ästhetische oder intellektuelle Probleme. Aber die rohe Gewalt lehnten wir weiterhin ab und machten uns dadurch bei den forscheren Wahrheitsfindern verdächtig.

Eines Tages erschien ein amerikanischer Oberstleutnant bei uns und bat mich, ihm bei einem Verhör zu dolmetschen. Der Gefangene war ein Zwischending zwischen militärischem und politischem Gefangenen. Er hatte zwar einen militärischen Rang, hatte aber in seiner Gruppe vorwiegend politische Aufgaben wahrzunehmen gehabt. Ich hatte ihn bis dahin nur einmal gesehen und wußte zwar ungefähr, wes Ungeistes Kind er war, aber noch nichts Genaueres.

Der Oberstleutnant und ich begaben sich in eine Zelle und warteten, daß der Gefangene vorgeführt wurde. Der Oberstleutnant sah mich prüfend an und sagte dann: »Wie ich bemerke, haben Sie keine Waffe bei sich, weder einen Knüppel noch eine Peitsche. Meinen Sie nicht, daß Sie so etwas noch holen sollten?«

Ich erwiderte: »Das wird nicht nötig sein. Ich erledige das immer mit den bloßen Händen.« Er sah mich wieder forschend und etwas ungläubig an, ließ es aber dabei bewenden.

Als dann der Gefangene vorgeführt wurde, stellte er ihm die nicht eben sehr subtile Frage: »Wann waren Sie der Leiter des Konzentrationslagers Buchenwald?« Der Mann, von dieser Frage sichtlich verblüfft, erwiderte: »Leiter von Buchenwald? Niemals.«

Worauf sich der Oberst an mich wendete und sagte: »Sergeant, wenn Sie ihm jetzt mit der Faust in die Fresse hauen, wird er, glaube ich, gestehen.« Ich sagte: »Es ist ja vielleicht möglich, daß er nichts zu gestehen hat.« – »O doch«, erwiderte der Oberstleutnant, »wir wissen genau über ihn Bescheid.«

Ich sagte: »Es widerspricht meinen Grundsätzen, einen Gefangenen zu schlagen, wenn ich nicht weiß, daß ich damit ein sehr klar umrissenes Ziel erreichen kann. Ich bin nicht davon überzeugt, daß dieser Mann jemals Buchenwald gesehen hat, und ich würde, selbst wenn ich dazu in der Lage wäre, nicht auf ihn einprügeln, bis er's unter dem Eindruck der Gewaltanwendung völlig unverbindlich zugibt.«

Der Oberstleutnant war sichtlich von dieser Weichheit angewidert. Ich sagte ihm zu, daß ich weitere Forschungen anstellen und ihm das Resultat bekanntgeben würde. Darauf ging er.

Ich hatte tatsächlich einen Plan. Unter unseren Gefangenen befand sich ein Arzt, der mehrere Jahre Lagerarzt in Buchenwald gewesen war. Ich wollte ihn mit unserem Gefangenen in einer mikrophonierten Zelle zusammentun und dann selber abhören, ob die beiden sich kannten und was sie sich zu erzählen hatten.

Ich ließ mir also den Gefangenen kommen und sagte ihm: »Die Dinge stehen nicht gut für Sie. Man hält Sie für den Lagerleiter des Konzentrationslagers Buchenwald. Man wird Ihnen alle Möglichkeiten geben, sich zu verteidigen. Aber Sie stehen unter dem Verdacht und werden sich überlegen müssen, wie Sie sich entweder von diesem Verdacht reinigen oder sich, wenn er zutrifft, verhalten wollen.« Darauf entließ ich ihn.

Zugleich hatte ich den Arzt in die mikrophonierte Zelle bringen lassen und gab nun die Anordnung, daß auch der Gefangene in diese Zelle gebracht würde, um dort mit dem Arzt zusammenzutreffen.

Die beiden begegneten sich. Sie kannten sich offenbar nicht und stellten sich gegenseitig vor. Dann sagte mein Gefangener: »Mir ist eben eröffnet worden, daß man mich für den Leiter des Konzentrationslagers Buchenwald hält, und ich stünde unter dieser Anklage.«

Der Arzt fragte: »Hat man Sie mißhandelt?«

Der Gefangene antwortete: »Nein, im Gegenteil, man war eigentlich sehr höflich mit mir und hat mir gesagt, daß ich alle Möglichkeiten der Verteidigung bekommen würde, aber ich stünde unter dem Verdacht und müßte mich dem stellen.«

Der Arzt fragte: »Waren Sie denn jemals in Buchenwald?«

Der Gefangene erwiderte: »Niemals in meinem Leben.«

»Ich war nämlich da«, sagte der Arzt, »und ich kann auch beschwören, daß ich Sie dort nie gesehen habe. Können Sie denn nicht wenigstens ein Alibi gebrauchen? Können Sie Ihre Laufbahn nicht so darstellen, daß Sie für die gesamte Zeit eine lückenlose Rechenschaft ablegen können?«

Der Gefangene erwiderte: »Das könnte ich schon. Aber es sind da in Italien ein paar Sachen passiert, die das Licht des Tages scheuen. Wenn man mir da auf die Spur käme, dann wäre es aus mit mir.«

Ich machte einen Bericht von diesem Gespräch, erklärte, ich hielte es für erwiesen, daß dieser Mann mit Buchenwald nie etwas zu tun gehabt hätte. Aber man möge doch mal in seine italienische Vergangenheit hineinleuchten, weil man dabei einigen Verbrechen auf die Spur kommen könnte. Ich habe danach den Gefangenen aus den Augen verloren.

Den Oberstleutnant habe ich leider noch einmal wiedergesehen. Das nächste Mal kam er mit seinem eigenen Sergeanten und stellte ein sogenanntes Verhör an, bei dem ein Gefangener krankenhausreif geschlagen wurde. Da wir an diesem Ort das Hausrecht hatten, haben wir ihm danach jedes weitere Betreten verboten.

Wenn das Prügeln bei diesem Oberstleutnant reine Brutalität war, so war es bei einem Major, der etwa zu gleicher Zeit bei mir auftauchte, ein Zeichen moralischer Überredung.

Der Major war im Zivilberuf Richter und hatte anscheinend den Auftrag, von Deutschen begangene Kriegsverbrechen zu untersuchen und vor Gericht zu bringen.

Er bat mich, ihm beim Verhör eines Mannes zu dolmetschen, der einen abgestürzten Fliegerpiloten erschossen hatte. Der Mann wurde vorgeführt. Er war ein nicht mehr junger, sehr einfacher und keineswegs übelwollender Mensch, der diesen Piloten im Wald aufgestöbert hatte, weil er ihn beim Absprung aus seinem Flugzeug beobachtet hatte.

Nun bestand damals tatsächlich ein Erlaß der Kriegsführung, daß Piloten, die im Tiefflug Angriffe auf die Zivilbevölkerung ausgeführt hatten, auf der Stelle und ohne Verhör erschossen werden sollten. Dieser Erlaß war dem Gefangenen bekannt und er hatte, ohne imstande zu sein, über Recht oder Unrecht eines solchen Erlasses Überlegungen anzustellen, diesen Befehl ausgeführt. Er hatte seinen Gefangenen, wie er uns ausführlich schilderte, nicht mißhandelt und ihm auch sonst kein Leid zugefügt, sondern ihn schlicht erschossen.

Das Verhör dauerte nicht lange. Der Mann war nicht nur geständig, sondern antwortete auf alle Fragen bereitwillig und genau. Die Tat war sonnenklar.

Als die Befragung beendet war, sagte mein Major: »So, jetzt müssen Sie ihn zusammenschlagen.«

Ich fragte sehr erstaunt: »Aber warum denn? Er hat doch

alles angegeben und zugegeben, was wir von ihm verlangt haben.«

»Das ist richtig«, meinte der Herr Richter, »aber es scheint ihm überhaupt nicht leid zu tun.«

»Ach so«, sagte ich und wandte mich an den Gefangenen. Ich sprach sehr scharf mit ihm und sagte: »Wenn Sie jetzt nicht auf der Stelle anfangen zu weinen, geht es Ihnen schlecht.« Der Gefangene sah mich furchtbar erschreckt an und brach in Tränen aus.

»Genügt das?« fragte ich meinen Moralapostel.

»Das genügt«, antwortete dieser. Für ihn war der moralische Haushalt dieses Falles ausgeglichen.

Das einzige wirkliche Verbrechen wurde allerdings von einem Angehörigen unserer Einheit begangen, und zwar von einem Offizier. Er war Österreicher, klein und verwachsen. Er hatte einen Sprachfehler. Er war Sadist, aber trotzdem beinahe eine komische Figur. Er hatte allerdings ein furchtbar schweres Schicksal erlitten. Seine Flucht aus Österreich gelang nur unter abenteuerlichsten Umständen. Seine Familie war getötet worden.

Eines Morgens als wir alle unsere verschiedenen Gefangenen verhörten, erklangen aus einer der benachbarten Zellen drei Schüsse und dann nach einer kleinen Pause ein vierter. Kurz darauf stürzte der Leutnant aus seiner Zelle, eine Pistole in der Hand und schrie: »Militärpolizei, ich habe einen Mann erschossen.«

Er schilderte dann, wie der Gefangene, der am Ende eines langen, metallenen Tisches saß, durch die Tischlänge von dem Verhörenden getrennt, aufgesprungen und auf ihn eingedrungen sei, so daß er in Notwehr habe schießen müssen. Der Gefangene sei tot. Auf die Frage des Militärpolizisten, wieso er überhaupt mit einer Pistole in die Zelle gegangen sei, was ja doch verboten sei, erwiderte er, das habe er übersehen. Er hätte vergessen, die Pistole vorher abzugeben.

Wir gingen in die Zelle. Der Gefangene lag direkt neben der Tür. Er war tot. Wir suchten nach Kugeleinschlägen, und zwar in der Wand neben dem Tisch. Wir fanden keine. Als wir schließlich die Kugeleinschläge fanden, entdeckten wir sie in der Rückenlehne des Stuhles, auf dem der Gefangene gesessen hatte.

Drei hatten den Körper des Gefangenen durchschlagen und waren im Stuhl steckengeblieben. Eine Kugel hatte er unzweifelhaft als Fangschuß dem Gefangenen verabfolgt, der zur Tür gekrochen war, um sich zu retten. Daher die lange Pause zwischen dem dritten und vierten Schuß. Es gab keinen Zweifel, der Leutnant hatte seinen Gefangenen kaltblütig erschossen.

Der Gefangene, wie sich herausstellte, war ein Gestapooffizier, der hunderte von Menschenleben auf dem Gewissen hatte. Um ihn war es wahrhaftig nicht schade. Trotzdem hätten wir es richtig gefunden, wenn der Offizier vor ein Kriegsgericht gestellt worden wäre, da für die Bestrafung von Verbrechen jedenfalls nicht er zuständig war. Wenn die Vereinigten Staaten ein Rechtsstaat waren, dann waren auch wir dazu angehalten, die Rechtsstaatlichkeit zu beachten.

Die Militärbehörden der Vereinigten Staaten sahen sich jedoch nicht in der Lage, gegen den Leutnant Anklage zu erheben. Vielleicht fürchteten sie einen Skandal. Wahrscheinlich gingen sie von der Einstellung aus, daß man von einem Deutschen, besonders, wenn der Verdacht bestand, daß er ein Verbrecher war, nicht zuviel Aufhebens machen solle. Der Leutnant fuhr fort, sein Unwesen zu treiben, das später die Vereinigten Staaten noch sehr teuer zu stehen gekommen ist.

Noch zwei Verhöre will ich schildern, eines, das mir absolut tragisch vorkam und eines, das mir wie ein Satyrspiel erschien.

Das tragische fand mit einem jungen Mann statt, der Wachsoldat in einem nicht weit von Berlin gelegenen Konzentrationslager gewesen war. Er machte einen etwas bedrückten Eindruck. Er beeindruckte mich aber als ein netter Mensch, der auf Fragen gescheite Antworten gab und sich sehr offen und freimütig äußerte.

Ich stellte ihm, eigentlich mehr der Routine wegen, die Frage, ob er während seiner Zeit im Konzentrationslager auch Menschen umgebracht hätte. Er erwiderte, wenn seine Rechnung stimmte, dann hätte er im Laufe der Jahre 1227 Menschen umgebracht. Ich fragte ihn, ob das sein Ernst sei, und er meinte, das sei doch wohl keine Angelegenheit, in der man scherzen könnte. Ich fragte ihn, wie er dazu gekommen sei und warum er sich nicht geweigert hätte.

Darauf entgegnete er: »Als mir die ersten zwei Menschen übergeben wurden und ich den Befehl erhielt, ich solle sie an einen abgelegenen Ort bringen und dort erschießen, habe ich mich selbstverständlich geweigert. Das hatte man anscheinend auch erwartet, denn man sprach sehr vernünftig und ruhig mit mir. Man sagte etwa folgendes:

›Den beiden, die du erschießen sollst, rettest du das Leben nicht. Die werden auf jeden Fall erschossen. Ob du es machst oder ein anderer, das ist ganz gleichgültig. Die Überlegung, die du anstellen solltest, ist die folgende: Wenn du dich hier weigerst, dann kommt erst einmal deine Familie dran. Es gibt bei uns, wie du weißt, Sippenhaftung. Und wir würden keinen Augenblick zögern, deine Familie für deine Gehorsamsverweigerung büßen zu lassen. Sie würden wahrscheinlich genau in dieses Konzentrationslager kommen, und wir würden uns überlegen, was wir mit ihnen hier anstellen. Außerdem sterben diese Gefangenen, die du erschießen sollst, durch einen Schuß. Wenn du hier aber Sperenzchen machst, dann stirbst du nicht durch einen Schuß. Dann wird es dir so gehen, daß du zuletzt um deinen Tod bettelst. Also sei vernünftig, nimm die beiden und tu, was wir dir aufgetragen haben.‹«

Das geschah dann auch. Er erschoß sie wie vorgeschrieben und bekam dann laufend weiter derartige Aufträge, die er, nachdem er den ersten ausgeführt hatte, kaum mehr zurückweisen konnte. Aus den zwei Gefangenen wurden dann später fünf, es wurden zehn, es wurden mehr. Manchmal war er auch nicht allein, sondern es war ein ganzes Kommando, das diese Gefangenen abführte, um sie zu erschießen. Jedenfalls glaubte er, daß er schließlich persönlich für den Tod von 1227 Gefangenen verantwortlich sei.

Ich fragte ihn, ob er die Menschen haßte, ob ihm ihr Leben gleichgültig oder sogar zuwider sei. Mit anderen Worten, ob er irgendwie mit dem Herzen an diesen Tötungen beteiligt gewesen sei.

Er antwortete: »Keineswegs, ganz im Gegenteil.« Er stamme aus einer Familie der Mittelklasse, und er hätte sich vorgenommen, Medizin zu studieren. Sein sehnlichster Wunsch wäre es gewesen, den Menschen zu helfen. Er sei jedoch nicht zum Studium zugelassen worden, weil der Krieg ausbrach, sei wegen seiner Größe zur SS versetzt worden und schließlich in diesen

Dienst im Konzentrationslager gekommen. Dort sei er wahrscheinlich deshalb, weil er sich immer von dem Rudel etwas abgesondert gehalten hätte, zu diesen Erschießungen kommandiert worden.

Ich frage ihn, was er nun denn erwarte. Was er glaube, daß die Amerikaner oder vielleicht auch die Deutschen mit ihm anfangen würden.

Er erwiderte: »Da gibt es doch eigentlich nur eins. Sie müssen mir die Todesstrafe geben. Glauben Sie, daß ich mit diesen Morden auf meinem Gewissen weiterleben will? Ich habe es schon bis jetzt kaum ertragen können, aber zum Selbstmord konnte ich mich nicht entschließen. Ich bin Katholik.«

Selbst nachdem ich wußte, daß dieser Mensch ein vielfacher Totschläger – ich will das Wort Mörder vermeiden – gewesen ist, hatte ich den Eindruck, daß er eigentlich ein liebenswerter junger Mensch war, der das furchtbare Unglück hatte, in einen verbrecherischen Ablauf hineingerissen zu werden, dem er nicht entrinnen konnte. Wäre ich sein Richter gewesen, ich hätte ihn freigesprochen. Ich hätte ihm eine humanitäre Aufgabe gestellt, die er als Lebensverpflichtung auf sich nehmen mußte und bin sicher, daß er sie mit Sorgfalt und Freude erfüllt hätte.

Die Satire ist die folgende:

Entweder kurz vor dem Ende des Krieges oder bevor Berlin von den Russen besetzt wurde, war das gesamte Auswärtige Amt mit allen Dokumenten und dem größten Teil seines Personals nach Thüringen ausgelagert worden. Ein Teil befand sich, wenn mich meine Erinnerung nicht täuscht, in Mühlhausen in Thüringen, ein anderer Teil in Bad Berka. Die Archive des Auswärtigen Amtes füllten dort eine gesamte Turnhalle. Das Personal war von den Amerikanern, die damals noch Thüringen besetzt hielten, gewissermaßen interniert worden, das heißt, sie waren verhältnismäßig frei, durften sich jedoch nicht vom Ort entfernen.

Ich geriet mit einem der höheren Beamten ins Gespräch und gab meiner Verwunderung darüber Ausdruck, daß das gesamte Aktenmaterial des Auswärtigen Amtes, das teilweise doch nicht nur für die verflossene Naziregierung, sondern auch für die anwesenden Beamten außerordentlich kompromittierend sein müsse, noch intakt vorhanden sei. »Im allgemeinen«, sagte ich,

»nimmt man in solchen Fällen doch ein paar Kanister Benzin und einige Streichhölzer und zündet das ganze an, damit es dem Feind nicht in die Hände fällt.«

Der Beamte erwiderte: »Sie haben ganz recht. Wir hatten selbstverständlich auch den Auftrag, und wir haben uns das gewissenhaft überlegt. Aber denken Sie doch was für ein historisches Material dabei zugrunde gegangen wäre.«

4 Die kleinen Nazis, andere Typen in Zivil und einige Charaktere

Der Krieg war zu Ende. Die endlosen Heere der Gefangenen, die zuletzt täglich bis zu 100 000 Mann betrugen, waren verschwunden. Vielleicht hatten sich ein paar in die Heimat durchgeschlagen. Aber die meisten hockten in Lagern und fieberten dem Tag der Heimkehr entgegen.

Für uns war die Arbeit aber noch nicht zu Ende. Zwar war der Sieg gewonnen, aber ein Friede war noch nicht gesichert. Das Nazireich war noch nicht zerstört. Wir zogen von Belgien nach Deutschland, und zwar in den Komplex eines deutschen Zuchthauses, das oberhalb des Ahrtales in dem Dreieck von Bonn, Bad Neuenahr und Euskirchen lag. Der Name des Ortes war Rheinbach.

Dort waren die kleinen Nazis versammelt: Kreisleiter, Ortsgruppenleiter, Gestapobeamte, Schergen aus den Konzentrationslager, kleine politische Bosse und Leute, die man nicht klassifizieren konnte und deshalb auf gut Glück dorthin delegiert hatte. All diese galt es zu verhören.

Das war kein Vergnügen. Was man mit den Soldaten zu verhandeln hatte, waren meistens Sachfragen. Es waren Dinge, die irgendwie mit der Kriegsführung zu tun hatten und sei es auch die psychologische Kriegsführung. Es war keineswegs so, daß die Soldaten immer eine ästhetische Erscheinung waren. Sie kamen aus dem Dreck. Ihre Uniformen stanken. Sie waren zumindest gegen Ende des Krieges verlaust und verlottert, und die Möglichkeiten, sich zu pflegen, waren im Gefangenenlager sehr beschränkt. Trotzdem waren die Gespräche, die man mit ihnen führte, zumeist eine reinliche Angelegenheit. An das Äußere gewöhnte man sich. Darüber konnte man hinwegsehen oder hinwegriechen. Man brauchte sich nicht, oder nur sehr selten, an ihrer Mentalität zu vergreifen.

Bei diesen politischen Subalternen war das anders. Es handelte sich fast ausschließlich um ihre Mentalität und um die Art und Weise, wie sie diese Mentalität betätigt hatten. Es war ein schmieriges Geschäft. Man hatte immer wieder das Gefühl, wenn man sich mit diesen verkniffenen Typen, die im weißen Hemd mit goldenem Kragenknopf, aber ohne Kragen vor einem saßen, einige Zeit unterhalten hatte, daß man sich jetzt eigentlich unter eine Dusche stellen müßte, um diesen klebrigen Dreck loszuwerden. Wir lernten durch dieses Medium die Alltäglichkeiten des Nazistaates kennen, und dieses Kennenlernen war kein Vergnügen.

Eine Phrase lernten wir bis zum Überdruß und bis zur Übelkeit kennen: »Ich bin ja nur ein kleiner Mann.« Alles, was da vor uns saß, waren kleine Männer. Sie waren wie geschaffen, die Mittelmäßigkeiten der Naziideologie durch das Medium ihrer eigenen Mittelmäßigkeit zu verwirklichen. Sie waren klein und mies. Sie waren die Hefe des deutschen Volkes.

Daß sie trotzdem ungeheuer deutsch waren, war leider auch nicht zu leugnen. Sie hatten die Untertanenfreudigkeit, die die kleinen Deutschen auszeichnet. Sie hatten die Radfahrerpsychologie, und sie besaßen eine typisch deutsche Tapferkeit.

Wenn ich deutsche Tapferkeit sage und vielleicht noch ein kleines Wort über die deutsche Treue einflechte, dann will ich mich auf das deutscheste Epos berufen: die Siegfried Sage.

Ich habe schon als Junge etwas gegen die Tarnkappe gehabt. Ich fand, daß jemand, der aus dem Unsichtbaren oder in einer falschen Gestalt kämpfte, eigentlich wenig Anspruch darauf hat, ein Held genannt zu werden. Was es aber mit der Tarnkappe wirklich auf sich hat, ist mir erst viel später klar geworden.

Lassen wir es noch als Freundestreue gelten, daß Siegfried Brunhilde mit Hilfe der Tarnkappe beim Zweikampf besiegt, so daß es so aussieht, als habe Gunther sie bezwungen. Aber hat man sich eigentlich schon einmal richtig überlegt, was sich in der Hochzeitsnacht oder ja eigentlich in der Nacht nach der Hochzeitsnacht abgespielt hat? Daß Siegfried als Gunther zu Brunhilde ins Bett steigt, sie dort weichprügelt, ihr zwei ihrer Kostbarkeiten abnimmt, dann Gunther zwischen ihre Beine schiebt und zu seiner eigenen Frau zurückkehrt, um ihr die ganze Geschichte haarklein zu erzählen und ihr die gestohlenen Gegenstände als Geschenk zu überreichen? Ist das deutsche Treue? Ist das deutscher Heldensinn? Handelt so die strahlende Inkarnation eines Volkes? Hat dieser schäbige Verräter etwas anderes verdient als den Tod? Wie muß es um ein Volk bestellt sein, daß diesen kleinen Mann Siegfried zum schimmernden Ideal aller kleinen Männer gemacht hat.

Diese Tapferkeit, die alle Trümpfe in der Hand hat und sich gegen vollkommen Wehrlose richtet, ist denn auch so weidlich praktiziert worden, daß sie zu einer Nationaleigenschaft geworden ist. Man hat die Mißliebigen, die als anders Gestempelten zunächst bürgerlich gemordet. Man hat sie aus Clubs, Vereinen, Berufsverbänden, aus Lebensgemeinschaften, ja aus Ehen und Vaterschaften herausgestoßen und hat dann den psychischen Mord dem physischen sozusagen nachgeschmissen. Alles dies mit einem hervorragend guten Gewissen und gesundem Appetit.

Der Appetit war vonnöten, denn es gab eine ganze Menge zu verzehren. Wenn man auf einen Besitz, auf eine Wohnung, auf ein Geschäft, auf einen Handel scharf war, brauchte man bloß ein bißchen zu denunzieren. Dann waren die Handlanger und Schergen schnell auf dem Plan.

Als wir dann jedoch diesen Siegfrieden gegenübersaßen und sie über ihre jämmerliche Existenz befragten, war von der Tapferkeit nichts mehr übrig. Dann waren sie schon immer dagegen gewesen, hatten der Frau, den Kindern, dem Stammtisch, ja, ohne ein Blatt vor den Mund zu nehmen, gesagt, daß man so mit den Menschen nicht verfahren dürfe, das sei eine Sünde. Das könnte auch der Priester bezeugen, der allerdings leider vor zwei Jahren gestorben sei. Sie seien niemals gegen die Juden gewesen. Sie hätten keinem ein Haar gekrümmt. Allerdings gäbe es in ihrer Gemeinde auch keine Juden mehr, seitdem sie vor einigen Jahren eines Nachts allesamt zum Bahnhof getrieben und dort in Viehwagen verladen worden seien. Aber sie hätten zum Beispiel Fremdarbeiter gehabt, verschleppte Polen. Und die hätten es bei ihnen gehabt, als seien sie Kinder der Familie.

Spätestens an diesem Punkt begannen die Vertreter Nazideutschlands zu weinen. Sie haben alle geweint, durch die Bank, nicht weil im Verhör auch nur ein lauter Ton gefallen wäre, nicht weil sie verängstigt oder verschreckt waren, sondern weil sie von ihrer eigenen Güte so durchdrungen waren, daß sie ihnen Tränen entlockte. Dann erzählten sie von ihrer Liebe zu den Tieren und von ihrem Hund und von den Blumen vor ihren Fenstern und wie sie einmal eine lahme Ente aufgezogen hatten und daß ihr Vieh bestens gepflegt war. Und wenn sie mit dieser Litanei zu Ende waren und sich ausgeweint hatten, dann kam, ebenso stereotyp wie alles andere: »Beim Ortsgruppenleiter in unserem Nachbardorf, da ging es anders zu, da wurden Leute geprügelt und eingesperrt und aufgehängt, und da regierte der Fußtritt und die Peitsche, und da gabs nichts zu essen und da wurden die Leute weggeschickt, wenn sie nicht mehr arbeiten konnten, um vergast zu werden. Es war furchtbar, wie es da zuging.«

Natürlich wußte unser Mann nicht, daß der Ortgruppenleiter des Nachbardorfes auch in unserem Zuchthaus war und daß er uns, fast wörtlich, genau dasselbe gesagt hatte wie der Mann, der jetzt vor uns saß. Allerdings nicht auf sich bezogen, sondern eben auf diesen Mann. Der Staat hatte seine Staatsbürger auf die Denunziation trainiert. Und diesem Training blieben sie auch vor den Amerikanern treu. Wie gesagt, es war ein schmieriges Geschäft, dem jeglicher intellektueller Reiz fehlte und dessen man sich entledigte wie einer sehr unangenehmen Pflicht.

Natürlich kamen bei etwas schärferer Befragung einige peinliche Ereignisse ans Tageslicht. Ja, es hätten Übergriffe stattgefunden. Man hätte Fremdarbeiter wieder verschleppt. Man hätte Leute, die Feindsender hörten, denunziert und sie der Polizei oder dem Kadi übergeben. Menschen, die Zweifel am deutschen Endsieg hegten, seien auf dem Marktplatz öffentlich aufgehängt worden. Aber das waren immer andere. Man selbst hätte nie etwas damit zu tun gehabt und sei dagegen gewesen.

Es ist mir aus dieser Heulsuppe kein einziges Gesicht mehr erinnerlich. Erinnerlich ist mir nur der larmoyante Ton, die freudige Bereitwilligkeit, die Nachbarn anzuschwärzen und eben das ausgiebige Weinen, das aber nur der eigenen Güte und dem eigenen Schicksal galt. Hier war das deutsche Kleinbürgertum mit der eigenen Häßlichkeit konfrontiert und versuchte, das Spiegelbild des Betruges anzuklagen.

(Wenn ich übrigens vom deutschen Kleinbürgertum spreche, dann nur deshalb, weil es sich in diesem Falle eben tatsächlich um deutsch-nationales, national-deutsches Kleinbürgertum gehandelt hat. Ich möchte in keiner Nation Opfer des Kleinbürgertums sein. Alle schlechten nationalen Geister geben sich dort ein Stelldichein.)

Erinnerlich ist mir ein nationalsozialistischer Reichstagsabgeordneter, dessen Fall ein besonderes Licht auf den Staat warf, dem er diente. Er war Arbeiter, ein sehr früher Parteigenosse – 1924 oder 1926, wenn ich mich nicht irre – hatte unter seinen Arbeitskollegen mit Mut und Ausdauer für die Partei agitiert, war viele Male von Kommunisten und Marxisten zusammengeschlagen worden, aber immer wieder aufgetreten, um seine Ansicht kundzutun und Überläufer zu gewinnen. Zum Lohn dafür wurde er als Reichstagsabgeordneter aufgestellt und gewählt.

Noch im Jahre 1932 befand er sich unter seinen Parteigenossen in einer Gesellschaft, mit der er sich verstand und in der er sich wohl fühlte. Als dann jedoch die Nationalsozialisten 1933 an die Macht kamen, wurde das anders. Die alten Parteigenossen aus der Arbeiterschaft verschwanden mehr und mehr, und schließlich fühlte er sich in einem Haufen von Akademikern, die es sorgfältig vermieden, mit ihm Kontakt zu haben oder mit ihm zu sprechen, nicht mehr wohl. Er fuhr zwar bei den seltenen Gelegenheiten, zu denen der Reichstag einberufen wurde, nach Berlin, richtete sich aber darauf ein, daß er tunlichst am selben Abend wieder in seiner Heimat im Ruhrgebiet war. Das war durchaus möglich, da der Reichstag nicht permanent tagte, sondern nur zu besonderen Gelegenheiten einberufen wurde. Mein Gewährsmann schilderte es folgendermaßen: »Erst kam eine Einführung durch den Präsidenten des Reichstages. Dann hielt der Führer eine Rede und dann wurde eine Entschließung vorgelegt, über die wir abstimmten. Wir stimmten meistens dadurch ab, daß wir uns von unseren Sitzen erhoben.« Ich fragte ihn: »Wieviel Leute sind denn im Laufe der Jahre bei einer solchen Abstimmung sitzen geblieben?« Worauf er mir ganz verwundert erwiderte: »Ich habe eigentlich nie gemerkt, daß jemand sitzen blieb.«

Mit seiner Lust am Abgeordneten-Mandat schwand schließlich auch der Einfluß in seinem Heimatgebiet. Es wurde ihm nicht mehr erlaubt, politische Reden zu halten, weil sich anscheinend in einige seiner Reden etwas Kritik eingeschlichen hatte. Zudem fand man seine Redeweise zu primitiv, um die komplizierten Vorgänge zu erklären, die mit der Staats- und Kriegsführung zusammenhingen. Er durfte, wie er mir sagte, noch Sportfeste organisieren und ab und zu dem Schützenverein oder einer Liedertafel präsidieren. Sonst hatte man für seine Dienste keinen Gebrauch mehr.

Während des Krieges seien schließlich auch diese Funktionen mehr und mehr zurückgegangen. Er hätte eigentlich ein inhaltsloses und tatenloses Leben geführt, da er ja auch nicht mehr Arbeiter sein konnte. Und außerdem hätte nun auch noch sein Sohn im Kriege ein Bein verloren. Worauf der Herr Abgeordnete anfing, fassungslos zu weinen. Ich machte ihn darauf aufmerksam, daß in diesem Kriege mehr als ein Bein verloren gegangen sei und daß viele Familien viel härter getroffen worden seien als er. Zumal seine eigene Partei hätte es beim verlorenen Bein meistens nicht bewenden lassen. Aber das tröstete ihn nicht. Er weinte über sein eigenes, jämmerliches und klägliches Schicksal wie alle anderen.

Hier trafen wir auch auf unseren ersten Werwolf. Nun stammt der Begriff des Werwolfes aus einem trutzigen Roman von Hermann Löns, der eben diesen Titel trägt und von einem Mann berichtet, der seinen eigenen Krieg gegen den im Lande eingefallenen Feind führt. Es ist eine Art Heckenschützen- oder Guerillaromantik, die diesen Mann schließlich siegreich bleiben läßt.

So hatten sich das auch die Nazis vorgestellt. Oder ob sie sich's in Wahrheit so vorgestellt hatten, muß dahingestellt bleiben. Jedenfalls hatten sie unter dem Motto, daß derjenige, der für den Führer nicht siegen könne, auch nicht wert sei zu leben, die Jugend aufgerufen, einen Guerillakrieg gegen die Amerikaner zu führen. Es gab ganze Listen, wie man die Kriegsmaschine der Amerikaner lahmlegen könnte. Das fing damit an, daß man Zucker in die Benzintanks der Fahrzeuge schüttete – nur woher sollten die Deutschen damals Zucker nehmen – oder daß man Reifen zerschnitt oder Schrauben lockerte oder Nachrichtensysteme lahmlegte. Es wurde mit Zeichnungen und graphischen Darstellungen eine Art Instruktionskursus geboten. Adressaten waren wieder die Jugendlichen. Sie allein hatten die Unbefangenheit, den Fanatismus und vor allem den Glauben an den Erfolg.

Der kleine Werwolf, der uns vorgeführt wurde, war etwa fünfzehn Jahre alt. Er hatte es im Jungvolk nicht sehr weit gebracht und wollte sich bewähren. Sein Vater war im Krieg. Er wußte nicht, wo er war. Von seiner Mutter hatte er sich in rauher Männlichkeit emanzipiert. Und nun war er von den Amerikanern gefaßt worden, die die Sabotageakte der Werwölfe nicht auf die leichte Schulter nahmen, denn wenn sie auch nichts am Kriegsgeschehen oder am Kriegserfolg änderten, so konnten sie doch recht lästig werden. Die Strafen waren daher, soviel wir in Erfahrung bringen konnten, reichlich drakonisch.

Wir fragten unseren Werwolf, woher er seine Befehle bezogen habe, wem er verantwortlich gewesen sei und ob seine Mutter davon gewußt habe. Wir fanden, was wir von vornherein erwartet hatten, daß sich ein Verantwortlicher nicht ermitteln ließ. Man wußte, von welcher SS-Stelle diese sogenannte Organisation der Werwölfe ausgegangen war – die niemals zu einer wirklichen Organisation gedieh – aber wer immer die Aktionen erdacht und ins Rollen gebracht hatte, war längst in Sicherheit oder untergetaucht und überließ die hilflosen Jugendlichen ihrem Schicksal. Wir versuchten, dem Jungen klar zu machen, wie sinnlos sein Einsatz gewesen sei und wie nutzlos er sich geopfert hatte. Im Gegensatz zu der übrigen Belegschaft dieses Gefängnisses brach er nicht in Tränen aus, aber er wollte, seit Jahren zum ersten Mal, zurück zu seiner Mutter. Für ihn war schließlich eine ganze Welt zusammengebrochen. Alles, was er bisher verehrt hatte, hatte urplötzlich den Wert verloren, und er war sich auch nicht mehr sicher, daß er das Richtige getan hatte. Da blieb nur noch die Familie, die wenigstens einen gewissen Halt bot, bis er sich neu orientieren konnte. Wir haben unseren Bericht so abgefaßt, daß er hoffentlich in dem Verfahren, dem er kaum entgehen konnte, milde Richter fand. Aber das ist leider nur eine Hoffnung.

Zum ersten Mal begegneten wir in diesem Bericht auch der neuen deutschen Rechtsprechung. Die Gerichte der Weimarer Republik hatten im großen und ganzen ein hohes Niveau bewahrt. Selbstverständlich hatte es auch damals Fehlurteile gegeben. Aber die Praxis der Jurisdiktion, vor allem die ausgezeichnete Dokumentation der Rechtsprechung des Reichsgerichts war in der Sache wie in der Form exemplarisch.

Selbstverständlich hatte sich das mit der Machtübernahme der Nazis geändert. Das Kennzeichen der Diktatur ist, daß die drei Gewalten, die Legislative, die Exekutive und die Justiz, die in einer Demokratie stets getrennt gehalten werden, aber wechselseitig Kontrollfunktionen ausüben können, von einer Person, einer Institution oder einer Partei zusammen ausgeübt werden. Wenn Hitler nach dem sogenannten Röhmputsch im Juni 1934 in einer Rede sagte: »In einem solchen Falle bin ich des Reiches oberster Gerichtsherr«, dann hatte er diesen Tatbestand mit bemerkenswerter Klarheit richtig dargestellt. Er war Gesetzgeber, Kläger, Richter und Regierung in einer Person. Und die Justiz konnte zeit seiner Regierung nicht anders, als nationalsozialistisch sein. Natürlich gab es tapfere Menschen unter den Richtern, die sich gegen eine solche Notwendigkeit zu salvieren suchten und mit Hilfe der Gesetze ab und zu Ausflüchte fanden. Aber das änderte nichts daran, daß das sogenannte gesunde Volksempfinden mehr und mehr das Gesetz verdrängte und daß ein Richter, der von diesem willkürlich interpretierten Volksempfinden abwich, seine Freiheit und seine Existenz aufs Spiel setzte.

Dennoch mißtraute die Regierung der normalen Justiz noch so sehr, daß sie für politische Prozesse die sogenannten Sondergerichte schuf, die überhaupt nicht mehr dem Gesetz, sondern nur noch den Notwendigkeiten des nationalsozialistischen Staates verpflichtet waren. Sie erhielten zumeist keine ausgesprochenen Weisungen, aber die hingeworfene Bemerkung eines der nationalsozialistischen Führer, daß man in diesem Falle eine Todesstrafe erwarte, war für die Richter wie ein Befehl. Und mit der Todesstrafe war man damals schnell bei der Hand, vor allem bei Ausländern, die vielleicht dem nationalsozialistischen Staat nicht diejenige Liebe entgegenbrachten, die er verdiente.

Die Militärgerichtsbarkeit bildete von diesen Grundsätzen keine Ausnahme. Es gab drei Senate des obersten Militärgerichts, von denen einer als fair galt, der zweite selten eine andere Strafe aussprach als die Todesstrafe und der dritte anscheinend irgendwo in der Mitte stand. Ein Richter dieses Todessenats war einer unserer Gefangenen und wurde nach seinen Grundsätzen befragt.

Er war nicht bereit zuzugeben, daß er jemals ein Fehlurteil oder auch nur ein zu strenges Urteil gefällt hätte. Er erklärte sich von der Überzeugung durchdrungen, daß alle Strafen, die er ausgesprochen habe, streng rechtlich und verdient gewesen seien. Wir fragten ihn, ob er in dem Zweifel an den Endsieg der

Deutschen wirklich ein todeswürdiges Verbrechen gesehen habe. Darauf komme es nicht an, erwiderte er. Das Gesetz habe bestimmt, daß der ausgesprochene Zweifel am Siege der Deutschen ein todeswürdiges Verbrechen darstelle, und an dieses Gesetz sei er als Richter gebunden gewesen. Wir fragten ihn, ob man nicht vielleicht einem Ausländer, der nach Deutschland verschleppt oder in die deutsche Armee gepreßt worden sei, zugestehen könne, daß er die Deutschen hasse. Aber er erwiderte, der Sieg über ein Volk habe auch eine rechtsschöpfende Kraft, und man könne innerhalb der bewaffneten Macht keinen Willen und keine Emotion zulassen, die dem Ziel dieser Macht entgegenstehe. Wir fragten ihn schließlich, ob er glaube, daß seine Angeklagten seine Meinung geteilt hätten.

Ohne Zweifel, entgegnete er, denn er sei ihnen ein gerechter Richter gewesen. Wir fragten ihn, ob er sich nicht scheuen würde, aus dem Offizierslager, in dem er sich befand, in das Lager der Mannschaften hinüberzugehen und dort die Nacht zu verbringen. Er sagte, er fühle sich dort absolut sicher, denn er habe niemals etwas getan, was er nicht vor sich und vor jedem anderen verantworten könnte.

Darauf schafften wir ihn in das Mannschaftslager. Wir fanden ihn am nächsten Tag mehr tot als lebendig im Latrinengraben. Irgendwelche uneinsichtigen Soldaten hatten anscheinend weder an seine moralische, noch an seine juristische Rechtlichkeit geglaubt.

Einen weiteren Fall von Gesetzestreue entdeckten wir kurz darauf in einem Arzt. Er war damals über siebzig Jahre alt, hatte eine große Laufbahn als Nerven- und Irrenarzt hinter sich, war Professor in Heidelberg gewesen, hatte sich durch verschiedene Schocktherapien einen Namen gemacht, die er entweder erfunden oder besonders erfolgreich angewandt hatte, und hatte sich schließlich mit fünfundsechzig Jahren pensionieren lassen.

Als dann jedoch während des Krieges die meisten jüngeren Ärzte bei der Truppe oder im Felde standen, wurde er noch einmal gebraucht. Er war damals schon einundsiebzig Jahre alt. Aber er war noch rüstig und durchaus imstande, seinen Beruf auszuüben. Man trug ihm die Leitung der Irrenanstalt in Hadamar an, nicht weit von Limburg an der Lahn. Er folgte dem Ruf.

Er konnte damals nicht wissen, daß Hadamar eine der Anstalten war, in der die sogenannte »Gemeinnützige Stiftung für Anstaltspflege«, die ich früher schon einmal erwähnt hatte, ihr unmenschliches Handwerk trieb. Als er hinkam, war die Anstalt voll belegt. Er wunderte sich daher, als er vom Kreisleiter die Nachricht bekam, daß demnächst ein Transport mit einigen hundert Kranken in seiner Anstalt eintreffen werde. Er erwiderte, er sehe sich leider nicht in der Lage, diese Kranken bei sich in der Anstalt unterzubringen, worauf ihm die schnöde Antwort gegeben wurde, dann müsse er eben Platz schaffen. Und ihm wurde erklärt, was unter »Platz schaffen« zu verstehen war. Er mußte sich die Listen der Kranken geben lassen und den Grad ihrer Erkrankung prüfen. Falls sich darunter etwelche fanden, die als unheilbar gelten mußten, so wurde ihr Name angekreuzt, was einem Todesurteil entsprach. Sie erhielten eine Spritze, meistens Skopalamin, die sie tötete. Sie tötete nicht immer sofort. Denn man konnte Skopalamin so dosieren, daß es entweder ziemlich unmittelbar wirkte oder erst nach Stunden, oder erst nach Tagen, und man experimentierte noch, um eine Wirkung erst nach Wochen zu erzielen. Auf alle Fälle waren die Betten frei, wenn der nächste Transport im Krankenhaus eintraf. Das ging Monate und Jahre. Der Arzt meinte auf unsere Frage, er habe wohl etwa fünfzehnhundert Leute umgebracht. Sein Oberpfleger sprach schon von drei- bis viertausend. Wir haben aber auch die Zahl siebentausend gehört. Allerdings gab der Professor die Spritzen nicht selber, sondern überließ seinem Oberpfleger und dessen Personal die eigentliche Henkersarbeit.

Wir fragten den Professor, ob ihm bei dieser Arbeit keine Bedenken gekommen seien. Er antwortete, mit dem Anschein einer gewissen Bravour, wenn er Bedenken gehabt hätte, so seien sie zerstreut worden, weil diese Handlungen ja von der Regierung sanktioniert worden seien. Ich fragte ihn, ob das für ihn als Arzt eine ausreichende Begründung sei. Er meinte, das was der Staat ausdrücklich gutheiße, könne ja wohl nicht falsch sein. Ich fragte ihn, ob er den hippokratischen Eid zitieren könne. Darauf brach er – auch er – in Tränen aus und sagte, es sei schon grausam, was man ihm zugemutet habe.

Die nächste Frage war, ob es sich wirklich nur um Geisteskranke gehandelt hätte, die in dieser Anstalt untergebracht gewesen wären. Das bejahte er. Es seien nur Geisteskranke gewesen, meistens sehr schwere Fälle. Es habe sich im wahrsten Sinne des Wortes um Euthanasie gehandelt. Wie man darüber auch denken möge, es gäbe immerhin einige berühmte Gelehrte und Philosophen, die die Euthanasie bejahten.

Ich sagte ihm, mich interessiere die Euthanasie im Moment gar nicht. Ich wollte von ihm von den anderen Fällen hören. Er wurde sehr nervös und fragte, welche anderen Fälle ich meinte. Ich erwiderte, das möge er sich selber überlegen. Vielleicht könnte ihm sein Gedächtnis doch noch helfen.

Das war absolut ein Schuß ins Dunkel. Ich wußte nichts von irgendwelchen anderen Fällen und hätte, wenn er bei seinem Leugnen geblieben wäre, ihm im Augenblick nichts beweisen können. Allerdings lassen sich immer Beweise heranschaffen, wenn man die Zeit und die Geduld dafür hat. Wir hatten im Augenblick beides nicht.

Aber es war auch nicht nötig. Der Professor sagte, als sei es ihm gerade eingefallen: »Ach, Sie meinen die Russen?« »Natürlich meine ich die Russen«, erwiderte ich. »Wie stand es damit?« »Ja«, sagte er, »die hatten ja Tuberkulose.« »Woher kamen sie denn?« »Sie kamen aus verschiedenen Konzentrationslagern«, erwiderte er, »die zu großen Fabrikkombinaten, wie Krupp in Essen, oder anderen gehörten.« Sie seien dort wegen unheilbarer Tuberkulose ausgemustert und nach Hadamar geschickt worden, um dort getötet zu werden. Er habe sie überhaupt nicht zu Gesicht bekommen und hätte mit der ganzen Sache nichts zu tun.

Ich habe ihn gefragt, ob er die Russen auf die Tuberkulose hin untersucht hätte. Ob sie denn wirklich Tuberkulose gehabt hätten. Auch das wußte er nicht. Weder er, noch irgendein anderer Arzt oder Pfleger hat irgendeine Untersuchung angestellt. Man ist nur dem Befehl gefolgt und hat sie so schnell wie möglich aus dem Wege geräumt.

Ich fragte ihn, ob er als Anstaltsleiter nicht eine gewisse Verantwortung für diese kranken Menschen empfunden hätte. Aber auch hier erhielt ich die Antwort, diese Menschen seien mit einem klaren Befehl zu ihm geschickt worden. Er hätte keine andere Wahl gehabt, als dem Befehl mit den ihm zur Verfügung stehenden Mitteln zu folgen, und er müsse eine Verantwortung da ablehnen, wo ihm die Wahl der freien Entscheidung nicht gegeben sei. Er verfluchte den Kreisleiter, der ihn laufend zu neuen Tötungen zwang. Aber er fühlte sich nicht schuldig.

Er und sein Oberpfleger wurden später vor Gericht gestellt. Der Oberpfleger wurde zum Tode verurteilt, weil er die Spritzen verabfolgt hatte, der Professor erhielt eine lange Gefängnisstrafe. Man tötete den Arm und ließ das Hirn am Leben.

Einem anderen Arzt begegneten wir, der sowohl Arm wie Hirn war und mit beidem für das eingespannt, was im Dritten Reich allemal reibungslos funktionierte: dem Mord. Er war Lagerarzt im Konzentrationslager Buchenwald. Dort hatte er die üblichen Funktionen eines Arztes zu versehen, aber gleichzeitig war ihm aufgetragen, gewisse Experimente durchzuführen, die für die Versuchspersonen nur tödlich enden konnten.

Die Geschichte dieses Mannes klang uns schon fast stereotyp. Er war ins Lager kommandiert worden, ohne zu wissen, was ihn dort erwartete. Natürlich hatte er von Konzentrationslagern erfahren und war auf Grausamkeit und Menschenschinderei gefaßt, aber er glaubte, daß er seinen Bereich neutral halten und vielleicht sogar die schlimmsten Leiden ein wenig lindern könnte. Das war ihm fast zu glauben; er machte keinen menschenfeindlichen oder frustrierten Eindruck, sondern war freundlich und anscheinend intelligent. Außerdem redete er freimütig von seiner Tätigkeit.

Die Experimente, die ihm aufgetragen waren, waren die sattsam bekannten Erprobungen von Medikamenten, die bei gewisser Dosierung schneller oder langsamer den Tod herbeiführten, waren Temperaturtoleranzen, die der menschliche Körper ertragen oder nicht mehr ertragen kann, oder die physische Reaktion auf gewisse Druckverhältnisse, denen die Versuchspersonen ausgesetzt wurden. Die Anweisungen waren unmißverständlich, das Menschenmaterial wurde aus dem Lager geliefert. Über die Resultate mußte er berichten. Unzweifelhaft hat der Arzt diese Experimente durchgeführt und die entsprechenden Berichte für die zuständigen Stellen abgefaßt.

So weit ist sein Fall klar und unproblematisch. Er war des vielfachen Mordes schuldig, und hat es uns gegenüber auch nicht geleugnet.

Er war jedoch, wenn man seinen Angaben Glauben schenken

kann – und ich habe daran aus Gründen, die ich nicht beweisen kann, nicht gezweifelt – für die Rettung vieler Hunderter von Gefangenen verantwortlich. Die Menschen, die für seine Experimente verwandt werden sollten und zur Tötung bestimmt waren, wurden ihm von der Lagerkommandantur zugeschickt. Es waren zumeist Leute, die sich irgendwie im Lager mißliebig gemacht hatten, die nicht mehr arbeitsfähig waren oder deren Tod aus irgendwelchen anderen Gründen wünschenswert erschien. Anscheinend hat sich der Arzt seine Opfer sehr genau angesehen und versucht, mit ihnen ins Gespräch zu kommen, um sich über ihre Herkunft und Persönlichkeit zu vergewissern. Er entdeckte, daß viele der Vernichtung bestimmten Häftlinge zur Intelligenz gehörten, ein großer Teil davon Juden waren, und zwar nicht nur aus Deutschland, sondern auch den skandinavischen Ländern, aus Holland, Frankreich und Belgien. Er versuchte, möglichst viele von ihnen zu retten. Er konnte es dadurch bewerkstelligen, daß er sie mit anderen Insassen der Klinik vertauschte und die anderen statt ihrer für die Experimente einsetzte. Die Zahl derer, die er retten konnte, war gering im Vergleich zu denen, die er töten mußte. Trotzdem waren es nach seinen Angaben Hunderte. Er wußte, daß sein eigenes Leben auf dem Spiel stand. Denn die, die ihm geschickt wurden, waren ausdrücklich zur Tötung bestimmt. Hätte man seine Machenschaften durchschaut, so wäre er wahrscheinlich in dem Konzentrationslager gestorben, dessen Arzt er war. Er zitierte einen Holländer, der ihm bei seiner Befreiung gesagt haben soll: »Wenn Sie je nach Holland kommen, werden wir für Sie alle Kirchenglocken läuten.« Der Ausspruch mag wahr sein, aber ich bezweifle, daß der Arzt je bis Holland gelangt ist. Seine Schuld war überwältigend groß. Wir glaubten nicht, daß seine menschliche Geste die Schuld aufhob. Er glaubte es übrigens auch nicht, obwohl er dafür plädierte, nicht nur als Verbrecher angesehen zu werden.

Wieder hatten wir den Eindruck, daß hier ein Mensch in einen Ablauf geraten war, dem er sich nicht entziehen und dem er nicht widerstehen konnte. Er gehörte offenbar nicht zu jenen, die aus Lust, aus Sadismus, aus Frustration oder aus Menschenhaß mordeten. Man hatte ihm das Morden zur Pflicht gemacht, bis es für ihn zur Routine und zur Banalität wurde. Daß er trotzdem aus dem Stumpfsinn des mechanischen Tötens herausfand und ihm dort Widerstand leistete, wo ihm ein Leben für den Stumpfsinn zu wertvoll erschien, hebt ihn aus all den anderen Schergen und Handlangern heraus. Irgendwo muß in seiner Unmenschlichkeit ein Rest Menschlichkeit übriggeblieben sein.

Schließlich gehört noch in diese Reihe ein Mann, der mich durch seine Statur und eine imponierende Abwesenheit jeglicher moralischer Grundsätze beeindruckte. Er war Luxemburger, galt aber als deutscher Gefangener, weil er für die Deutschen gearbeitet hatte. Als ich das Verhör mit ihm begann, erklärte er mir höflich, daß er mir leider keine Auskunft geben könne, da das seinen Grundsätzen widerspreche.

Ich erwiderte: »Das sehe ich ein. Ich habe auch nicht das geringste Recht, Sie zu verhören. Sie sind luxemburgischer Staatsbürger. Wir werden Sie an Luxemburg ausliefern.«

»O nein«, sagte er, »bitte tun Sie das nicht. In Luxemburg würde ich als Verräter an die Wand gestellt.«

»Schön«, sagte ich, »es braucht ja nicht Luxemburg zu sein. Wie wär's mit Belgien, wo Sie ja auch gelebt und gewirkt haben?«

»Nein, das geht noch schlechter«, sagte er, »in Belgien bin ich zum Tode verurteilt.«

Ich erklärte ihm darauf, daß unter diesen Umständen die Amerikaner anscheinend seine letzte Chance seien, denn die Deutschen könnten ihn unter den Umständen nicht mehr gebrauchen, in Luxemburg und Belgien sei er vom Tode bedroht, und bei den Amerikanern hätte er wenigstens die Sicherheit, so lange am Leben zu bleiben, wie er verhört und gebraucht würde. Er sagte: »Das ist ein sehr vernünftiges Argument, dem ich mich nicht verschließen kann. Ich stehe Ihnen zur Verfügung.« Darauf folgte dann allerdings die phantastische Geschichte eines Mannes, der immer dem Meistbietenden treu diente, bis jemand ihm mehr bot. Dann ging er ohne jegliche Skrupel oder Gewissensbisse zu dem anderen über.

Begonnen hatte das anscheinend schon in jungen Jahren. Er hatte versucht, sich überall durchzuschlagen, hatte immer gleich in großem Stil angefangen, sich nicht mit Kleinigkeiten abgegeben, hatte zehnmal Schiffbruch gelitten, in Deutschland, in

Frankreich, in Belgien, in Luxemburg, in Holland und war dann schließlich bei Ausbruch des Krieges zwischen die Fronten geraten. In Wasserbillig an der luxemburgischen Grenze war er mit deutschen Soldaten ins Gespräch gekommen. Irgend jemand hatte seine Fähigkeiten und wahrscheinlich auch seine Amoralität erkannt und ihm ein ganz verlockendes Angebot gemacht, in Belgien Agent für die Deutschen zu sein. Dort wurde er freilich erkannt und konnte nur mit genauer Not entkommen. Aber er hatte soviel gehört, gesehen und erfahren, daß er beim deutschen Einmarsch in Belgien dem Generalstab von großem Nutzen sein konnte.

Seine große Zeit begann nach der Eroberung von Paris. Da er als Luxemburger fließend französisch sprach und keine Furcht kannte, schleuste er sich in Agentennetze ein, die teils mit dem französischen Widerstand Kontakt hatten, teils von den Engländern in Frankreich aufgebaut worden waren. Als er einen englischen Agenten gefaßt hatte, gab er ihm einen Text, den er im Code an seine englische Zentralstelle funken sollte. Der Mann begann zu funken, funkte aber ziemlich am Anfang einer Zahlenreihe zweimal hintereinander, was im allgemeinen das verabredete Zeichen zwischen Agenten und Zentrale ist, daß man diesem Bericht oder dieser Botschaft keinen Glauben und keine Beachtung schenken dürfe. Damit war der Mann, der bisher seine Agententätigkeit geleugnet hat, überführt und wurde so unter Druck gesetzt, daß er schließlich nach und nach ein ganzes bedeutendes Netz preisgab. Hitler schickte dem Luxemburger ein persönliches Schreiben, in dem er ihm zum »Sieg im Westen« gratulierte.

Zur Belohnung durfte er in Paris einen eigenen schwarzen Markt aufziehen. Da er nicht nur ein Genie der Spionage, sondern auch des Handels war, wurde aus dem schwarzen Markt ein wahrhaft blühendes Unternehmen. Bis dann eines Tages der deutsche Sicherheitsdienst in seinem Warendepot erschien und Schwarzmarktgut im Werte von etwa anderthalb Millionen Reichsmark beschlagnahmte, was ihn, wie er sagte, an den Rand des Ruins brachte.

Das darf nicht allzu sehr wundernehmen. Die einzelnen Dienste und Organisationen waren nicht so synchronisiert oder integriert, daß sie die wechselseitigen Wirkungsbereiche respektierten. Es mag sein, daß der Luxemburger sein Geschäft zu auffällig betrieb, obwohl das kaum wahrscheinlich ist; er war schließlich kein Dummkopf und hatte allen Grund zur Diskretion. Es ist eher zu vermuten, daß er dem SD ein Dorn im Auge war, weil er zu gut verdiente; und es ist weiterhin wahrscheinlich, daß der SD selbst die Hand in diesem Geschäft hatte und sich eines allzu erfolgreichen Konkurrenten entledigen oder ihn zum mindesten einen Denkzettel erteilen wollte. Jedenfalls wurde die Warnung beachtet: er ließ danach besondere Vorsicht walten und wurde nicht mehr behelligt.

Später wurde der Aufgabenbereich dieses Agenten erweitert, so daß er nicht nur für das Abwehrnetz in Frankreich arbeitete, sondern auch in Spanien eingesetzt wurde. Spanien war während des Krieges, neben der Schweiz, der beste Horchposten der internationalen Spionage, hatte vor der Schweiz jedoch den Vorteil, daß die dortige Regierung Deutschland freundlich gesinnt war und der deutschen Spionage unter der Hand manche Vorteile einräumte. Sie gewährte ihr zum Beispiel Einblick in die Post, die an besondere Persönlichkeiten oder Institutionen feindlicher Dienste gerichtet war. An diesen geheimen Arrangements war unser Gefangener maßgeblich beteiligt; zudem nahm er mit den bereits vorhandenen Agentenstellen Kontakt auf und versorgte sie notfalls mit Geld. Er gab uns Adressen und Namen, darunter auch den eines Dr. Johannes Bernhardt, den man sich merken sollte, weil er noch einmal vorkommen wird. Dr. Bernhardt war ein Vertrauensmann Görings, dem im Dritten Reich der sogenannte Vierjahresplan – ein Plan der wirtschaftlichen Produktion und Koordination – unterstellt war, und war angeblich nach Spanien gekommen, um sich dort Schürfrechte zu erwerben. Nebenher war er jedoch intensiv politisch tätig und unterhielt einen eigenen Nachrichtendienst.

Gegen Ende des Krieges ging unser Mann mit einer großen Summe Geldes zum letzten Mal nach Spanien – mir ist ein Betrag von 15 Millionen Goldmark im Ohr, aber ich will mich darauf nicht festlegen – die einem in die Zukunft weisenden Projekt zugedacht waren. Anscheinend hatte die deutsche Generalität, die längst wußte, daß der Krieg verloren war, beschlossen, in Spanien den Nukleus eines Militärstabes zu gründen, der die Zeit der totalen deutschen Wehrlosigkeit überbrücken und bei einer zu erwartenden Wiederaufrüstung zur Verfügung stehen sollte, um die Kontinuität des militärischen Denkens und Planens zu wahren und vor allem eine schnelle Einsatzfähigkeit gegen Rußland zu garantieren. Weiteres wußte unser Gefangener allerdings nicht zu sagen, auch nicht, wie dieser Nukleus besetzt werden sollte und ob er je zustandekam. Interessant scheint mir, daß der Generalstab mit einer Wiederaufrüstung in absehbarer Zeit rechnete – und rechnen konnte – (und daß ein späterer deutscher Verteidigungsminister sich so kräftig zu Spanien hingezogen fühlte). Aber die Rechnung, daß man jeder Regierung ein Heer aufschwatzen kann, selbst wenn der Chef in einem Augenblick göttlicher Vernunft gelobt hatte, daß nie wieder ein Deutscher als Soldat Waffen tragen wird, geht offenbar immer auf.

Unser Informant war eine imponierende Erscheinung, groß, schlank, wortgewandt, manierlich, interessant. Gewiß hatte er die Züge eines Galgenvogels, aber doch nicht so sehr, daß er damit in einer Versammlung von internationalen Industriemagnaten aufgefallen wäre. Seine Anwesenheit im Zuchthaus mußte geheimgehalten werden; er ging nicht mit den anderen Gefangenen auf den Hof oder zum Essen, und wenn er zu mir oder von mir weggeführt wurde, mußten sich die anderen Gefangenen, die gerade unterwegs waren, mit dem Gesicht zur Wand drehen.

Er gab mir seine Informationen vorbehaltlos und ohne Zögern, obwohl ich ihm für die Zukunft keine Garantien bieten konnte. Er sagte, wie sich bei einigen Stichproben herausstellte, sachlich die Wahrheit; daß er in persönlichen Dingen gelogen haben mag, sollte mich nicht überraschen, obwohl er sicher kein Mensch war, der zur Gewalt griff, wenn er nicht unbedingt – nach seinem Verhaltenskodex – mußte. Er hatte sein Schicksal an das der Amerikaner geknüpft und arbeitete für uns so loyal wie für die anderen Auftraggeber – bis sich eine andere und bessere Chance eröffnen sollte. Er lieferte uns einige seiner früheren Mitarbeiter aus, indem er mit ihnen Verabredungen traf, an deren Ort sie von den Amerikanern verhaftet wurden – er war dabei selbstverständlich außer Sicht. Wir ließen ihn dafür frei, denn wir waren sicher, daß er nicht davonlaufen würde;

es ging diesmal nicht um seine wirtschaftliche Existenz, sondern um sein Leben. Wir vertrauten ihm, weil wir seinem pragmatischen Kalkül vertrauen konnten.

Er hat nicht geweint. Er hatte kein Gefühl der Schuld. Er bedauerte nichts. Er war kein tragischer Bösewicht, weil er den Gewissenskonflikt nicht kannte. Er war nicht ohne Empfindung, aber der Begriff der Moral war ihm fremd. Er war, soweit ich das feststellen konnte, weder hämisch noch rachsüchtig. Er sprach von seinen Feinden mit Anstand, besonders wenn er sie besiegt hatte. Aber er kannte nur die Nummer Eins: sich selbst. Und er war sicher, daß es sich um ihn lohnte.

In der Erinnerung ist er mir sympathischer als diejenigen Bösewichter, die sich als große Immoralisten stilisierten und doch nicht anderes taten, als ihre Unzulänglichkeit zu kompensieren. Von ihnen wird noch ausführlich die Rede sein.

Man hörte damals zum ersten Mal das Wort von der »Inneren Emigration«. Es war oft ein polemisches Wort, nicht etwa ein Wort der Bescheidung. Dann versuchte es, gegen diejenigen aufzutrumpfen, die Deutschland verlassen hatten und in die Äußere Emigration gegangen waren. Es enthielt eine deutliche Spitze gegen Thomas Mann, der aus der »Sicherheit seines Exils«, wie es genannt wurde, Reden an die deutsche Nation hielt und die Deutschen zum Widerstand gegen den hitlerischen Terror aufforderte. Es schmeckte durchaus ein wenig nach dem »Seht, wir Wilden sind doch bess're Menschen« und beanspruchte, den Nationalsozialismus besser bekämpft zu haben als alle Versuche die von außen kamen. (Damit will ich jedoch sicher nicht den vielen zu nahetreten, die wirklich in eine innere Provinz emigrierten, in der sie der Korruption des Nationalsozialismus trotzten. Ihnen gilt meine große Verehrung.)

Dem entgegengesetzt war eine wilde Partei, die mit dem trutzigen Bekenntnis »Natürlich sind wir alle schuld« tatsächlich gewillt war, allen, d. h. dem ganzen Volk Schuld zu geben – außer sich selber. Denn mit einem solchen Geständnis, das vom Volk nie akzeptiert werden kann, macht man sich selber zur Ausnahme. Wir trafen einige dieser Exemplare, die sich stolz als Anti-Nazis auswiesen, aber bei näherem Hinsehen eine eher komische als tragische Vergangenheit aufzuweisen hatten. Der erste Professor zum Beispiel, der an der Universität Heidelberg aus dem Amt gejagt wurde, hatte sich diesen Rausschmiß nicht dadurch eingehandelt, daß er eine weithin sichtbare politische Tat beging, sondern er hatte in kleinem Kreise einen unzeitgemäßen Witz gemacht. Er neigte zum Bonmot und hatte es auch diesmal nicht unterdrücken können. Es geschah in seinem Institut während einer Führerrede. In dem Kreis, der ihm sonst treu ergeben war, muß ein Denunziant gesessen haben, der ihn verriet. Aber niemand war imstande, sein Abtreten als besonders heroisch zu empfinden. Allein nach zweiundzwanzig Jahren hatte es sich für ihn heroisiert. Er plädierte gnadenlos für die Kollektivschuld.

Ein sonderbares Exemplar dieser Zwielichtigkeit von Innerer Emigration, Kollektivschuld und individueller Schuldlosigkeit begegnete uns in der Person eines Münchener Publizisten. Sein Name war uns nicht fremd. Er gehörte zu einem Kreis, der einen Teil der Jugend für den Nationalsozialismus abgerichtet hatte, obwohl sich dieser Kreis sorgfältig von Hitler und seiner Bewegung distanzierte. Aber wie die Jugendbewegung, wie Oswald Spengler, wie Moeller van den Bruck, wie die damals aufkommenden Nationalbolschewisten war er national und sozialistisch, sprach einer konservativen Revolution das Wort, sprach von Volksgemeinschaft, Boden, Stamm, Sippe, Familie, dem Heiligen Vaterland, Führertum, Mythos und Mystik. Natürlich spielte das Reich eine Rolle, das von einer Gruppe, die sich »Neuer Nationalismus« nannte, zum Mittelpunkt Gottes erhoben wurde, und als dessen untrügliche Kennzeichen »Innerlichkeit und Macht« genannt wurden. Der Nationalsozialismus hatte es kurz danach nicht schwer, die auf diese Begriffe eingeschworene Jugend durch seinen Aktivismus zu sich herüberzuholen und den Publizisten dieser Kreise nur ein wenig das Vokabularium zu korrigieren. Sie bildeten für den Nationalsozialismus eine völlig ungefährliche und sehr geschätzte Opposition.

Der Mann in Frage war später der Chefredakteur einer verbreiteten Münchener Tageszeitung gewesen. Seiner Versicherung, daß er niemals Nationalsozialist gewesen ist und daß ihm die nationalsozialistische Mentalität zuwider war, konnte man bedingt Glauben schenken. Ebenso brauchte man nicht daran zu zweifeln, daß Leser, die dem Regime kritisch gegenüberstanden, in seinem Blatt Informationen fanden, die, wie man es damals nannte, zwischen die Zeilen geschrieben waren und weit mehr verrieten, als mit Worten gesagt war. Das ist eine bekannte journalistische Kunst, die immer dann zur Blüte gelangte, wenn die Meinungsfreiheit sowie die Freiheit der Information unterdrückt waren. Sie wurde zu Anfang des Nationalsozialismus fleißig geübt, wurde aber später mehr und mehr in eine Institution verwandelt, und zwar vom Propagandaminister selber. Die von ihm begründete, und in gewissem Sinne auch redigierte, Zeitung »Das Reich« bediente sich mit Vorliebe solcher Journalisten, deren kritische bis feindliche Einstellung zum Nationalsozialismus bekannt war, und gewährte ihnen eine weitgehende Aussagefreiheit. Damit war zweierlei erreicht: Man machte sich oppositionelle Publizisten dienstbar, indem man ihnen eine sorgfältig dosierte Aussagefreiheit zugestand und täuschte gleichzeitig das Volk, das diesen Namen liberaler oder sozialistischer Publizisten begegnete und daher glaubte, daß die Unterdrückung des Nationalsozialismus nicht so schlimm sein konnte, wie es allgemein behauptet wurde.

Selbstverständlich bedienten sich diese Journalisten fleißig des Tricks, ihre wahre Meinung »zwischen die Zeilen zu schreiben«. Damit führten sie der Zeitung viele neue Leser zu, die diese Artikel verschlangen, aber dabei notwendigerweise auch an die anderen Artikel gerieten, die unmittelbar aus der Mühle des Propagandaministeriums stammten. Gewinn und Verlust hielten sich bei diesem Vorgang wahrscheinlich ungefähr die Waage.

Unser Publizist war also Chefredakteur einer bedeutenden Münchener Zeitung. Er druckte, wie alle anderen Chefredakteure, was er mußte, weil es ihm vom Propagandaministerium als Auflage angedient wurde. Nebenher druckte er, wenn man seinen eigenen Angaben glauben darf, das was er wollte, allerdings in der sorgfältig verklausulierten Form, die einzig in einer Diktatur möglich und gestattet war. Offenbar war er besonders erfolgreich, der nationalsozialistischen Regierung Sand in die Augen zu streuen, denn eines Tages wurde er wegen seiner publizistischen Verdienste zum Offizier der SS ehrenhalber ernannt.

Die Aufnahme in die SS war für einen kritisch gesinnten Publizisten vermutlich ein Geschenk, das er mit gemischten Gefühlen annahm. Die Ernennung zum Offizier der SS, und mochte sie auch nur ehrenhalber erfolgt sein, müßte unser Chefredakteur als vernichtenden Schlag empfunden haben. Denn sie war entweder ein offener Hohn, oder ein so grausames Mißverständnis, daß einem Journalisten Zweifel an der Wirksamkeit seiner Arbeit kommen mußten. Daß außerdem sein Image bei den Lesern, die bis dahin vielleicht wirklich an seinen Widerstandsgeist geglaubt hatten, nachhaltig geschädigt wurde, ist zumindest nicht auszuschließen.

Der Publizist teilte unsere Bedenken nicht, die wir ihm vorhielten; er sei seiner Leser sicher gewesen, sagte er; bei denjenigen, die ihn ohnedies nicht verstanden hätten, sei sein Einfluß gefestigt worden, er hätte das Ganze als eine durchaus nützliche Farce aufgefaßt und hätte sonst von seinem Titel in keiner Weise Gebrauch gemacht. Das klang ganz schön, nur konnten wir nicht glauben, daß die SS einen ihrer Ehrenoffiziere so leichten Kaufs davonkommen ließ. Wieder sahen wir uns einem der Rätsel gegenüber, die sich im nationalsozialistischen Staat so häufig ergaben.

Mit diesem Publizisten hatte es noch eine andere Bewandtnis. Er behauptete, er habe in der letzten Zeit, einige Monate vor dem Zusammenbruch des Nazireiches, eine Reihe von Berichten geschrieben, die der Aufklärung der allerhöchsten Stellen dienen sollten. Diese Berichte waren außerordentlich kritisch. Sie schilderten den Zustand der Nation, der verzweifelt war, sie beschrieben die Stimmung des Volkes, das des Nationalsozialismus müde war und das Ende herbeisehnte, sie sprachen von der korrupten Partei und ihren Organisationen, sie machten ziemlich radikale und unverblümte Vorschläge, wie diese Mißstände zu steuern seien.

Die Berichte waren dazu bestimmt, an die höchste Stelle zu gelangen. Es gab einen Instanzenweg im Reichssicherheitshauptamt, der entweder über Schellenberg zu Himmler oder über Kaltenbrunner zu Hitler führte. Ich bin nicht mehr sicher, zu welchem dieser beiden die Berichte gelangen sollten. Jedenfalls war der Weg vorbereitet, und es schien, als könne nichts mehr schiefgehen. Sie sind dann allerdings nicht mehr zu dem vorgesehenen Adressaten gelangt. Der Zusammenbruch kam zu schnell.

Der Publizist vernichtete seine Berichte, indem er sie in einen der bayerischen Seen warf. Wir befragten ihn eingehend nach dem Inhalt, nicht nur, weil uns interessierte, was er zu sagen hatte, sondern weil die Berichte tatsächlich aus dem See gefischt worden waren und dem amerikanischen Nachrichtendienst vorlagen. Wir konnten auf diese Weise feststellen, daß wenigstens in dieser Beziehung die Angaben unserer Quelle stimmten.

Was diese Berichte aber wirklich bezwecken sollten, war uns immer noch nicht klar. Wenn sie eine schonungslose Darstellung der obwaltenden Verhältnisse zum Inhalt hatten, so erzählten sie nichts Neues. Die Geheime Staatspolizei hatte im ganzen Reichsgebiet Vertrauensleute, die keineswegs dem Nationalsozialismus anzugehören brauchten, ja manchmal eigens aus oppositionellen Kreisen rekrutiert worden waren, um über die Stimmung der Bevölkerung genauestens Aufschluß zu haben. Diese Leute mischten sich nach Bombenangriffen oder sonstigen Katastrophen und Pannen, aber auch nach besonders einschneidenden Gesetzen und Maßnahmen unter die Betroffenen, um das »Klima«, die Redensarten, die tätigen Reaktionen sorgfältig aufzuzeichnen und an die Zentrale zu berichten. Man war sich daher zumeist über den Geist und den Willen der Bevölkerung durchaus im klaren. Übrigens gestand man den Opfern von Bombenangriffen oder sonstigen Unglücksfällen und -nachrichten eine weitgehende »Meckerfreiheit« zu.

Ob sich die obersten Führer – entweder Himmler oder Hitler – durch solche Berichte, selbst wenn sie von einer hohen oder höchsten Warte gesehen waren, in ihrem Tun beeinflussen lassen würden, war außerordentlich zweifelhaft. Hitler war solchen Meldungen nicht zugänglich, denn das Volk war ihm längst gleichgültig geworden; er dachte nur noch an seine »Mission«, deren Erfolg er unbeirrt für unabwendbar hielt. Er gehörte nicht zu den Menschen, die sich durch Tatsachen beeindrucken ließen. Er hatte oft gegen sogenannte »Tatsachen« gehandelt und dabei die Oberhand behalten.

Himmler begann allerdings gegen Ende des Krieges einige Tatsachen zu begreifen. Er hatte sich auch schon seine Rolle gewählt, indem er Hitler unbekümmert preisgab. Aber er war als Innenminister, als Chef des Reichssicherheitshauptamtes, Leiter der Reichspolizeiorganisationen und Führer der politischen und der Waffen-SS jedenfalls auf das beste unterrichtet.

Wir haben daher über die Natur und das Ziel dieser Berichte gerätselt. Waren sie tatsächlich nur als Kritik gemeint und sollten sie die oberste Führung das Fürchten lehren? Enthielten sie nicht zu gleicher Zeit auch eine Empfehlung für kommende Zeiten? Waren sie ein Dienst für den Nationalsozialismus oder gegen den Nationalsozialismus? Diese Fragen machten uns zu schaffen. Auch bei diesen Berichten stand zuviel »zwischen den Zeilen«.

Wir waren uns immerhin einig, daß der Publizist ein Mann von hoher Intelligenz war. Ebenso einig waren wir in der Beurteilung, daß er von ungeheurem Ehrgeiz besessen war. Es fiel uns schwer, ihm zu trauen. Er wurde später von meinen Kollegen auf eine Reise durch Deutschland mitgenommen, war dabei aber auch so voller Kritik und nationalistischer Vorbehalte, daß er keinen guten Eindruck hinterließ. Ich habe ihn später wiedergetroffen, als er in der Bundesrepublik zu Amt und Ehren gelangt war. Er hieß Giselher Wirsing.

Zuletzt bleibt noch zu vermelden, daß wir auch einem Fachmann begegneten. Wie er in die schlechte Gesellschaft der goldenen Kragenknöpfler gelangt war, konnten wir nicht feststellen. Er war bis zum Zusammenbruch einer der hohen Kommunalbeamten in Köln gewesen und hatte trotz der furchtbaren Zerstörungen, der daraus resultierenden Verkehrsschwierigkeiten, der Ausfälle im Personal und der Versorgungsprobleme – womit nicht nur Wasser, Elektrizität, Gas usw., sondern auch die Lebensmittel gemeint sind – eine funktionierende Organisation aufrechterhalten können. Ob und bis zu welchem Grade er Nationalsozialist war, konnten wir mit Sicherheit nicht sagen. Die Angaben, die die Befragten selbst darüber machten, waren oft nicht glaubhaft, und wir waren nicht immer in der Lage, sie nachzuprüfen. Wenn er jedoch Nazi gewesen war, so war ihm anscheinend die Parteizugehörigkeit kein Kriterium für ausreichende Fähigkeiten oder moralisches Niveau. Er gab uns ein ziemlich umfassendes Bild der Kölner Kommunalverwaltung. Seine Urteile über die leitenden Beamten waren knapp, präzise und einleuchtend. Er unterschied nicht zwischen Parteigenossen und Nicht-Parteigenossen, sondern ohne Ansehung irgendwelcher Zugehörigkeiten nach Fähigkeit, Tüchtigkeit und Wissen.

Er hatte in der Zeit seiner Gefangenschaft bereits einen Organisationsplan ausgearbeitet, wie man in Köln wieder ein rudimentäre Stadtverwaltung einrichten und aus welchen Quellen man sie notdürftig finanzieren könnte. Er gab zu, daß er sich nicht scheuen würde, Nationalsozialisten in seinen Dienst zu nehmen, wenn er von ihrer Fähigkeit und ihrer Erfahrung überzeugt sei. Wir nahmen ihn einmal mit nach Köln, um uns an Ort und Stelle davon zu überzeugen, wie man eine neue Stadtverwaltung dort einrichten könnte; allerdings wurde diese Unternehmung durch das überhebliche Gebaren eines unserer Offiziere nachhaltig gestört und verlief ergebnislos. Zudem war Köln der britischen Zone zugeteilt, in der die Amerikaner keine Entscheidung treffen konnten. Jedenfalls hatten wir einen Mann kennengelernt, der in der Zeit seiner Gefangenschaft nicht sein Schicksal beweinte oder sich bemitleidete, sondern schon ganz mit dem Aufbau beschäftigt war, an dem er nach Möglichkeit mitwirken wollte. Wir haben seinesgleichen sonst nicht erlebt.

Wir haben seinesgleichen nicht unter unseren Gefangenen erlebt. Später, als der Krieg vorbei war und die Bevölkerung zum ersten Mal die Trümmer sah, in denen sie schon seit geraumer Zeit wohnte, als man den Hunger spürte, der während der Dauer des Krieges einen Sinn gehabt hatte, fand ich andere Männer, die sich darum bemühten, das wenige, das geblieben war, zu sammeln und konstruktiv einzusetzen.

Einer war Bankier, wohl der fähigste Kopf in seinem Fach und ein Mann von bedeutendem Einfluß. Natürlich stand ihm seine Vergangenheit im Wege, denn die Amerikaner wollten es tunlichst vermeiden, Handlanger des Nationalsozialismus in führende Stellungen einzusetzen. Das war unzweifelhaft ein Denkfehler: Ein fähiger und ehrgeiziger Mensch konnte es sich nicht leisten, die besten Jahre seines Lebens in einem inneren oder äußeren Exil zu verwarten. Das Individuum ist dazu verdammt, seine vitalen Gaben unverwechselbar zu verwirklichen und dabei seine Seele nach Möglichkeit zu salvieren. Je größer die Fähigkeit war und je prominenter der Mann, desto stärker war auch der Druck der Partei und des Staates, an dem öffentlichen Geschehen mitzuwirken. Der Drang, sich zu betätigen, kann von so vitaler Notwendigkeit sein, daß der Verzicht dem Tode gleichkommt.

So auch dieser Bankier. Es war ihm nicht gegeben, in die zweite Reihe zu treten. Unzweifelhaft hatte er dem Nazireich große Dienste geleistet. Unzweifelhaft kann man ihn dafür verurteilen. Sicher hatten die Amerikaner recht, ihm den Posten eines Finanzministers zu verweigern. Aber die wahren Fachkenner ohne eine Vergangenheit im Dienst der nationalsozialistischen Sache waren damals dünn gesät.

Der andere war Jakob Kaiser, der sich in Berlin bemühte, gegen die Ostberliner Sozialistische Einheitspartei die Christlich Demokratische Union zu gründen – die allerdings mit dem heutigen Gebilde gleichen Namens wenig zu tun hatte. Er bemühte sich um den physischen, moralischen und politischen Aufbau, ein hagerer, hungernder Mann, der damals mit Hilfe der Gewerkschaften den Aufbau eines christlich-sozialen Staates anstrebte. Er glaubte fest an die Wiedervereinigung und war bereit, sie zum Mittelpunkt der gesamten deutschen Politik zu erheben. Damit ist er in der eigenen Partei gescheitert. Er war frei vom nationalsozialistischen Miasma und hatte Schweres durchgemacht. Aber man konnte ihn nicht brauchen. Seine Partei hatte anderes im Sinn und verbannte ihn an die Peripherie. Er ist als enttäuschter und verbitterter Mann gestorben.

Mit einem mächtigen Streiter wider den Nationalsozialismus und dessen Wahrheitsanspruch, dem protestantischen Bischof Wurm, möchte ich dieses Kapitel beschließen. Wir besuchten ihn in seiner Stuttgarter Behausung und fanden einen Mann in den hohen Siebzigern, aber noch von riesigem Wuchs und ungebeugtem Geist. Nun blickt zumal der schwäbische Protestantismus auf eine Tradition von streitbaren Theologen zurück, die Gott fürchten und sonst nichts. Bischof Wurm schien zu diesen furchtlosen Kämpfern zu gehören. Er erzählte von seinen Zusammenstößen mit der Nazipartei, von dem Druck, der auf ihn und seine ihm treu ergebene Gemeinde ausgeübt wurde; er brachte unermüdlich Schriften und Predigten herbei, die während der Naziherrschaft, und besonders während des Krieges entstanden waren. Er gab uns auch die Adresse eines Mitstreiters, der nun in Besigheim eine Pfarrei hatte, und den wir anschließend besuchten.

Hier merkten wir, was ich schon früher erwähnt habe, daß die Kirche noch im Besitz einer Sprache war, die sich unverfälscht durch die sprachkorrumpierende Zeit des Nationalsozialismus gerettet hatte. Deshalb waren die Kirchen damals voll und ihre Lehre war sinnvoll und geistig richtungweisend. Das hatte der Bischof gespürt und deshalb den Nationalsozialismus mit dem Wort Gottes konfrontiert. Bei dieser Konfrontation konnte er, wie er uns erzählte, beweisen, wie hohl und abgedroschen das Vokabularium war, das man damals Goebbels aus der Hand und aus den Massenmedien fraß. Von den Kirchen erwartete man sich gleich nach dem Kriege die Erneuerung. Bischof Wurm glaubte fest daran.

5 Generäle

Im »Zauberberg« läßt Thomas Mann den Humanisten und Demokraten Settembrini sagen: »Die soldatische Existenz ist geistig indiskutabel, denn sie ist rein formal, an und für sich ohne Inhalt, der Grundtypus des Soldaten ist der Landsknecht, der sich für diese oder auch jene Sache anwerben ließ ... Lassen Sie mich über den Soldaten reden, wenn ich weiß, *wofür*, er sich schlägt.«

Die Antwort des Jesuiten, Terroristen und jüdischen Dialektikers Naphta lautet darauf: »*Daß* er sich schlägt, bleibt immerhin eine greifbare Eigentümlichkeit seines Standes, lassen wir das gut sein. Es ist möglich, daß sie nicht hinreicht, diesen Stand in Ihrem Sinne ›geistig diskutabel‹ zu machen, aber sie rückt ihn in eine Sphäre, worein bürgerlicher Lebensbejahung jeglicher Einblick verwehrt ist.«

Wahrscheinlich muß man tatsächlich den Beruf des Soldaten mystifizieren, um ihn überhaupt diskutabel zu machen. Daß er zu einer Zeit, als die Eroberung den ethischen Gehalt noch in sich selber trug, einen Sinn gehabt haben mag, will ich nicht bestreiten. Daß dann, wenn der Feldherr zugleich der Politiker war – in diesem Falle wohl meistens der König oder umgekehrt der König der Feldherr –, eine Einheit zwischen Kriegsführung und Kriegsziel bestand, hat ebenfalls einen gewissen Sinn und trägt die Rechtfertigung in sich. Seit sich jedoch Staatsführung und Kriegsführung säuberlich getrennt haben – oder vielleicht nicht gar so säuberlich, sondern manchmal auch recht unsäuberlich – ist das Militär in der Tat von fast jedem Gesichtspunkt indiskutabel geworden.

Es schlug sich auch für den nationalsozialistischen Staat. Es schlug sich, wie viele Menschen berichten, die den Ausbruch des Krieges in Deutschland miterlebt haben, nicht mit Begeisterung, aber mit überlegenem Einsatz und glänzendem Erfolg.

Hitlers Generäle hatten angeblich den Krieg nicht gewollt. Als im Jahre 1938 bereits Kriegsgefahr drohte, hatten sich einige sogar zu einer Verschwörung zusammengefunden, die

Hitler im Falle des Kriegsausbruchs entweder unschädlich machen oder aus dem Wege räumen sollte. Diese Verschwörung wurde durch das Münchener Abkommen von 1938 hinfällig. Vielleicht haben damals die Generäle den Elan verloren, weil schließlich der Erfolg auch ein Argument ist, dem die Soldaten sehr zugänglich sind. Zudem fühlte sich der Generalstab, der im 100 000-Mann-Heer des Weimarer Staates offiziell nicht existiert hatte, wohl auch aufgewertet, weil auf einmal wieder ein Heer vorhanden war, gerüstet wurde, Beförderungen in Aussicht standen, alles das, was sich ein General wünschen oder erträumen kann, auf einmal im Überfluß vorhanden war und deshalb ein neues goldenes Zeitalter anzubrechen schien.

Wäre der Generalstab damals etwas anderes gewesen als eine Ansammlung von rein formalen Existenzen, dann hätte er vielleicht gemerkt, daß Hitler kein geeigneter Bundesgenosse war. Gewiß war es in der Geschichte vorgekommen, daß Emporkömmlinge sich zu hervorragenden Heerführern gemausert hatten, und vielleicht hatte der Generalstab, wie so viele andere Politiker und Militärs den Eindruck, daß er Hitler kontrollieren konnte, wenn der Ernstfall eintrat. Aber wahrscheinlich war die Erhörung sämtlicher militärischer Gebete, die die Militärs seit 1918 inbrünstig zum Himmel geschickt hatten, – denn Generäle sind von jeher gute Christen, lieben ihre Feinde und vermeiden nach Möglichkeit das Töten, halten aber vermutlich insgeheim Jesus Christus für einen Schlappschwanz – eine schier unwiderstehliche Versuchung.

So kam jedenfalls Hitler zu seinen Generälen, und die Generäle kamen zu Hitler. Hier müßte nun ein Exkurs gestattet sein, was so ein General eigentlich ist.

Er ist ein Mann, der viele militärische Tugenden in sich vereinigt. Er ist ein Mann von Ehre und von Tapferkeit. Er übt das Befehlen aus, weil er das Gehorchen gelernt hat. Er beherrscht sein Handwerk, d. h. er weiß, wie man Truppen und Waffen bewegt und wie man zur entscheidenden Stunde mehr Feuerkraft an einer bestimmten Stelle vereinigt hat als der Gegner. Er liebt sein Vaterland und wird von seiner Truppe geliebt. Die Sache, für die er kämpft, ist gerecht, weil er dafür kämpft.

Von all dem stimmt kein Wort. Hitlers Generäle hatten keine Ehre, denn sie wußten genau, daß sie in einem unehrlichen Krieg kämpften und daß alle Siege die Schande nicht abwaschen konnten, die sie auf sich luden. Was die Soldaten, die sie in die Schlacht führten, nicht wissen konnten, wußten sie zur Genüge: daß sie in einem Unternehmen eingesetzt waren, das der militärischen Ehre Hohn sprach. Und spätestens ab 1942 wußten sie außerdem, daß der Krieg nicht mehr gewonnen werden konnte. So heimsten sie, um der Ehre willen, Orden und »Ehrenzeichen« ein, aber ihre Seele hatten sie längst verkauft.

Ein General hat keinen Mut. Er hat sich wahrscheinlich in früheren Jahren einmal als Führer bewährt und vielleicht sogar eine Schlachtsituation zugunsten der eigenen Waffen entschieden, aber je höher der Offizier steigt, desto weniger ist er gewillt und imstande, sich darüber zu informieren, wie seine Truppe lebt und wie sie leidet. Wenn irgendwo – und sei es in der Nähe der Front – ein General angesagt wird, so fängt man an zu putzen, fängt an, Fassaden aufzubauen, fängt an, Sand aufzuhäufen, den man dem General in die Augen streuen kann. Man macht ihm etwas vor. Der General weiß das. Der General wünscht das. Er braucht diesen Schutzwall von Sauberkeit, Gepflegtheit, Ordnung, Sitte und frohem Mannschaftsgeist zum eigenen Wohlbehagen. Deshalb wird sein Besuch immer sorgfältig vorbereitet. Er wäre sehr empört, wenn man ihm den Zustand der Truppe so zeigte, wie er wirklich ist. Die Wirklichkeit stört ihn. Ihr ins Auge zu sehen, ist er zu feige.

Das beste Beispiel dafür war der amerikanische General George Patton. Er war ein Bramarbas und Eisenfresser. Er trug immer zwei mit Perlmutt beschlagene Pistolen bei sich. Er gebrauchte eine Sprache, die jedem offenbarte, daß er ein rechter Mann war. Er verstand den Krieg und sonst nichts. Oder glaubte zumindest, ihn zu verstehen. In einem Lazarett ohrfeigte er einen Mann, der unter Schock stand, weil er meinte, daß sich dieser vor dem Dienst an der Front drücken wollte. Als das erste amerikanische Team, das Kriegsgefangene verhören sollte, sich bei ihm meldete, was damals eine neue Einrichtung im amerikanischen Heer war, brüllte er sie an: »Ihr muttervögelnden Schwanzlutscher, macht, daß ihr an die Front in die Schützengräben kommt und kämpft!« Er untersagte dem begabten Karikaturisten Bill Mauldin, die Soldaten, die dem

Feind im Einsatz gegenüberlagen, mit Bartstoppeln darzustellen, weil der Soldat selbst im Einsatz gehalten sei, sich jeden Morgen zu rasieren. Bill Mauldin war zwar nur Corporal, aber er widersetzte sich. Es war General Eisenhowers großes Verdienst, daß er die beiden zusammenbrachte, und ihnen sagte, Rang spiele hier keine Rolle, beide sollten ihre Meinung so sagen, wie sie sie verstünden. Worauf Bill Mauldin dem Herrn General Patton erklärte, er habe wahrscheinlich in seinem Leben noch keinen Soldaten gesehen, der im Einsatz gewesen sei, sonst wüßte er, wie er aussehe. Patton hatte bei seiner Armee den Spitznamen »Old Blood and Guts«, etwa »Old Blut und Nerven«. Die Soldaten seiner Armee sagten: »Unser Blut, seine Nerven.« Bloß wo das Blut floß, strapazierte er seine Nerven nicht.

In seinem Besatzungsgebiet wurden fleißig alte Nazis eingesetzt. Sie kannten die Routine der Verwaltung, und sie standen ihm geistig nahe. Ruhe, Ordnung und Unterwerfung – schon damals mächtige Beschwörungswörter – waren durch sie garantiert. »Der Unterschied zwischen Nazis und Antinazis ist etwa der gleiche wie der zwischen den amerikanischen Republikanern und Demokraten«, meinte Patton und faßte damit sehr säuberlich zusammen, was er von der Demokratie verstand. Er hatte das Glück, auf der falschen, d. h. der amerikanischen Seite zu dienen, sonst hätte man ihn nach den Nürnberger Prozessen gehängt.

Liebte er seine Soldaten? Er hat sie unbarmherzig geopfert und schikaniert. Wurde er von den Soldaten geliebt? Trotz der Legenden, die sich um ihn rankten und für deren Verbreitung er Sorge trug, verabscheuten sie ihn. Der Tag, an dem er auf der Autobahn tödlich verunglückte, war für die Dritte amerikanische Armee ein Freudentag.

Hat der General das Befehlen gelernt, weil er zuvor das Gehorchen gelernt hat? Diese Verbindung ist ein wenig zu einfach. Ungehorsam kann schöpferisch sein, und würde demnach zu schöpferischen Befehlen führen. Die preußische Geschichte zumal kennt Beispiele von schöpferischem Ungehorsam. General Yorck hat am Neujahrstag 1814 gegen den ausdrücklichen Befehl seines Königs mit den Russen einen Pakt geschlossen, der die preußischen Truppen gegen Napoleon dem russischen Oberbefehl unterstellte. Er hat dadurch sein Land von der napoleonischen Herrschaft befreit. Und eins der größten deutschen Dramen, Heinrich von Kleists »Prinz von Homburg« feiert den schöpferischen Ungehorsam, obwohl durch den fast anarchischen Elan der Begeisterung die Gesetze hinfällig und die Befehle gegenstandslos werden. Der schöpferische Ungehorsam ist eine ethische Entscheidung und hat nichts mit Eitelkeit und Ruhmsucht zu tun.

Wie aber stand es in folgendem Fall? Ein gewisser General de Gaulle – man sieht, ich vergreife mich nicht an den »kleinen« Generälen – war dabei, als sich die alliierten Truppen im August 1944 Paris näherten. Zu den alliierten Truppen gehörte nämlich eine französische Division, die zweite Panzerdivision. Sie bestand ausschließlich aus Franzosen, die sich de Gaulles Bewegung des »Freien Frankreich« angeschlossen hatten und bereit waren, für die Befreiung Frankreichs zu kämpfen. Ihre Ausrüstung jedoch, bis zum letzten Gewehr, bis zur letzten Schraube und dem letzten Uniformknopf, bis zum letzten Schnürsenkel, war amerikanisch. Die Division war Bestandteil eines amerikanischen Armeekorps, unter dem Befehl von General Gerow.

Der zweiten französischen Panzerarmee war die Ehre zugedacht, als erste in Paris einzurücken und dort die eigentliche Befreiung zu vollziehen.

Warum sie nicht als erste in Paris einrückte, sondern statt dessen die siebente amerikanische Infanteriedivision, ist eine Geschichte für sich. Jedenfalls ließ man sie als erste den Stadtkern von Paris erreichen, wodurch zumindest der Schein gewahrt blieb.

Die Eroberung von Paris war jedoch kein militärisches Ereignis. Die Stadt fiel kampflos, der sehr sporadische Widerstand hatte lediglich symbolischen Charakter. Der deutsche Stadtkommandant war sich längst mit den französischen Widerstandsautoritäten darüber einig, daß keine Kämpfe stattfinden dürften, die das Bild der Stadt zerstörten und Paris in einen Trümmerhaufen verwandelten. Er handelte dabei in direktem Widerspruch zu einem Führerbefehl, daß alle Brücken zerstört, alle öffentlichen Gebäude gesprengt und die Stadt nach Möglichkeit unbewohnbar gemacht werden sollte. Man sollte diesen Akt des schöpferischen Ungehorsams nicht vergessen – wie ihn auch die Franzosen nach einer Periode der Besinnung nicht vergessen haben.

Jedenfalls wollten die alliierten Streitkräfte in Paris nicht verweilen. Die Deutschen waren auf der Flucht, sie mußten verfolgt werden. General Gerow berief daher die Divisionskommandeure zu einer Besprechung und teilte ihnen mit, daß die Verfolgung sofort wieder aufzunehmen sei.

General de Gaulle war damals allerdings nicht mehr Divisionskommandeur, sondern Staatschef. Er ließ daher durch General Leclerc mitteilen, er könne seine Division dafür nicht hergeben. Er beabsichtige, sagte er, mit seinen Truppen in Paris eine Siegesparade zu veranstalten und könne sie daher für die Verfolgung der Deutschen nicht zur Verfügung stellen. Der Hinweis, daß die zweite französische Panzerdivision ein Bestandteil der alliierten Streitkräfte sei und dem Kommando des 5. Armeekorps unterstehe, verfing nicht. De Gaulle sagte dem Sinne nach: »Ich habe Ihnen meinen General« (der Division, die, wie gesagt, ihre Existenz amerikanischer Großzügigkeit verdankte) »einen Augenblick ausgeliehen, fordere ihn aber nunmehr wieder zurück.« Als General Gerow in einiger Erregung erklärte, Leclerc verdiene, daß man ihn wegen Ungehorsam an die Wand stelle, erwiderte dieser ziemlich von oben herab: »Da Sie nicht die Macht haben, mich an die Wand zu stellen, warum erwähnen Sie es dann?«

Also machte de Gaulle seine Siegesparade über die Champs Elysées in Paris, und seine Division fehlte mit ihrer Feuerkraft bei der Verfolgung der Deutschen. Zugegeben, daß de Gaulle ein extremer Fall ist, dessen Sinn für den Gehorsam besonders unterentwickelt war. Aber die Überbewertung von Ruhm und Glorie, die den militärischen Führern eingeimpft ist, und bisher auch die gesamte Geschichtsbeschreibung beherrscht hat, macht diese Art des Ungehorsams typisch. Befehl und Gehorsam stehen zueinander nicht im Verhältnis einer Funktion. Die größere Befehlsgewalt korrumpiert, so wie die Macht korrumpiert. Die wenigen, die sich dieser Korruption entziehen, sind zu zählen.

Liebt die Militärführung das Vaterland? Hält sie ihm die Treue? Dient sie dem Volk? Wenn sie es tut, so tut sie es auf besondere Weise. Die deutsche Militärführung wußte spätestens am Anfang des Jahres 1943, daß der Krieg verloren war. Das haben mir unzählige Generäle, Marschälle und Admirale bestätigt. Und diejenigen, die es damals noch nicht glaubten, mußten es im Juni 1944 erkannt haben, als die Invasion der westalliierten Truppen gelang, der Atlantikwall durchbrochen wurde und Frankreich anfing, verloren zu gehen. Was tut die Militärführung in einem solchen Falle? Versucht sie den Tatsachen Rechnung zu tragen, um den physischen Bestand des Vaterlandes, das Volk, zu retten? Sie tut nichts dergleichen. Sie läßt das Volk verbluten, sie sieht tatenlos zu, wie die Städte, die Industrieanlagen, Kulturdenkmäler, wie die ganze Substanz der Nation zugrundegeht und führt mit einem zynischen Achselzucken den aussichtslosen Krieg weiter bis zum gallenbitteren Ende. »Na schön, verheizen wir noch ein paar Divisionen«, pflegte ein prominenter General des Stabes zu sagen, wenn er aus Hitlers Lagebesprechung herauskam, in der den Truppen wieder unerfüllbare Aufgaben abverlangt worden waren. Was ist eine Division für einen General? Sie ist eine Recheneinheit. Daß das Material, das verheizt wird, Menschen sein könnten, und zudem Menschen des eigenen Volkes, mag einem General gelegentlich eingefallen sein, aber der Gedanke hat für ihn keine Relevanz. Wie heißt es bei Thomas Mann? »Der bürgerlichen Lebensbejahung ist jeder Einblick verwehrt.« Das einzige Leben, das die militärische Führung zu bejahen scheint, ist das eigene.

Auch dafür gibt es traurige Beispiele. Als im Sommer 1944 Cherbourg von den Amerikanern belagert wurde, ermahnte die militärische Führung ihre Soldaten, sich bis zum letzten Mann zu verteidigen und in den Stellungen auszuharren. Dann setzte sie sich von den Truppen ab und brachte sich in Sicherheit. Oder sie glaubte wenigstens, daß sie sich in Sicherheit befände; sie wurde jedoch von den Amerikanern ausgehoben und gefangengenommen.

Allerdings wußten die Amerikaner inzwischen von den einfachen Gefangenen, mit welcher Härte diese zum Ausharren und zur Verteidigung bis zum letzten Mann ermahnt worden waren. Sie ließen daher die gefangenen Offiziere an den Mannschaften vorbeimarschieren, erklärte diesen, wo man die militärische Führung angetroffen hatte und was es auf sich hatte, wenn die Mannschaften bis zum berühmten letzten Mann ihre Stellungen halten sollten. Die deutschen Gefangenen brachen in ein Hohngeschrei aus, das hoffentlich die Offiziere erschüttert hat. Aber wahrscheinlich glaubten sie, sich standesgemäß verhalten zu haben. Ich bin durchaus bereit, ihren Glauben zu teilen.

»Ein General, der in der Schlacht fällt, hat seinen Beruf verfehlt«, heißt es in dem Film »Fanfan le Tulipe«, und diese Sentenz scheint sich in den Generalstäben herumgesprochen zu haben.

War General MacArthur beliebt? Er, der gegen alle Warnungen kundiger Menschen seine Armee, die in Korea fast den Sieg errungen hatte, in eine Niederlage stürzte, die beinahe katastrophal ausgegangen wäre? Er, der, als er die Philippinen verlassen mußte, stolz verkündete: »Ich werde wiederkommen.« Und als er nach blutigen Kämpfen und Jahre später als Sieger die Philippinen betrat, sagte: »Ich bin wiedergekommen.« Wobei er geflissentlich die Truppen vergaß, die ihm das Wiederkommen erstritten hatten. Er war ebenso verhaßt wie die Befehlshaber, die in Vietnam einen Krieg führten, der nicht nur militärisch aussichtslos war, sondern auch der korrupteste, barbarischste völkervernichtendste Krieg, der unter dem Kriegsgeschrei der Demokratie geschlagen worden ist. Diese Generäle haben ihren Truppen nie etwas zuliebe getan, warum sollten sie also geliebt werden?

Generäle waren bei uns keine seltenen Gäste, je mehr sich der Krieg dem Ende zuneigte. Sie befanden sich in den großen Haufen von manchmal 90–100 000 Mann, die täglich als Gefangene eingeliefert wurden. Sie alle behaupteten, keine Nazis gewesen zu sein. Die Nationalsozialisten waren für sie Pöbel und hergelaufenes Volk. Die Frage, wie man sich für einen Staat schlagen kann oder das Heer eines Staates befehligen kann, der einem so zuwider ist, verstanden sie nicht. Ihre Aufgabe war es, die Soldaten das Töten und das Sterben zu lehren. Ihre Aufgabe und ihr Ruhm war es, Siege zu erfechten. Ob für Christus, Hitler oder den Teufel war ihnen gleichgültig. Aber auch als die Generäle des Teufels riefen sie Christus zum Zeugen an.

Fragte man sie nach der Führung des Krieges, hatten sie nur ein mitleidiges Lächeln. Sie hatten es von jeher besser gewußt. Sie sprachen von »Gefreitenstrategie« und versuchten auf diese

Weise, die Amerikaner gewissermaßen zu Mitverschworenen zu machen. Ich habe mich auf dieses Spiel nicht eingelassen. Ich habe ihnen ihre Erbärmlichkeit vorgehalten, mit der sie sich zum bereitwilligen Handlanger der Gefreitenstrategie gemacht hatten. Sie waren über meine Ansichten entsetzt. Was sie denn hätten tun sollen? fragten sie mich. Sie hätten doch unter dem Befehl gestanden. Sie hätten doch den Fahneneid geschworen.

Zum Fahneneid, der sie nicht nur auf den Führer, sondern auch auf das Vaterland verpflichtete, konnte man ihnen gratulieren. Er rechtfertigte anscheinend jede Schweinerei, die sie entweder begangen hatten oder geschehen ließen. Sie hatten als Männer von Ehre ihre Soldaten in den falschen Tod geschickt. Sie glaubten angeblich an nichts, verlangten aber von ihren Soldaten, daß sie alles glaubten. Wer nicht glaubte, und so unvorsichtig war, es auszusprechen, wurde erschossen.

Die Frage war aber meistens gar nicht: was glaubten die Generäle, sondern was wußten sie? Sie waren ja in den besetzten Gebieten des Ostens nicht nur für die Front verantwortlich, sondern auch für die Etappe. In der Etappe spielten sich die greulichsten Dinge ab. In der Etappe wüteten Himmlers Vernichtungskommandos und brachten, bevor noch das sogenannte Programm der »Endlösung« angelaufen war, Juden, Zigeuner und andere mißliebige Volksgruppen zu Tausenden und Hunderttausenden um. In der Etappe verkehrten später die Züge, die die Vernichtungslager mit Menschenmaterial speisten und die Schlote der Krematorien am Rauchen hielten. Auch sie fuhren durch besetztes Gebiet. Die Schienenstränge waren von deutschen Soldaten bewacht. Soll die Generalität, die die Gefreitenstrategie belächelte, die sich immer den Nationalsozialismus vom Leibe gehalten hatte, die großen Wert darauf legte, als fairer Gegner in einem fairen Krieg behandelt zu werden, von diesen wüsten Ereignissen nichts gewußt haben?

Wenn man sie darauf ansprach, zeigten sie dieselbe abwehrende Geste, die wir bei den weniger ausgezeichneten Gefangenen beobachtet hatten. Ja, sie hatten davon »munkeln hören« (das Wort »munkeln« hat vor kurzem im Prozeß gegen einen deutschen Staatssekretär eine ähnliche Rolle gespielt). Ja, es sind manchmal Berichte gekommen. Aber man hat sie nicht geglaubt. Was darin gestanden hat, hat die Vorstellungskraft überstiegen. Auf die Frage, ob sie keine Schritte unternommen hätten, um sich von der Wahrheit oder Falschheit dieser Berichte zu überzeugen, kam wieder die gleiche abwehrende Handbewegung: Nein, das habe man unterlassen. Schließlich sei es nicht ihr Ressort gewesen, und sie hätten sowieso nichts ändern können.

»Den Antisemitismus lehnten wir ab«, heißt es lapidar in den Memoiren des Großadmirals Dönitz. Er wird in der Marine nicht viel Gelegenheit gehabt haben, sich mit dem Problem des Antisemitismus auseinanderzusetzen. Es ist kaum anzunehmen, daß viele Juden in der Marine des 100 000-Mann-Heeres der Weimarer Republik Aufnahme gefunden haben. Selbst wo das Offizierskorps nicht antisemitisch war, betrachtete es den Juden als eine Peinlichkeit. Und da die Marine der Eliteteil der gesamten Reichswehr war, wird man sorgfältig darauf geachtet haben, daß solche Peinlichkeiten gar nicht erst zugelassen wurden.

Als dann später der Zweite Weltkrieg ausbrach, oder die Wiederaufrüstung des nationalsozialistischen Staates begann, waren die Juden weiß Gott kein Problem mehr. Sie waren nicht wehrwürdig und wurden da, wo sie einmal zugelassen waren, aus der Wehrmacht schleunigst entfernt. Was tut man also als Großadmiral, wenn man »den Antisemitismus ablehnt«?

Nun, man erfüllt zunächst sein Soll an antisemitischen Reden. Man spricht vom zersetzenden jüdischen Geist und vom Schaden, den die Juden in der Welt angerichtet haben, wie es der Herr Großadmiral bei verschiedenen Gelegenheiten getan hat, aber zumindest führt man nicht das Messer, bedient man nicht die Gaskammer, befehligt man nicht das Vernichtungskommando. Das Wasser ist ein sauberes Element. Man kann leicht von dort aus die Nase rümpfen über Übergriffe, die sich die Herren in Zivil zuschulden kommen lassen (obwohl auch die meisten dieser Herren das eine oder andere Ehrenkleid der Nation trugen) und ein gutes Gewissen haben. Die Verantwortung für eine ganze Nation mitzufühlen, kann man allerdings einem Großadmiral nicht zumuten.

Noch zwei Worte über die Ehre. Dutzende von Gefangenen, die uns von ihren Kriegserlebnissen berichteten, und von den Qualen und Schrecken, wenn sie in sinnlose Angriffe hineingetrieben wurden, um irgendein Feld zu behaupten, eine Höhe zu erobern, eine Stellung zu überrennen, wenn sie mit blutigstem Einsatz einen kleinen aber sichtbaren Vorteil errangen, sagten so etwas wie: »Unser Oller hatte nämlich Halsschmerzen.« Halsschmerzen waren eine typische Krankheit von Generälen oder solchen, die's werden wollten. Sie sind unübertrefflich in der Erzählung »Katz und Maus« von Günter Graß beschrieben, nur mußten die Generäle nicht für einen übergroßen Adamsapfel kompensieren. Sie verlangten nach einem Orden, dem Ritterkreuz, das um den Hals getragen wurde. Das Ritterkreuz erkaufte man mit Blut. Wenn man General war, selbstverständlich nicht mit dem eigenen. Aber es läßt sich denken, daß die Truppen freudig für die Halsschmerzen ihres Generals den Tod auf sich nahmen. Und daß der General ebenso freudig den Tod seiner Truppen annahm, gereichte ihm zur Ehre.

Um aber noch einmal die Anonymität fallen zu lassen, und von einem individuellen Ehrenmann zu sprechen, merke man sich die Geschichte eines Luftmarschalls. Er war ein Mann mit dem guten jüdischen Vatersnamen Milch. (Der englische Historiker David Irving hat nach seinen Akten und Erinnerungen, die er mit anderen Dokumenten verglichen und kollationiert hat, ein recht umfängliches Buch zusammengestellt, das den Titel trägt »Die Tragödie der deutschen Luftwaffe«. Was daran tragisch ist, daß durch die geballte Unfähigkeit der gesamten Führung die Luftwaffe auf der Strecke blieb, ist das Geheimnis des Verfassers. So gesehen war das ganze Dritte Reich eine einzige Tragödie.)

Erhard Milch war der Sohn eines Kaiserlichen Marine-Apothekers und seiner Ehefrau Clara, geborene Vetter. Erzogen in der königlich-preußischen Tradition, gesalbt schon von frühester Jugend mit allen militärischen Tugenden zog er in den Ersten Weltkrieg, erwarb sich als Flieger Ruhm und Ehre (ohne Ironie) und wurde nach dem Kriege einer der Gründer und der Chef der Deutschen Lufthansa. Er widmete sich ihrem Aufbau in energischer und verdienstvoller Weise.

Und dann war es eines Tages so weit, daß auch die neue Luftwaffe neu ausgerüstet werden konnte und daß Göring zum Minister und Obersten Kommandeur dieser neuen Waffe ernannt wurde.

Göring hatte inzwischen Milch kennengelernt und versuchte, ihn für seine Luftwaffe zu gewinnen. Es gab nur ein Hindernis: Milchs Vater war Jude.

In diesem Dilemma kam ein Brief von seiner Mutter zu Hilfe. Sie gestand, daß ihr ehelich angetrauter Mann nicht der Vater ihrer Kinder sei, daß sie ihn nur geheiratet habe, weil sie den von ihr geliebten Mann nicht heiraten konnte, sie teilte ihrem Sohn diesen ihm unbekannten Tatbestand mit und veranlaßte auch seinen bisherigen Vater, seine Nicht-Vaterschaft zu bekunden. Immerhin enterbte der Nicht-Vater die Kinder, die seinen Namen trugen und die durch ihn gut versorgt und ehelich geboren waren.

Derartige Fälle gab es in den Jahren 1933 und 1934 zu Tausenden. Jüdische Väter, die bis zum Ausbruch des Nationalsozialismus Namen, Liebe und Vermögen hergegeben hatten, um den Kindern ihrer Frau die gesellschaftliche Stellung und die Bildung zu ermöglichen, die sie damals als uneheliche Kinder nicht gehabt hätten, wurden plötzlich abgetan wie ein kratzendes Hemd, wie eine abstoßende Krankheit. Selbst Väter, die die Mutter geheiratet und deren Kinder adoptiert hatten, um damit die Pflicht ihrer Ausbildung auf sich zu nehmen und sie erbberechtigt zu machen, erhielten plötzlich die Erklärung, daß man auf die Adoption verzichte; die Ehefrauen ließen sich von ihnen scheiden, weil sie jetzt erst erfahren hatten, was es hieß, mit einem Juden verheiratet zu sein.

Die beiden Dokumente, der Brief von Milchs Mutter und der seines »Vaters« gelangten zu Göring, und durch ihn zu Hitler, Rudolf Heß und dem damaligen Chef des Oberkommandos der Wehrmacht, von Blomberg. Die Dokumente waren streng geheim und niemand kannte ihren Inhalt außer den wenigen Genannten.

Und dem gesamten Berliner Westen. Man wußte damals von dem angeblichen arischen Vater; ich wußte davon, ohne daß mich die Person des Herrn Milch besonders interessiert hätte, aber es war der Klatsch der Gesellschaft. Man glaubte der Geschichte nicht; ich bin heute bereit, sie zu glauben. Es macht in der Sache keinen Unterschied.

Vielleicht hätte Herr Milch seinem Vater die Schande ersparen sollen, seinen Namen an den Henkerskarren des Nationalsozialismus zu hängen. Vielleicht hätte er den Namen ändern sollen. Vielleicht hätte er etwas genauer hinhören müssen, was den Juden in Deutschland geschah. Aber man behellige einen Generalfeldmarschall nicht mit solchen Bagatellen. Was scherte ihn eine Vergangenheit, die er verdrängte?

Nur hat die Vergangenheit eine widerliche Art, sich einem an die Fersen zu heften. Solange die Luftwaffe eine glänzende Rolle spielte, in den Feldzügen der Jahre 1939-1941, war Milch von Hitler gern gesehen und Görings bester Mann. Als später ihr Stern sich zu verdunkeln begann und man nach einem Sündenbock suchte, war Milch für Göring »ein Furz aus meinem Arschloch« – man sieht, daß Göring wie Patton den herbmännlichen Generalsjargon beherrschte – und wurde für die Leute, die es besser – oder eben nicht besser – wußten, wieder zum Juden.

Generaloberst Udet, früheres Fliegeras und Milchs vermeintlicher bester Freund, beging im November 1941 Selbstmord, weil in seinem Amt schwere Mängel zum Vorschein gekommen waren. Seine letzten Äußerungen bestanden in einer mit roter Kreide an die Wand geschriebenen Klage an Göring, »warum er ihn den Juden Milch und Gablenz ausgeliefert habe« und einem Brief, der den Satz enthielt, »es war mir unmöglich, mit dem Juden Milch zusammenzuarbeiten«. Irving folgert, wie ich hoffe, mit Sarkasmus, daß Udet »im Tode wieder zum Helden geworden ist«; mir scheint, er hätte sich im Tode als Schuft erwiesen. Jeder Angriff auf Milch wäre erlaubt gewesen; ihm plötzlich das Judentum anzukreiden, war verächtlich. Sicher »lehnte Udet den Antisemitismus ab«. Aber zu diesem Tiefschlag war er dem Herrn Generaloberst immer noch gut genug.

Hitler, der Mann, dem die Generalität diente und dienerte, dem die Dokumentation von Milchs Abstammung angeblich vorlag, hat im März 1945 gesagt, daß die Niederlage der Luftwaffe »ganz auf diesen verdammten Juden Milch und seinen alttestamentarischen Haß zurückzuführen ist« – berichtete Professor Messerschmitt, der es aus des Führers Munde hörte. Milch hätte aus seiner königlich-preußischen Erziehung lernen können, daß man sich ansieht, in wessen Dienste man tritt und daß der, der seine Vergangenheit verrät, von der Gegenwart verraten wird. Vielleicht beweist es auch, daß es mit der Ehre eines Generalfeldmarschalls nicht sehr weit her sein kann, wenn er sie mit der Ehre seiner Mutter erkauft.

Als Erhard Milch von den »Green Berets« der englischen Armee gefangengenommen wurde, haben ihn diese brutal und schändlich behandelt. Aber am Ende des Jahres 1948 erschien bei ihm ein Oberstleutnant der britischen Luftwaffe RAF im Nürnberger Gefängnis und sagte, er sei auf persönliche Veranlassung König Georg VI. entsandt worden, um sich für das Verhalten britischer Soldaten an jenem Maitage 1945 zu entschuldigen. Ob Milch daraus etwas über die Offiziersehre gelernt und sich geschämt hat? Aber wahrscheinlich hat ihn sein gutes Soldatengewissen nie verlassen.

Das gute Soldatengewissen ist eine haltbare Ware. Viele Jahre nach diesen Ereignissen bin ich mit ihm wieder in Berührung gekommen und habe daran meine grimmige Freude gehabt.

Im Jahre 1959/60 hatte ein Stuttgarter Verlag, dessen Lektor ich wurde, den Einfall, Offiziere des deutschen Generalstabs die militärische Geschichte des Zweiten Weltkrieges schreiben zu lassen. Man sah sich im Lande um, holte sich wo möglich die höchsten Chargen, die für die verschiedenen Waffengattungen und für die verschiedenen Kriegsabschnitte die zuverlässigste Auskunft geben konnten. Es waren Namen dabei, die eine Zeitlang die Bundeswehr zierten und andere, die sich im Zweiten Weltkrieg ausgezeichnet hatten. Koordinator des ganzen Projekts war einer der intelligentesten, aber gerade wegen dieser Intelligenz auch zynischsten Generäle von Hitlers Wehrmacht.

Generäle sind keine Schriftsteller. Das erwartet niemand von ihnen, und wir hatten es auch nicht erwartet. Was rein stilistisch zu redigieren war, konnte mit Genehmigung der Autoren im Verlag erledigt werden.

Aber das war nicht der Einwand, den wir gegen diese Berichte erheben mußten. Sie waren stilistisch ganz leserlich und ließen sich leicht aus dem hölzernen Militärstil in ein geschmeidigeres Deutsch übertragen. Was uns auffiel, und was schließlich die ganze Arbeit wertlos machte, war der Umstand, daß die einzelnen Verfasser nur ihre eigene Rolle bei den geschilderten Geschehnissen herausstrichen und daß jeder von ihnen an irgendeiner Stelle behauptete, er habe zu diesem oder jenem Problem Hitler eine Studie vorgelegt, die dieser entweder zurückgewiesen oder nicht richtig verwandt hätte. Hätte er sich ihrer jedoch bedient und nach dem vorliegenden umfassenden Plan gehandelt, dann wäre der Krieg ganz anders ausgegangen, und die Niederlage wäre Deutschland erspart geblieben.

Eins ist also auch hier klar: Der Generalstab hat den letzten Krieg nicht verloren. Verloren hat ihn ein Gefreiter, der nicht wußte, wie er seine hervorragenden Generäle einsetzen sollte. Man weiß nicht, wem man dankbar sein soll, Hitler oder den Generälen. Hitler dafür, daß er den guten Rat in den Wind schlug, den Generälen dafür, daß sie ihre genialen Pläne nicht durchsetzen konnten. Denn hätte Hitler mit Hilfe der Generäle, die ihn angeblich verabscheuten, den Zweiten Weltkrieg gewonnen, dann wäre das deutsche Volk im Rausch des Blutes und des Irrsinns untergegangen.

Wieder kann man allerdings sagen, daß die deutschen Generäle für die Schilderung der überragenden Rolle, die sie im Ablauf der verschiedenen Feldzüge gespielt hatten, ein großes Vorbild besaßen.

General de Gaulles erstes, fast verschollenes autobiographisches Buch »L'Appel« (»Der Ruf«) gab der kriegerischen Eroberung Frankreichs durch die Deutschen nur einen verhältnismäßig geringen Raum. Aber innerhalb des geringen Raumes nehmen einen unverhältnismäßig großen Raum zwei Gefechte ein, bei denen der damalige Oberst de Gaulle eine führende Rolle spielte. Es scheint, daß die beiden einzigen Schlappen, die die Deutschen auf ihrem Vormarsch erlitten, auf die überlegene Taktik de Gaulles zurückzuführen war. Zwar waren 1944 die Amerikaner von seiner Kriegsführung nicht eben begeistert, auch schon vor der Eroberung von Paris, aber so weit dringt dieses Buch zeitlich nicht vor. Und die späteren Bände habe ich leider zu lesen versäumt.

Ein letztes und sehr trauriges Wort noch zum Verhältnis zwischen Tapferkeit und schöpferischem Ungehorsam. Ich habe Achtung und Verehrung für die Männer des 20. Juli 1944. Sie hatten erkannt, welcher Verrohung und Vernichtung Deutschland ausgeliefert wurde und haben danach gehandelt. Sie haben sehr weitgehende Meinungsverschiedenheiten überwunden, um zu einem gemeinsamen Vorgehen zu gelangen. Und sie haben schließlich um den höchsten Einsatz gespielt. Und verloren.

Sie haben verloren, weil sie gezwungen waren, ihr Schicksal in die Hände von Berufssoldaten zu legen. Bei aller großen Bewunderung für den Oberst Schenck von Stauffenberg, über dessen Fähigkeiten, Feinsinnigkeit und bezaubernde Persönlichkeit ich viel gehört habe, und von dem ich überzeugt bin, daß er die ihm zugedachte Rolle in einem Kabinett der Verschwörer klug und würdig ausgefüllt hätte – aber so kann man kein Attentat verüben. Man kann nicht eine Bombe einschmuggeln, sie irgendwo niedersetzen, wo man glaubt, daß sie ihre Wirkung nicht verfehlen wird, und dann das Zimmer verlassen, weil man sich selbst für eine wichtige Rolle in der neuen Regierung aufsparen muß. Stauffenberg mußte im Zimmer bleiben und sich gegebenenfalls selbst mit in die Luft jagen lassen, wenn er nur sicher war, daß wenigstens Hitler dabei getötet wurde. Als die Bombe explodierte, befand sich Hitler am anderen Ende des Raumes (oder die Bombe an einer anderen Stelle). Da wo sie explodierte, tötete sie eine Anzahl von Personen. Selbst da, wo er sich befand, wurde Hitler zu Boden geworfen und leicht verletzt.

Es genügte nicht, daß Stauffenberg nach der Explosion durch das Fenster blickte, und als er Hitler am Boden und die Anwesenden um ihn versammelt sah, in dem Glauben das Flugzeug nach Berlin bestieg, daß Hitler tot sei. In Berlin entstieg er dem Flugzeug mit den Worten: »Hitler ist tot.« Mit diesen Worten tötete er seine Kameraden und Mitverschworenen.

Wiederum haben die mitverschworenen Generäle die wenigen Chancen, die ihnen nach diesem Mißerfolg blieben, verspielt und verplempert, weil sie eben Soldaten waren. Als sie zu Goebbels gingen und ihm sagten, der Führer sei tot, er solle sich ergeben, und Goebbels ihnen bewies, daß Hitler nicht tot war, indem er sie mit dem Führerhauptquartier verband, und Hitlers Stimme hören ließ; warum haben sie nicht wenigstens die einzige Chance ergriffen, die sie noch hatten, Goebbels zu ergreifen, ihn zu erschießen, ihn als Geisel zu behalten oder meinetwegen dort, wo sie waren, kämpfend unterzugehen? Statt sich noch in derselben Nacht im Hof des Wehrmachtsministeriums aufknüpfen zu lassen wie Verbrecher. Aber da sie Soldaten waren und da sie Christen waren, denen gesagt ist, es sei keine Obrigkeit außer von Gott, und da sie diesmal wohl wirklich ein schlechtes Gewissen hatten statt des guten, zu dem sie tausendmal berechtigt waren, ließen sie sich hinrichten und gaben die Verschwörung preis. Man möchte sie so gerne rühmen, ihnen so gerne die Anerkennung dafür aussprechen, daß sie den Verrat gewagt und sich dafür geopfert haben. Wären sie nicht Soldaten gewesen und in ihren Entscheidungen verkrüppelt, vielleicht hätte man im Juli 1944 diesen jammervollen Krieg und das Elend des Nationalsozialismus beenden können.

Nicht zu den Widerstandskämpfern rechnen kann ich Feldmarschall Erwin Rommel, obwohl er unzweifelhaft in den letzten Monaten seines Lebens mit dem Widerstand gegen Hitler in Verbindung getreten war. Ich bin der Überzeugung, daß er ein ausgezeichneter General war, daß er, im Gegensatz zu vielen, die glaubten, sich mit ihm vergleichen zu können, die Geschicke und Strapazen seiner Mannschaften geteilt hat, und daß das, was man gemeinhin als soldatische Tugenden bezeichnet, bei ihm im letzten Kriege auf einer einsamen Höhe stand.

Er hatte allen Grund, Hitler zu zürnen. Er war von ihm schmählich im Stich gelassen worden, als es in Afrika wirklich um die Entscheidung ging. Die Abwehr der Invasion im Jahre 1944 war eine unmögliche Aufgabe, da weder der Atlantikwall, der als die stärkste Befestigung aller Zeiten galt noch der Zustand der Bewaffnung noch die Zahl der Truppen ausreichten, um diesem Ansturm standzuhalten. Aber der berechtigte Zorn auf seinen Oberbefehlshaber machte ihn noch nicht zum Widerstandskämpfer. Wahrscheinlich hat er konspiriert oder sicher von der größeren Konspiration gewußt, aber er war nicht bereit, die letzte Konsequenz zu ziehen und das Attentat gegen Hitler zu unterstützen oder gutzuheißen.

Und jedenfalls möchte ich behaupten, daß auch Rommel in seinen letzten Augenblicken über sein Soldatentum gestolpert ist. Es scheint doch so gewesen zu sein, daß ein Emissär Hitlers bei dem von einer Verwundung genesenden General eingedrungen ist und ihm erklärt hat, daß man von seiner Verschwörung wisse. Wahrscheinlich hat er ihm weiterhin mitgeteilt, was man wisse und von wem man es wisse. Und anscheinend hat er ihm beim Weggehen etwas dagelassen, sei es Gift, sei es die traditionelle Pistole, um seinem Leben ein Ende zu machen. So tat man es unter Soldaten.

Rommel hat mit diesem Mittel seinem Leben ein Ende gemacht. So tut es der Soldat, um aus einer unehrenhaften Sache eine ehrenhafte zu machen. Damit war sein Staatsbegräbnis gesichert. Einer, der kein Soldat war, hätte vielleicht dieses Mittel nicht benutzt, um sich zu töten. Er hätte es dem anderen überlassen, ihn zu töten, hätte ihm die Waffe in die Hand gezwungen, hätte ihm das Odium auferlegt, den Helden und Liebling des Volkes aus dem Wege zu räumen. Ein Mann namens Sokrates hat einmal so gehandelt und wird seitdem als Musterbeispiel moralischer Tapferkeit gepriesen. Aber Sokrates war von Beruf nicht Soldat.

Es ist natürlich möglich, daß das Regime die Sache mit Rommel auf eine besonders perfide Weise erledigt hätte, ohne Rommel die Chance zu lassen, als Widerstandskämpfer in Erscheinung zu treten. Aber ob sich der Wüstenfuchs nicht etwas hätte einfallen lassen können, das ihm trotzdem diese Rolle sicherte, selbst wenn es dann hinterher grausam und unehrenhaft zuging? Der Soldat ist eben doch, wie es bei Thomas Mann heißt, eine »rein formale Existenz«. Aus diesem Formalismus herauszutreten, eine menschliche Entscheidung zu fällen, und auf diese Weise einen Mut zu beweisen, der weit wichtiger und wertvoller ist als die soldatische Tapferkeit, die man schließlich jedem Menschen andressieren kann, das ist dem Soldaten offensichtlich nicht gegeben. Die Sprache hat sehr weise daran getan, von der Zivilcourage das Militär ausdrücklich auszuschließen.

Man wird mir vorwerfen, daß ich nicht nur Mut fordere, sondern Heldentum. Ich habe früher dargelegt, daß ich die Feigheit verstehe und achte, wo sie einem rein persönlichen Selbsterhaltungstrieb entspringt. Wenn es darum geht, für eine Verschwörerelite verantwortlich zu sein und einen Hitler umzubringen oder durch eine persönliche Tat einem Regime die Maske herunterzureißen, kommt man ohne Heldentum nicht aus. Fühlt man sich dazu nicht imstande, dann soll man feige und vernünftig eine solche Verantwortung ablehnen. Sie zu übernehmen und durch Halbheiten dabei zu scheitern, finde ich vorwerfbar.

In diesem Buch werden noch einige Generäle und Militärs zu Worte kommen. Hier will ich jedoch nur noch zwei beschreiben, denen wir unter merkwürdigen Umständen begegnet sind und die sich unserer Erinnerung aus sehr verschiedenen Gründen eingeprägt haben.

Beide waren amerikanisch. Der erste hatte sich bei unserer Einheit angesagt mit dem ausdrücklichen Vermerk, daß er einem Gefangenenverhör beiwohnen wolle. Das war ungewöhnlich, aber doch immerhin auch erfreulich. Er schien zum mindesten zu wissen, wozu unsere Einheit da war.

Der Gefangene, der für diesen Besuch ausersehen war, war ein österreichischer Journalist. Er besaß, weil er erst vor kurzem durch die sogenannte »Goebbelsspende« zu den Waffen gerufen worden war (zur Erinnerung: Goebbels Anfang September 1944 im Sportpalast: »Wollt ihr den totalen Krieg?« Chor der Abgerichteten: »Jaaaa!« Darauf Einberufung der Künstler, Lehrer, Eisenbahner, Freiberuflichen, soweit sie noch nicht in Uniform steckten – kurz: letzter Kehraus), keinen Rang, aber er hatte Intelligenz, Witz und Erfahrung.

Ich sagte ihm, daß während des Verhörs ein General eintreten werde. Wir würden uns dadurch aber nicht stören lassen, sondern in unserem Gespräch fortfahren, als sei nichts geschehen.

»Aber«, unterbrach er mich, »er ist doch ein General.«

»Aber«, erwiderte ich ihm, »Sie tun, was ich Ihnen sage. Sie haben nur mit mir zu verhandeln und auf nichts zu achten, was außerhalb unseres Gespräches vor sich geht. Ich werde Sie dann allerdings nach einiger Zeit bitten, dem Herrn General einen Stuhl zu geben. Der Stuhl steht dort drüben, es ist also vorgesorgt.«

Der Österreicher nahm, mit Morgensterns Worten, »ohne sich zu weigern, auch dies als Schicksal hin« und stand meinen Fragen, so gut er es konnte, Rede und Antwort. Ein gewisses Lampenfieber war ihm allerdings anzumerken.

Als der General eintrat, zuckte er sichtlich ein wenig zusammen. Da ich aber weder meinen Ton änderte noch den Fluß des Gesprächs in irgendeiner Weise unterbrach, bemühte er sich, bei der Sache zu bleiben. Dann sagte ich ihm, er möge dem General einen Stuhl anbieten, er schnellte empor, brachte den Stuhl, machte Männchen und setzte sich wieder. Auch der General setzte sich.

Das Verhör ging weiter, vielleicht fünf Minuten. Es war lebhaft und flüssig, denn es war leicht und ein Vergnügen, mit diesem Gefangenen zu sprechen.

Da unterbrach uns der General. »Ich möchte selber dem Gefangenen ein paar Fragen stellen«, sagte er zu mir, »würden Sie so freundlich sein zu dolmetschen.« Ich erklärte mich gern bereit, und er stellte die erste Frage.

»Wann ist der Krieg zu Ende?« fragte er.

Ich übersetzte, und der Gefangene sah mich erstaunt an. Er sagte, nicht ganz zu Unrecht: »Er ist ein General, ich bin ein einfacher Schütze ohne Rang; das sollte er doch wohl besser wissen als ich.«

Ich übersetzte dem General: »Er glaubt, sehr bald, Herr General.«

Dann kam die zweite Frage. »Was geschieht nach dem Krieg?«

Der Gefangene, ein politisch aufgeweckter Mensch und zudem aus einem Staate, der dem Balkan zugewandt ist, erwiderte: »Nach dem Krieg wird Amerika Schwierigkeiten mit Rußland haben.«

Ich übersetzte diese Antwort dem General, der seinerseits antwortete: »Sagen Sie dem Gefangenen, daß wir von diesem Krieg sprechen und nicht vom nächsten.«

Das dem Gefangenen zu sagen, sollte ich mich wohl hüten. Wir waren in diesem Krieg, der noch lange nicht zu Ende war, schließlich mit den Russen verbündet, und es wäre nicht ratsam gewesen, einem deutschen Gefangenen preiszugeben, wie zynisch die Generalität dieses Bündnis auffaßte. Ich übersetzte also: »Der General teilt Ihre Ansicht nicht«, wobei ich keineswegs sicher war, wieweit der Gefangene englisch verstand und merkte, daß ich mogelte.

Dann sagte der General: »Jetzt kommt eine psychologische Frage. Achten Sie gut auf seine Reaktion.«

Und er sagte: »Wenn dieser Krieg zu Ende ist, wird Deutschland von der Karte der Welt *ausradiert!*« und machte damit eine wegwischende, eine entfernende Bewegung.

Ich sagte ebenso martialisch und mit derselben Bewegung: »Wenn dieser Krieg vorüber ist, wird Deutschland von der Karte der Welt *ausradiert!*«

Der Gefangene erwiderte: »Das kümmert mich nicht, ich bin Österreicher.«

»Sie sind nicht nur Österreicher«, sagte ich grimmig, »sondern auch ein Idiot. Hören Sie noch einmal gut zu. *Wenn dieser Krieg vorüber ist, wird Deutschland von der Karte der Welt ausradiert!*« Ich sprach das gewissermaßen in Versalien und fettem Druck. Dazu machte ich eine so zornige Bewegung, daß es einem Angst werden konnte.

Der Österreicher sah mich entsetzt an. Dann legte er den Kopf auf seine Arme und brach in Tränen aus.

Der General sagte: »Das ist eine starke Reaktion, nicht wahr?« Ich entgegnete: »Jawohl, ungeheuer stark.« Worauf sich der General hochbefriedigt verabschiedete.

Als wir allein waren, fragte ich den Gefangenen: »Warum haben Sie, um Gottes willen, geweint?«

Und er erwiderte: »Ich wollte dem General einen Gefallen tun.« Dann setzte er hinzu: »Ihre Generäle sind auch nicht anders als unsere.«

Er wurde von mir reich beschenkt und vom Verhör entlassen. Es wäre vielleicht reizvoll gewesen, das Verhör auf einer Art verschwörerischer Basis weiterzuführen, aber das wäre mir dann doch reichlich schofel vorgekommen.

Der andere General, von dem ich erzählen will, war ein Schweizer. Er war kein Schweizer General, sondern amerikanischer General, aber er war ein Schweizer. Das wußten wir jedoch nicht, als er uns angesagt wurde.

Angesagt wurde, daß am nächsten Morgen, zu einer sündhaft frühen Stunde ein General bei uns erscheinen werde. Nun sind, aus schon vorher angegebenen Gründen, Generäle lästig, vor allem wenn man wirklich konzentriert zu arbeiten hat. Die frühe Stunde war doppelt lästig, denn wir arbeiteten fast jede Nacht bis ein oder zwei Uhr, um nach den Verhören, die wir während der Tageszeit durchführten, abends unsere Berichte zu schreiben. Wir waren überarbeitet und nervös und nicht auf Generäle eingestellt.

Mit dem obligaten Putzen brauchten wir uns freilich nicht zu befassen. Dazu hatten wir deutsche Gefangene. Und ich würde jede Summe verwetten, daß in einer von deutschen Kriegsgefangenen gereinigten Baracke auch der pingeligste General kein Staubkörnchen entdecken wird.

In meinem Schlafsaal allerdings herrschte Chaos, weil einer

der Gefangenen den Besen in einer Weise handhabte, die dem praktischen Gebrauch dieses Geräts entgegenzustehen schien. Ich fragte ihn, was er von Beruf sei und erhielt die Antwort: »Theaterregisseur.« Er fegte eben, wie man auf der Bühne fegt, so daß auch der letzte Gimpel im Parkett einsieht, daß dort oben auf den Brettern gefegt wird. Ich holte ihn mir zu einem persönlichen Gespräch und setzte einen anderen zum Fegen ein.

Am anderen Morgen standen wir verkatert und mürrisch auf einem großen Feld. Uns gegenüber etwa 1500 neu eingelieferte deutsche Gefangene, die zunächst einmal sondiert werden sollten, um zu entscheiden, wer zum Verhör zugelassen wurde. Es war kalt und neblig, und das Warten machte keinen Spaß, aber der General kam nicht.

Nun sind Generäle, was auch immer sonst ihre Fehler oder Tugenden sein mögen, im allgemeinen pünktlich. Aber dieser war es offensichtlich nicht. Der Gedanke, daß wir noch eine Stunde länger hätten schlafen können, erfüllte uns mit Ingrimm.

Schließlich bog ein Militärauto um die Ecke, fuhr die Lagerstraße entlang und hielt dort, wo sich die Straße zum Feld öffnete. Ihm entstieg ein dicklicher älterer Herr mit Glatze und in Zivil.

Es ist jedoch auch eine Erfahrungstatsache, daß ein General lieber in Uniform ins Bett gehen würde als sich vor den Augen der Öffentlichkeit in Zivil zu zeigen. Wir wurden daher stutzig. Immerhin warteten wir darauf, daß nun der General, oder wer immer es war, auf uns zukommen, sich vorstellen und unsere Meldung entgegennehmen würde.

Nichts dergleichen geschah. Der General ging stracks auf die deutschen Gefangenen zu und begann mit ihnen ein Gespräch.

Jetzt wurde die Sache verdächtig. Ein amerikanischer General, der deutsch sprach, war entweder ein Intellektueller, was von vornherein subversiv ist, oder er war ein Spion. Während wir uns noch überlegten, zu welcher Kategorie dieser Mann gehörte, brüllte auf einmal einer unserer Kameraden, der aus Breslau stammte: »*Ach, der Emil Ludwig!*«

In der Tat war auch Emil Ludwig ein Breslauer gewesen, der aber früh, in den zwanziger Jahren, in die Schweiz ausgewandert war und die schweizerische Nationalität erworben hatte. Seine Bücher, zumeist romanhafte Biographien über allerlei Größen der Weltliteratur und Weltgeschichte hatten vor dem Dritten Reich jeweils Auflagen von Hunderttausenden von Exemplaren erreicht. Er hatte über Napoleon geschrieben, über Wilhelm II., über Bismarck, über Lincoln, über Hindenburg, über Jesus Christus und zur Krönung des Ganzen über sich selbst.

Und dann hatte er während des Krieges eine Abhandlung verfaßt, wie man die Deutschen nach dem alliierten Sieg behandeln solle.

Es war eine ziemlich dilettantische Arbeit, aber der amerikanische Präsident Franklin D. Roosevelt, ein großer Reformpräsident im Innern, aber ein blutiger außenpolitischer Dilettant, war von dieser Studie so beeindruckt, daß er Emil Ludwig schleunigst zum General der amerikanischen Streitkräfte ernannte. Es war dies allerdings kaum ein militärischer Rang, sondern ein dem militärischen angeglichener politischer Rang, damit Emil Ludwig im Gespräch mit Berufsmilitärs nicht von vornherein benachteiligt wäre.

Aus einem Grunde, der uns damals unerfindlich war und bis heute nicht eingeleuchtet hat, brachen auf diesen brüllenden Ruf, der über das ganze Feld zu hören war, die deutschen Gefangenen in ein unbändiges Gelächter aus. Sie konnten zumeist nicht wissen, wer Emil Ludwig war. Die jungen hatten seine Werke nicht mehr in den Schaufenstern gesehen, da er Jude war, und die älteren, soweit sie eins seiner Bücher gelesen haben mochten, hatten eigentlich auch keinen Grund zum Lachen. Aber das Gelächter war da, die Gefangenen krümmten sich vor Vergnügen, sie schlugen sich auf die Schenkel und gegenseitig auf die Schultern und konnten sich kaum beruhigen.

Emil Ludwig, der zunächst den Ruf und danach das Gelächter hörte, drehte sich auf dem Absatz um und rannte, so weit oder so wenig das sein Alter und seine Beleibtheit zuließen, zu dem wartenden Wagen, stieg ein, ließ umwenden und fuhr mit einer wehenden Staubwolke aus dem Lager hinaus.

Dieser flüchtende General war bei weitem der menschlichste, dem ich – wenn auch auf Distanz – begegnet bin. Er hatte Angst; er lief vor sich – nicht vor uns – davon. Schlimmer als alles andere war die Konfrontation mit der eigenen Identität.

Die Schweizer Regierung ließ sich übrigens zum Fall Emil

Ludwig vernehmen. Sie teilte ihm nach einiger Zeit mit, daß es ihm nach den Gesetzen nicht erlaubt sei, General einer ausländischen Streitmacht zu sein. Er möge sich also entscheiden, ob er die Schweizer Staatsbürgerschaft behalten und den Generalsrang ablegen oder General bleiben und die Schweizer Nationalität verlieren wolle.

Emil Ludwig handelte als weiser Mann. Er blieb Schweizer und wurde amerikanischer General a. D.

Wie ist jedoch dem Problem der Generäle beizukommen? Sollte man ihnen nicht die Formalismen aus der Hand schlagen, hinter denen sie sich verkriechen, und sie zwingen, sich zu einer Identität zu bekennen, mit allen moralischen Konsequenzen und Konsequenzen der Verantwortlichkeit, die sich daraus ergeben? Wenn ein einfacher Staatsbürger einen Verbrecher begünstigt, wird er dafür bestraft. Wenn ein General einem Verbrecher, der Krieg führt, bei zunehmender Einsicht, daß es ein Verbrecher ist, dem er so dient, dann bleibt er in Ansehen und Ehre. Nach dem deutschen Militärstrafrecht darf der Soldat einen Befehl dann nicht ausführen, wenn die Ausführung gegen ein Strafgesetz verstoßen würde. Hat das der Generalstab nicht gewußt, als er Hitler seinen Krieg besorgte?

Außerdem würde ich vorschlagen, daß ein General sich seiner Truppe häufiger und ohne vorherige Zeremonie nähert. Das könnte zu Einsichten führen, die bewirken, daß unter dem Standbild, das er zu sein hofft, auf einmal ein Mensch zum Vorschein kommt. Ein Mensch, der eine Identität besitzt und sich ihr stellen muß. Wenn er sich eines Tages genötigt sehen sollte, vor ihr davonzulaufen, so würde ihm das nur zur Ehre gereichen.

Die andere Alternative ist die: Daß die militärische Führung jeglicher moralischer Verantwortung für die Kriege ledig ist, die sie führt. Sie ist dann nur noch Exekutionsorgan der politischen Führung. Damit entfällt allerdings auch die soldatische Ehre. Der Soldatenberuf würde zum schlechthin unehrenhaften, unehrlichen Beruf degradiert, wie in vergangenen Zeiten der des Henkers.

6 Mondorf

A. *Wie es dazu kam*

Der Krieg war halb vergessen. Wir waren in Wiesbaden und sahen, wie es sich gehört, dem Tag entgegen, an dem wir wieder in unser Land, das heißt die Vereinigten Staaten von Amerika, zurückkehren konnten. Die Leute, mit denen wir damals sprachen, waren in zunehmendem Maße höhere Funktionäre des nationalsozialistischen Staates gewesen, die entweder in der Reichsleitung, der Parteileitung oder in der militärischen Führung wichtige Rollen gespielt hatten. Die Arbeit war nicht anstrengend, aber auch nicht interessant. Die Gesichter wechselten sich ab, aber nicht die Geschichten; wir waren immer noch auf der Suche nach dem einen Nazi, den es ja in Deutschland gegeben haben mußte, und fanden stets, daß er »der andere« war. Der, dem wir gegenübersaßen, war es bestimmt nicht gewesen. Es war eine öde und grausige Litanei.

Da kam eines Tages eine Durchfrage. Gesucht wurde jemand, der mit dem deutschen Recht Bescheid wußte. Da ich nun tatsächlich einmal die deutschen Jura studiert und es bis zum Referendar gebracht hatte, dem ich dann sogar einen Doktor aufsetzte, meldete ich mich schon der Neugier wegen. Und dann ging es mit Windeseile.

Am nächsten Morgen war ein Lastwagen da, der mich ins Unbekannte entführen sollte. Die Fahrt ging über den Rhein, dann die Mosel entlang und in luxemburgisches Gebiet.

In der Stadt Luxemburg machten wir eine kurze Rast, nahmen etwas zu uns und fuhren dann weiter südlich etwa 20 Kilometer zu einem kleinen hübschen Ort, der sich Bad Mondorf nannte.

Bad Mondorf heilt dem Vernehmen nach meist gastrische Störungen. Da ich prinzipiell alle Heilwasser trinke, die mir entgegensprudeln, war ich auch jeden Morgen zur Entgegennahme eines Bechers Mondorfer Heilsprudel zur Stelle, was mir mindestens einmal so prächtig anschlug, daß ich schleunigst mein Verhör unterbrechen mußte, und nur mit Mühe den rettenden Hafen erreichte. »Hafen«, in diesem Zusammenhang ist ein bayerisches Wort.

Aber auch mit der Mondorfer Luft schien es eine eigene Bewandtnis zu haben. Denn eins der Hotels, das bisher breit und behäbig das Mondorfer Ortsbild beherrscht hatte, war plötzlich verschwunden.

Das Hotel war so vollkommen verschwunden, daß man es von keiner Stelle des Ortes sehen konnte. Ein Fremder, der das Städtchen nicht kannte, hätte von seiner Existenz nichts geahnt. Es war rings von hohen Zäunen umgeben, die so geschickt mit Tarnnetzen behängt waren, daß man vielleicht eine militärische Installation dahinter vermutet hätte, einen Wagenpark, eine Nachrichtenzentrale, ein Munitionslager oder ähnliches. Daß sich hinter den Zäunen etwas befand, was eines besonderen Schutzes bedurfte, erkannte man nur aus der strengen Bewachung und der rigorosen Kontrolle, der alle unterworfen wurden, die durch den engen Durchgang das Gelände betreten wollten.

Natürlich summte das Städtchen von Gerüchten. Wir hatten es schon immer erfahren: wenn man etwas ganz Geheimes herauskriegen wollte, dann war es ganz falsch, zu den zuständigen Militärs zu gehen. Entweder wußten sie nichts, oder sie fühlten sich an die Geheimhaltung gebunden. So war es auch in unserem amerikanischen Ausbildungslager gewesen, dessen Pläne und Dispositionen der strengsten Geheimhaltung unterlagen und im Lager selbst nie zu erfahren waren. Wenn man jedoch im nächstgelegenen Garnisonstädtchen den Friseurladen betrat und den Friseur fragte: »Wann geht der nächste Transport von Camp Ritchie?« kam wie aus der Pistole geschossen die Antwort: »Am 24. Februar morgens um halb sieben, 32 Teams mit je vier Mann und zwei Offizieren. Die Leitung hat Oberst MacGregor.«

Man konnte sich auf diese Angaben verlassen. Wenn das Lagerhauptquartier davon erfuhr, daß auch dieser Transport wieder verraten war, wurde es fuchsteufelswild, rief die Soldaten zusammen und drohte mit allen Strafen des Himmels und der Erde. Geändert hat das nichts.

Ich war trotzdem ziemlich ahnungslos, als ich am nächsten Morgen an die Kontrollstelle kam. Da ich ein Neuling war, wurde meine Identität sehr sorgfältig geprüft, aber meine Legitimation war einwandfrei, und man ließ mich durch. Vor mir, etwas erhöht, lag das Hotel, der Pfad dahin machte einen etwa halbkreisförmigen Bogen und führte direkt zum Haupteingang an der Vorderseite des Gebäudes. Ich sah einige Figuren auf dem Rasen, teils in Uniform, teils in Zivil, die auf Decken, Klappstühlen oder Liegestühlen saßen und sich, aufgeteilt in kleine Gruppen, unterhielten. Als ich bis zur ungefähren Hälfte des Weges zum Hotel gelangt war, erhoben sie sich alle, standen stramm und grüßten, je nachdem wie sie bekleidet, bemützt oder behütet waren. Ich grüßte zurück, wobei ich mir die Gestalten ein wenig genauer ansah. Und dann war ich doch einigermaßen überwältigt.

Versammelt auf diesem kleinen Fleck Erde war fast alles, was von der Nazi-Hierarchie, von den Allerobersten und Allernotorischsten noch am Leben war. Ich erkannte Göring und Ribbentrop, Ley und Streicher, Rosenberg, Frick, Darré, Hans Frank, Keitel, Jodl, Dönitz und ein paar andere, die ebenfalls führende Rollen in der Reichs- oder Parteileitung und der Führung der Wehrmacht gespielt hatten.

Wer will es mir verargen, daß mir dieser Anblick nicht nur Vergnügen bereitete, sondern auch ein Gefühl ungeheurer Genugtuung. Ein Gefühl, das sich übrigens jeden Morgen wiederholte, wenn ich den Weg zum Hotel hinaufging und sozusagen diese salutierende Front abschritt. Ich halte mich nicht für rachsüchtig, aber hier war die Quintessenz alles dessen, was mir je an Deutschland verächtlich erschienen ist und heute noch verächtlich erscheint.

Da begegnete man dieser peinlichen Mischung von Brutalität und Selbstmitleid, den Männern, die jede Missetat befohlen, sanktioniert und für gerechtfertigt erklärt hatten; und sie beklagten ihr Schicksal, beschuldigten einander und ihren Führer, dem sie immer nur den Vollzug seiner phantastischen Vernichtungsbefehle gemeldet hatten; da waren die Ideologen, die eine Weltverschwörung bemühen mußten, um die Mordzüge der Nazis zu legitimieren, da waren die großen »Immoralisten«, die sich an den Wehrlosen vergriffen, um das eigene frustrierte Individuum aufzupolieren. Da war die Mythenseligkeit und eine verklemmte Sentimentalität, wenn sie von den Werten sprachen, die sie verwirklichen wollten, um damit die Welt zu beglücken. Und da war die Feigheit, das schlechte Gewissen und die Angst. Noch waren sie reguläre Gefangene. Noch war über einen Prozeß gegen sie nicht entschieden, trugen sie, soweit sie Militärs waren, ihre Uniformen und Abzeichen und konnten sie Anspruch erheben, bei ihren Titeln genannt zu werden. Aber sie werden selbst geahnt haben, daß dieser Zustand nicht mehr lange dauern konnte.

Die Gefangenen waren in Zimmern des Hotels untergebracht, die von allem Mobiliar entleert worden waren. Es standen darin je zwei Feldbetten und zwei Spinde; sie waren für die Ordnung der Zimmer verantwortlich, sie mußten ihre Betten bauen und wurden, wenn sich Beanstandungen ergaben, verwarnt und im Wiederholungsfall mit Ordnungsstrafen belegt. Zumal Ribbentrop brachte es anscheinend nicht fertig, den Vorschriften zu genügen und hatte darunter zu leiden. Sie aßen zusammen in einem Saal. Das Essen war frugal, aber, soweit ich von ihnen erfahren habe, reichlich. Jedenfalls war es besser als der Fraß, mit dem die Insassen der Konzentrationslager abgefüttert worden waren. Sie standen unter ärztlicher Betreuung, die in regelmäßigen Abständen durchgeführt wurde.

Der einzige Auslauf, den sie hatten, war auf dem Rasen vor dem Hotel. Aber der war geräumig und angenehm. Da es Sommer war, konnten sie auf dem Rasen liegen oder schleppten Stühle und Liegestühle hinaus, setzten sich in die Sonne und palaverten. Unzweifelhaft war ihr Schicksal angenehmer als das Tausender von Kriegsgefangenen, die in französischen oder auch amerikanischen Lagern schwer arbeiten mußten und grimmigen Hunger litten.

B. *Eine Abschweifung: Gedanken zum Nürnberger Prozeß*

Wie schon gesagt, waren die Nürnberger Prozesse damals noch nicht im Gespräch. Sie waren aber bereits im Programm, und mit diesem Programm waren wir während unserer Wanderungen durch Deutschland verschiedentlich konfrontiert worden.

Sie waren eine amerikanische Erfindung. Seit der Zeit, als die Puritaner die Westküste des amerikanischen Kontinents mit einem Gottesstaat besiedelten, allerdings mit einem Gottesstaat, der wie alle Gottesstaaten auf dieser Erde – über die himmlischen wage ich nicht zu urteilen – ein Musterbeispiel an Engherzigkeit, Intoleranz, Phantasielosigkeit und kleinbürgerlicher Muffigkeit war, fühlen sich die Amerikaner von Gott dazu ausersehen, das Große Gute zu tun, Gerechtigkeit zu stiften und das Böse zu strafen. So weit möchte man ihnen noch gerne folgen. Schwieriger ist es, daß sie sich imstande glauben, das Gute und Böse säuberlich zu polarisieren und mit moralischen Kategorien zu jonglieren, die selbst einen europäischen Moralisten das Fürchten lehren würden.

Die Amerikaner hatten den Nationalsozialismus als böse erkannt. Darin wird ihnen kaum jemand widersprechen. Um jedoch das dem Nationalsozialismus innewohnende Böse absolut zu setzen, gewissermaßen als das Böse schlechthin, versuchten sie sich auf ein menschliches Recht zu besinnen, wie seinerzeit das göttliche Naturrecht, nach dem dies Böse abzuurteilen war. Sie forschten in völkerrechtlichen Bestimmungen – die ja tatsächlich teilweise dem Naturrecht entlehnt sind – und erklärten gewisse Vereinbarungen, die ihnen einschlägig erschienen, zum geltenden Recht.

Zum Beispiel war Deutschland eine der Signatarmächte des sogenannten Kellog-Paktes, der den Krieg ächtete. Seitdem hatten zwar mehrere der Signatarmächte Kriege geführt, ohne dafür zur internationalen Verantwortung gezogen zu werden, aber das störte die amerikanischen Juristen anscheinend nicht. Zudem wollten sie den Gerichtshof international besetzen und brauchten, wie sie meinten, dafür ein internationales Recht. Dieses internationale Recht proklamierten sie als bestehend und machten es zur Grundlage ihrer Anklage.

Damit hatten sie eine große Chance verschenkt. Es gibt kein völkerrechtliches Strafrecht, weil das gesamte Völkerrecht auf Abmachungen zwischen gleichwertigen Partnern aufgebaut ist und nur für die abschließenden Völker Gültigkeit besitzt. Es ist gewissermaßen ein Privatrecht auf internationaler Ebene. Gewiß kann der Bruch eines völkerrechtlichen Paktes geahndet werden, aber auch nur so, wie der Bruch eines privatrechtlichen Vertrages geahndet wird. Man greift entweder zur Selbsthilfe, indem man gegen den vertragsbrüchigen Vertragspartner Krieg führt, man verhängt wirtschaftliche oder sonstige Sanktionen oder man ruft ein übergeordnetes Gericht an, das zwischen den

Vertragspartnern entscheidet. Das Strafrecht jedenfalls, das die Amerikaner als internationales Recht proklamierten, existiert nicht.

Ein Strafrecht ad hoc zu schaffen, ist in allen Rechtsstaaten der Welt verboten. Eine Tat kann nur bestraft werden, wenn sie zur Zeit ihrer Begehung bereits mit Strafe bedroht war. Es gab jedoch auch kein internationales Gesetz, das die von den Naziführern begangenen Verbrechen mit Strafe bedrohte.

Und schließlich war die Formulierung der Rechtssätze, auf die sich die Anklage stützte, teilweise infantil. Die Amerikaner haben in ihrem Strafrechtssystem den Begriff der Verschwörung, »conspiracy«. Wenn eine Tat als solche nicht strafbar ist, kann sie als Verschwörung oder »Zusammenrottung« strafbar sein; und eine Verschwörung wird oft behauptet, um etwa Gegner der staatlichen Ordnung überhaupt vor Gericht stellen zu können. So wurde William S. Coffin, der Studentenpfarrer der Yale Universität, der Verschwörung angeklagt, weil er seinen Studenten geraten hatte, sie sollten für den Vietnamkrieg, der ein schmutziger Krieg sei, den Kriegsdienst verweigern. Er wurde mit einigen anderen Leuten vor Gericht gestellt, die er teilweise nicht kannte oder mit deren Ansichten er durchaus nicht übereinstimmte. Einer der Angeklagten war z. B. ein konsequenter Pazifist, was Coffin keineswegs ist. Er hatte seinen Studenten nur sagen wollen, sie sollten von dem moralischen Recht eines jeden Staatsbürgers Gebrauch machen, den Dienst in einem Krieg zu verweigern, der ethisch nicht gerechtfertigt und nicht zu rechtfertigen war. Er wurde trotzdem von einem 85jährigen Richter – in Amerika sind die Richter nicht Beamte auf Lebenszeit, sondern werden ernannt und amtieren, bis sie wieder abgesetzt werden – zu zweieinhalb Jahren Gefängnis verurteilt. Man hatte also eine Verschwörung als erwiesen angenommen, obwohl man weder die persönliche Bekanntschaft noch die Übereinstimmung der Standpunkte behaupten konnte. In der Berufung wurde Coffin allerdings freigesprochen.

Im Nürnberger Prozeß lautete einer der Anklagepunkte auf »Verschwörung zur Führung eines Angriffskrieges«. Diese Anklage wurde vornehmlich gegen die Militärs erhoben, die an einer »Verschwörung« insofern beteiligt waren, als sie, wie die Generalstäbler jedes Landes, die Pläne für einen hypothetischen oder möglichen Krieg ausgearbeitet hatten. Daraus eine Anklage zu konstruieren, ist nicht nur rechtlich unhaltbar, es ist auch politisch dumm. Nachdem mehrere Angeklagte dieser Verschwörung für schuldig befunden und dafür verurteilt worden waren, hatten sich die Amerikaner einen Präzedenzfall geschaffen, der bloß deshalb noch nicht gegen sie angewandt worden ist, weil es bisher noch keine Macht gibt, die sie wegen Verschwörung zur Führung eines Angriffskrieges vor den Kadi zitieren könnte. Zwar hat es bereits ein Gremium gegeben, vor dem der Fall des Angriffskrieges gegen Nordvietnam verhandelt worden ist, aber die Ankläger waren Intellektuelle, die keine politische Macht besaßen. Gäbe es eine solche Macht, so könnte es keinem Zweifel unterliegen, daß die drei letzten amerikanischen Präsidenten und ihre politischen und militärischen Stäbe zum Tod durch den Strang verurteilt würden. Und zwar nach einem von den Amerikanern proklamierten internationalen Strafrecht.

Außerdem hätten sich die Amerikaner ansehen sollen, wie der Gerichtshof besetzt wurde. Sie hätten wissen können, daß ihre Rechtsauffassung mit der der Russen nicht übereinstimmte. Sie hätten um diese Zeit auch schon wissen können, daß die Russen in Polen Kriegsverbrechen begangen hatten, die sie von der Rolle des Richters über Kriegsverbrechen ausschloß. Sie hatten 1939 einen Teil Polens annektiert, wie auch die sogenannten baltischen Provinzen und dort eine Schreckensherrschaft errichtet. Außerdem begann man damals zu wissen, daß der Mord von Katyn, der praktisch das ganze polnische Offizierskorps aus dem Wege räumte, nicht, wie es bisher behauptet worden war, auf das Konto der Deutschen ging, sondern auf das der Russen. Aber wie ich schon ausgeführt habe, war den Amerikanern der Gedanke vollkommen fremd, daß sich ihr Verbündeter nicht bereits zum Demokraten gemausert hatte, eben weil er ihr Verbündeter war.

Darüber hinaus war die Zusammensetzung schon deshalb ungeschickt, weil die Ankläger und Richter nur von Angehörigen der Siegermächte besetzt waren. Es gab genügend andere Nationen, die zu einer Teilnahme legitimiert waren, weil sie von den Truppen Deutschlands besetzt und unter deutscher Verwaltung gestanden hatten. Holland, Belgien, Norwegen, Dänemark,

Polen, die Tschechoslowakei, Rumänien, Bulgarien, Jugoslawien wären zu nennen. Aber auch Deutsche und Österreicher oder Ungarn, denn gewiß waren auch sie aus eigenem Erleben in der Lage, Anklage zu erheben und ein Urteil zu finden. Und zu guterletzt gab es auch Neutrale, die man hätte berufen können, Schweden etwa oder Indien. Man hätte auf diese Weise den penetranten Eindruck vermieden, daß nur die Sieger über die Besiegten zu Gericht saßen.

So wie er geführt wurde, war der Nürnberger Prozeß von vornherein ins Zwielicht geraten: die Juristen beanstandeten seine Rechtswidrigkeit, die Politiker die Zusammensetzung des Gerichts; es schien sich um einen Prozeß zu handeln, dessen Ergebnis feststand, ehe er begonnen hatte.

Dabei hätte man es sich so leicht machen können. Es gibt viele nationale Rechtsordnungen, die die Angeklagten in vielen Staaten verletzt hatten. Man hätte sie nach dem deutschen Strafrecht beurteilen können, da sie schließlich Deutsche waren; das Ergebnis wäre in der Sache nicht anders und vom Rechtsstandpunkt her überzeugender ausgefallen. Man hätte aber auch die anderen nationalen Rechtsordnungen heranziehen können, die in den betroffenen Ländern verletzt worden waren, und aus ihnen ein Substrat gewinnen, das bewies, daß sich die angeführten Rechtsordnungen in der Beurteilung der von den Nazis verübten Taten einig waren. Hätte man aus diesen unzweifelhaft gültigen und kodifizierten Gesetzen die Rechtssätze abgeleitet, nach denen das Gericht urteilen sollte, dann wären den Prozessen viele schwerwiegende Vorwürfe erspart geblieben.

Die Verschwörung zur Führung eines Angriffskrieges wäre dann allerdings kein Anklagepunkt gewesen. Wiederum war eine Chance vertan. Was wie ein Fanal der Rechtlichkeit in alle Welt hinausstrahlen sollte, was alle Völker und Nationen der Welt für alle Zeiten warnen und verpflichten sollte, wurde zur dilettantischen Farce, wurde durch das Pathos des russischen Anklägers zu einem zynischen Spektakel und wurde zum Beweis gerade dessen, was man vermeiden wollte: daß man vom Sieger nicht Recht erwarten kann, sondern allein Willkür und Rache.

Die Menschlichkeit, die die Amerikaner zum Rechtsgut erheben wollten, blieb dabei auf der Strecke. Die Menschlichkeit ist ein hohes Ideal, dessen Verwirklichung innig zu wünschen ist. Aber sie ist eine Gesinnung, ein ethisches Postulat, kein juristisch definierbarer Begriff. Das Recht ist nirgends die Kodifizierung der Moral. Menschlichkeit läßt sich nicht durch Gesetze erzwingen, Unmenschlichkeit nur in begrenztem Maße durch Gesetze ahnden, soweit sie sich in mit Strafe bedrohten Taten geäußert hat. Aber eben nur als Taten. Die Tatbestände, die die Menschlichkeit verletzen, sind jedoch in allen nationalen Strafgesetzen aufgezeichnet.

Das einzige, was sich die Amerikaner damit eingehandelt haben, ist auch hier wieder ein Präzedenzfall, der für sie außerordentlich peinlich sein könnte. Es besteht nicht der geringste Zweifel daran, daß die Generalität und die politische Führung, einschließlich des Präsidenten, über die Greuel Bescheid wußten, die in Vietnam von den Truppen und zivilen Kriegsgewinnlern begangen worden sind. Sie sind zu einem Teil publiziert worden und sind noch öfter mündlich zur Sprache gekommen. Was allerdings als Bericht an politisch oder militärisch verantwortliche Stellen gelangt ist, ist dort in den Archiven oder im Papierkorb verschwunden. Die Menschlichkeit ist immer das, was der andere nicht hat.

C. *Die Soziologie*

Hier waren also die ramponierten Zierden der nunmehr gestürzten nationalsozialistischen Hierarchie, der militärischen wie der politischen, versammelt. Einige allerdings fehlten: Speer, der geniale Rüstungsminister, war bereits in ein anderes Lager versetzt worden, ebenso Schacht, der sich von einem glühenden Anhänger Hitlers in einen unerbittlichen Gegner verwandelt hatte und zuletzt von den amerikanischen Truppen aus einem Konzentrationslager befreit wurde. Ein paar andere prominente Persönlichkeiten waren in einem getrennten Hotel untergebracht, darunter Franz von Papen und der ehemalige ungarische Reichsverweser Admiral Horthy.

Bemerkenswert war diese Versammlung nicht so sehr durch den Rang der Bewohner, als durch die Soziologie, die sich unter ihnen entwickelte. Wer gemeint hatte, daß sich unter diesen vom gleichen Gesinnungsstaat und der gleichen Staatsgesinnung erhobenen Männern eine enge Gemeinschaft des Komplizentums zur Abwehr der bevorstehenden Verhöre bilden würde, sah sich getäuscht. Anscheinend hatte Hitler dafür gesorgt, daß sich eine solche Gemeinschaft des Komplizentums nicht entwickeln konnte. Er hatte es zum Prinzip erhoben, wichtige Stellen mindestens doppelt zu besetzen, wovon schon einmal die Rede war. Er versprach sich davon eine Wettbewerbseinstellung in den konkurrierenden Ämtern und zugleich ein gut funktionierendes Spitzeltum. In einem Staat, in dem das Denunziantentum zur Ehrenhandlung erklärt wird, ist eben der Spitzel ein Ehrenmann. Daher gab es im nationalsozialistischen Deutschland zwei Innenminister, Himmler und Frick, zwei Landwirtschaftsminister, Darré und Backe, mindestens zwei Rüstungsminister, da zwar die Produktion Speer unterstand, aber gleichzeitig auch Göring, der der Leiter des Vierjahresplanes war, Sauckel, der teilweise für die Beschaffung der Arbeitskräfte verantwortlich war, die aus dem Ausland rekrutiert wurden, und Ley, der als Führer der Arbeitsfront über das gesamte deutsche Arbeiterpotential verfügen konnte. Das Außenministerium war, wie schon vorher erwähnt, vielfach besetzt, wenn auch außer Ribbentrop niemand den Titel Außenminister führte. Zwischen den parallel geschalteten Ämtern herrschte Feindschaft, Rivalität und Mißtrauen.

Auch in dieser Gruppe von Gefangenen herrschte das totale Mißtrauen. Es war ein Mißtrauen, das sich nicht nur von Clique zu Clique verbreitete, sondern auch ausnahmslos von Person zu Person. Das war schon optisch wahrnehmbar; die Gefangenen hatten sich in Grüppchen aufgeteilt, die zusammensaßen und mit den anderen offensichtlich nichts zu tun haben wollten. Wahrscheinlich wußte man, daß es hier galt, den Hals zu retten, und machte daher eine scharfe Trennung zwischen sich und den anderen. So wollten die Militärs nichts mit den Politikern zu tun haben, aber auch die Politiker waren durch eine scharfe Zäsur gespalten. Diejenigen, die Staats- oder Reichsämter innegehabt hatten, hielten auf sorgfältige Distanz zu den Parteifunktionären, um dadurch auszudrücken, daß nur diese Verbrechen begangen hätten und nicht sie selbst. Unter den Militärs mißtraute die Luftwaffe der Marine, schon weil man nicht einsehen wollte, warum ausgerechnet Dönitz Hitlers Nachfolger geworden war und nicht, wie allgemein erwartet, der treue Paladin Göring, das Heer wurde von beiden geschnitten, wahrscheinlich weil es auf dem platten Boden operierte, und weil in seinem Bereich die furchtbaren Greuel der Hinrichtungen, Erschießungen und Massaker vorgekommen waren. Letzten Endes schwand dann aber auch die Trennung nach Würde und Amt. Man nahm es als selbstverständlich an, daß jeder bereit war, den anderen zu verraten, um vielleicht die eigene erbärmliche Haut zu retten, weil man selbst dazu bereit war. Das machte den verhörenden Amerikanern die Sache leicht, aber es war nicht eben dazu angetan, ihnen eine hohe Meinung von ihren Gesprächspartnern zu vermitteln. Die Götterdämmerung des Dritten Reiches besaß keine Tragik und keine Größe. Denn keiner der Mitspieler war bedeutend genug, um die für eine Tragik notwendige menschliche Sympathie zu erzeugen.

Der Schock, der sich aus den Gesprächen mit diesen Funktionären ergab – denn sie waren ja schließlich alle Funktionäre einer besonderen Machtkonstellation – war die Erkenntnis, daß sie alle kleine Männer waren. Es war kein Qualitätssprung von den unappetitlichen kleinen Nazis mit ihren Tränenbächen, den kleinen Lügen und dem großen Selbstmitleid, sondern es war ein nahtloser Übergang vom sogenannten Kleinen zum sogenannten Großen. Der einzige Unterschied war der Umfang der Macht.

Es erschien unfaßbar, daß ein großes Land wie Deutschland von diesen Kleinkrämertypen mit verkümmerter Moral, ungehobelten Manieren, mühsam verdauter Halbbildung und kaum mehr als durchschnittlicher Intelligenz regiert werden konnte. Es fehlte ihnen jegliche Grazie, jegliche Weltläufigkeit und vor allem die Fähigkeit, elegant zu lügen. Was sie zu sagen hatten, schwitzten sie aus sich heraus oder brachten es mit einem bissigen Hieb gegen einen ihrer Kollegen, dem sie die eigene Schuld aufbürden wollten. Selbstverständlich haben wir dem Kollegen diesen Hieb nicht verschwiegen und konnten genau das gleiche Schaukelspiel betreiben, das uns auch bei den kleinen Nazis zu billigen Informationen verholfen hatte. Wir ließen die Herren übereinander herziehen und notierten uns im Geiste als Information oder Provokation, was sie übereinander zu erzählen wußten. Ich habe eigentlich von keinem ein gutes Wort über einen anderen gehört, weder über Lebende noch über Tote – den heißgeliebten Führer und Reichskanzler Adolf Hitler nicht ausgenommen –; Dönitz erklärte zum Beispiel der Gefängnisverwaltung, als die Tischordnung für die Insassen gemacht wurde, er würde sich mit Streicher nicht an einen Tisch setzen, worauf ihm bedeutet wurde, wenn er mit Streicher an denselben Tisch gesetzt würde, dann würde er mit ihm am selben Tisch sitzen. Ley war der einzige, der Streicher ab und zu ein gutes Wort widmete, schon weil er mit ihm das Zimmer teilte, aber Streicher revanchierte sich dafür, indem er sagte: »Ley ist ein Schwein von oben bis unten.«

Wenn man erwartet hatte, daß unter diesen Männern, die so ungeheurer Verbrechen schuldig waren, denen in allen Bereichen des Lebens Millionen Menschen zum Opfer gefallen waren, ein einziger wirklicher großer Bösewicht sein würde, jemand, der wenigstens die Ausstrahlung des Bösen besaß und vielleicht die Faszination, die von der Größe ausgeht, sei sie nun gut oder böse, so hatte man sich geirrt. Nirgends war etwa der skrupellose Kondottiere der italienischen Renaissance, oder ein blutrünstiger Eiferer wie Robespierre; hier saßen im Gros frustrierte Kleinbürger, die teilweise, wie Ley, vor der Machtergreifung mit den Strafgesetzen in Konflikt geraten waren, und nahmen Rache für ihre eigene Unzulänglichkeit. Sie hatten alle einen psychologischen Knacks, der teils aus Minderwertigkeitsgefühlen, teils aus pervertierten Sexualphantasien, teils aus einem zwanghaften Schauspielerwahn und teils aus dem stammte, was man auf Englisch »moral insanity« nennt. Wären sie sozusagen »normale« Staatsbürger geblieben, dann hätten sie es bestenfalls auf kleine Gefängnisstrafen gebracht, denn sie waren nicht nur kleine Männer, sondern auch kleine Verbrecher. Daß sie ihre Verbrechen so ins Unermeßliche erweitern konnten, lag nur daran, daß sie einen technischen Apparat kommandierten, der das kleine Verbrechen ins Riesenhafte multiplizierte.

Natürlich gab es Unterschiede der Persönlichkeit. Nicht bei allen war das Gespräch eine Qual oder ein Ärgernis. Göring zumal, der General Warlimont, von Papen konnten Rede und Antwort stehen, ohne daß man einen inneren Ekel überwinden mußte. Aber sie wurden alle um Haupt und Schultern überragt von dem einzigen, der kein Deutscher war in dieser Versammlung, von dem Ungarn Admiral Horthy.

Wahrscheinlich ist es die Kombination von kleinen Männern und perfekter Technik, die Hannah Ahrendt zu der Reflektion verführt hat, daß unsere Zeit den großen Bösewicht nicht mehr zulasse, daß die Technik ihn auf ein Kleinformat beschränke und daß das Böse banal geworden sei. Man ist vom Augenschein her geneigt, ihr in diesen Überlegungen recht zu geben. Denn das, was in den Konzentrations- und Vernichtungslagern geschah, war so gräßlich eben dadurch, daß es durchaus nichts Außergewöhnliches hatte, sondern zu einer absolut banalen Alltäglichkeit degradiert worden war. Der Kritiker Hellmuth Karasek hat zu Recht gegen das Stück von Peter Weiss »Die Ermittlung« polemisiert, daß darin einige Leute herausgestellt wurden, die durch besondere Grausamkeiten hervorgetreten sind. Das sei für Auschwitz aber gerade atypisch gewesen. Typisch sei gewesen, daß sich hier eine Routine entwickelt habe, eine Routine des pausenlosen, fast maschinellen Mordens, daß die Sadisten unter den Mördern gerade die gewesen seien, die aus der Routine heraustachen, sie durchbrachen und sie in gewisser Weise beinahe wieder »menschlich« machten. Es ist sogar vorgekommen, daß Grausamkeiten, die »aus dem Rahmen fielen«, in Konzentrationslagern geahndet wurden. Viel schlimmer, viel grauenhafter, viel unmenschlicher hingegen war die gesichtslose, gefühllose, »banale« Ermordung von Millionen.

Wenn man die Insassen des Hotels von Mondorf ansah, fühlte man sich versucht, diesem Gedankengang zu folgen. Voraussetzung wäre dann allerdings, daß banale Menschen nur banale Taten begehen können oder daß unbanale Taten dadurch, daß banale Menschen sie begehen, banal werden. Beides halte ich für falsch.

In seinem Roman »Mr. Sammlers Planet« läßt der amerikanische Autor Saul Bellow den alten Mr. Sammler, einen geborenen Polen, der wie durch ein Wunder einer deutschen Erschießungsaktion entkommen ist und den Krieg überlebt hat, sagen: »Die Idee, das große Verbrechen des Jahrhunderts langweilig erscheinen zu lassen, ist nicht banal. Politisch, psychologisch hatten die Deutschen eine geniale Idee. Die Banalität war bloße

Tarnung. Wie kann man den Mord besser von seinem Fluch befreien als dadurch, daß man ihn alltäglich, langweilig oder platt erscheinen läßt? Mit gräßlicher politischer Einsicht fanden sie eine Methode, die Sache zu bemänteln. Intellektuelle begreifen nicht. Sie holen sich ihre Vorstellungen von derartigen Dingen aus der Literatur. Sie erwarten einen bösen Helden wie Richard III. Aber glaubst du, die Nazis hätten nicht gewußt, was Mord ist? Jeder Mensch, ein paar Blaustrümpfe ausgenommen, weiß, was Mord ist. Das ist ein sehr altes menschliches Wissen. Die besten und reinsten Menschen haben von Anbeginn der Zeit verstanden, daß das Leben heilig ist. Diesem alten Verständnis zu trotzen, ist nicht banal. Es war eine Verschwörung gegen die Heiligkeit des Lebens. Banalität ist die aufgelegte Tarnung eines sehr kräftigen Willens, das Gewissen abzuschaffen. Ist ein solches Projekt trivial? Nur wenn das menschliche Leben trivial ist. Der Feind dieser Professorin (nämlich Hannah Ahrendt) ist die moderne Zivilisation selber. Sie bedient sich nur der Deutschen, um das zwanzigste Jahrhundert anzugreifen, es mit Begriffen zu denunzieren, die von den Deutschen erfunden wurden. Bedient sich einer tragischen Geschichte, um die hirnverbrannten Ideen Weimarer Intellektueller zu fördern.«

Hieran ist unzweifelhaft so viel richtig, daß die Nazis genau wußten, was der Mord ist. Die sogenannte »Endlösung«, d. h. die Ausrottung der Juden, die in Auschwitz und ähnlichen Lagern vollzogen wurde, war auch für sie keine Banalität, sondern eine große geschichtliche, fast religiöse Tat, zu der sie sich im kleinsten Kreis verschworen hatten. Freilich wußte von den in Mondorf Anwesenden allerhöchstens ein einziger von dieser Endlösung. Alle anderen hatten zwar mit Juden oder Staatsfeinden kurzen Prozeß gemacht, hatten persönliche Gegner, Mißliebige, Unbequeme ins Konzentrationslager geschickt und dort ihrem Schicksal überlassen, d. h. sie hatten sich eines Apparates bedient, ohne sich ein Gewissen daraus zu machen. Ja, sie wußten, was Mord ist und die Heiligkeit des Lebens war ihnen kein leerer Begriff, aber die große politische Macht schafft ihre Privilegien. Und ein Machtprivilegium von alters her ist der politische Wahnsinn.

Von jeher hatte der König absolute Macht über Leben und Tod seiner Untertanen. Es war das höchste, gleichsam mystische

Privileg, daß er nach Belieben und Willkür töten durfte. Wenn man sich die Revolutionen der Weltgeschichte ansieht, durch die Könige entthront, entmachtet oder hingerichtet oder Diktaturen durch andere Diktaturen ersetzt wurden, so hat man das Gefühl, daß die neuen Machthaber vom besiegten König oder besiegten Rivalen nur das eine Privileg abzuleiten suchten: selbst nach Belieben und Willkür töten zu dürfen. So war es in der französischen Revolution, so in der russischen Revolution, so war es in allen Revolutionen neuer sogenannter sozialistischer Staaten nach dem Zweiten Weltkrieg, so ist es in Südamerika und so ist es in Afrika. Reformen, bürgerliche Rechte, Wahlen, demokratische Beschlüsse sind von untergeordneter Bedeutung, wichtig ist, daß der neue Machthaber und seine Handlanger morden können. Morden als Nachfolger eines Königs, bei dem das Töten zum Gottesgnadentum gehörte.

Hitler und seine Schergen haben das weiß Gott nicht gewußt. Aber sie haben das Töten ebenso als Bestandteil eines Gottesgnadentums, nämlich der Idee des Nationalsozialismus, die wie alle Ideen absolut, ewig und gültig war, für sich in Anspruch genommen. Hier hört in der Tat die Banalität auf. Hier ist eine Art »heiliger« Krieg, in dem das Ohr, der Kopf, die Zunge oder das Geschlechtsteil eines getöteten Gegners eine Prämie verdienen.

Aber damit nicht genug. Das Töten schafft Lustgefühle. Die Vernichtung des anderen Lebens steigert die Lust am eigenen. Der Mord ist in dieser Hinsicht nicht nur lebensbejahend, sondern lebenssteigernd. Die Leiter der Vernichtungslager haben das gewußt. Sie haben abends für die Mannschaften, die ihre Opfer in die Gaskammern trieben oder sie in die Verbrennungsöfen schoben, Gelage und Orgien veranstaltet, nicht nur zur Kompensation des Grauens, sondern zur Fortsetzung des Hochgefühls. Für die Hitler und Genossen, die diese Steigerungen brauchten, um existieren und agieren zu können, war der ganze Mordtaumel eine große Lustbarkeit von apokalyptischem Ausmaß. Banalität? Daran war nichts banal als die Monotonie der Ausführung.

Ist es bei den Kirchen anders, zumal bei den Kirchen, die eine biblische Religion repräsentieren und das Wort der heiligen Lehre, oder was sie durch Übersetzung, Deutung und Dogmatisierung daraus gemacht haben, zur absoluten und unumstößlichen Wahrheit erklären, die allein durch den Glauben das Leben sowie den Tod rechtfertigt. Denn das Leben darf nicht haben, wer von dieser Wahrheit fällt, und der Tod soll den nicht selig machen, der sie sich nicht angeeignet hat. Und wieder rauchte, zur höheren Ehre Gottes, das Blut der Opfer zum Himmel. Und die Lust an den Seelen, die auf diese Weise gerettet wurden, war bei den Schergen unermeßlich.

Allerdings war damit auch eine subtile Dialektik verknüpft, daß nämlich allein der Tod des Opfers eventuell seine Versöhnung mit dem Himmel herbeiführen könnte, so daß der Tod letzten Endes doch noch ein seliger war. Vielleicht wird mit dem Ende des christlichen Mittelalters, das sich in unserem Jahrhundert zu vollziehen scheint, auch dieses Privilegium seinen mystischen Reiz verlieren. Vielleicht gibt es sogar schon Anzeichen dafür. Aber der Weg ist noch weit.

Wir jedenfalls sind noch in Mondorf, bei diesen gräßlich banalen Männern, die wahllos Morde begingen, um dadurch die eigene Individualität aufzustocken und sich die Leichen gewissermaßen als Trophäen an den Hut zu stecken. Sie beeilten sich zu sagen, daß sie selbst nie jemanden ums Leben gebracht hätten. Das stimmte auch. Dazu waren sie zu feige.

Von keinem der Gefangenen, weder den Kriegsgefangenen noch den sogenannten »kleinen Nazis« noch dieser »Elite«, die für die Geschicke der deutschen Nation verantwortlich gewesen waren, weder von den Militärs noch den Politikern, habe ich jemals gehört, daß sie sich um die Zukunft Deutschlands Gedanken machten, daß sie das Schicksal Deutschlands betrauerten, daß es ihnen leid tat, was sie aus Deutschland gemacht hatten. Deutschland, das deutsche Volk, das Elend der Niederlage, der Jammer der furchtbaren Menschenverluste, das Grauen der Zerstörungen kam in diesen Gesprächen nicht vor. Nicht ein einziger kam auf den Gedanken, sich an die Brust zu schlagen und zu sagen, daß er sich vor dem Volk für die fürchterliche Erbschaft des Nationalsozialismus schuldig fühle, die es für die Zukunft übernehmen mußte. Alle sprachen nur von sich, von ihrem Schicksal, von ihren Leistungen, von ihren Wünschen und ihren Plänen, und wie gut sie es im Grunde gemacht hätten, wenn bloß der andere nicht gewesen wäre. Wieder war die einzige

Ausnahme der Nicht-Deutsche Horthy, der um das Schicksal, das er für Ungarn ahnte, Tränen vergoß. Die Führer des Nationalsozialismus hielten es anscheinend mit Hitler, der in seinen letzten Tagen ausgesprochen hatte, daß das deutsche Volk seiner nicht würdig gewesen sei, da es diesen Krieg verloren hätte.

Natürlich waren bei allen Gesprächen zwei Gestalten trotz ihrer Abwesenheit immer anwesend: Hitler und sein Sekretär Martin Bormann.

Von Hitler gingen die Gespräche gewissermaßen aus, und zu Hitler kehrten sie zurück. Das hatte verschiedene Gründe. Hitler war tot. Man konnte sich jetzt an ihm die Füße abwischen. Man war eigentlich schon immer gegen ihn gewesen. Man hatte seine Schwierigkeiten mit ihm gehabt. Man war eigentlich ein Opfer des Nationalsozialismus.

Aber er war tatsächlich auch die Quelle jeder Entscheidung. Er hatte es schon früh, im Jahre 1938, aufgegeben, sein Kabinett zusammenzurufen. Seitdem holte er sich zur Diskussion oder Entscheidung individueller Probleme nur einen oder zwei Ressortchefs mit ihren Experten, die er entweder anhörte oder lediglich mit einem bereits gefaßten Entschluß bekanntmachte. Es gab keine Debatten im großen Kreis, kein Hin und Wider von Meinungen, sondern nur eine Befehlsausgabe. Alle Fäden liefen bei Hitler zusammen, nur er hatte den großen Überblick – der allerdings auch nur so groß war, wie man ihn unterrichtete, und in vielen Fällen unterrichtete man ihn nicht, oder wenigstens nicht vollständig – nur er allein hatte daher auch die große Verantwortung.

Der Haß auf Bormann war allgemein. Es war fast unmöglich, Hitler unter vier Augen zu sprechen; Bormann war allgegenwärtig. Seine Karriere wurde mir so geschildert:

Der eigentliche Sekretär und Stellvertreter Hitlers sei Rudolf Heß gewesen, der jedoch ein Sonderling war. Hitler war beispielsweise Vegetarier, aber Heß war selbst unter den Vegetariern ein Purist, der Hitlers vegetarische Kost schon als einen Verstoß gegen die reine Lehre ansah und sich zu einer Mahlzeit, zu der Hitler ihn eingeladen hatte, seine eigenen vegetarischen Gerichte mitbrachte. Das ging Hitler nun allerdings zu weit, und er forderte Heß auf, von nun an seiner Tafel entweder das mitzuessen, was er vorgesetzt bekam, oder aber zu Hause zu bleiben.

Außerdem litt Heß unter Depressionen. Er war ohnedies ein depressiver Mensch, der ab und zu aus dem öffentlichen Leben verschwinden mußte, um sich in einem mecklenburgischen Sanatorium einer Kur zu unterziehen. Dort trieb er Sport, turnte, achtete sorgfältig auf seine Diät und kehrte nach einiger Zeit zu seinem Aufgabenbereich zurück.

Damit war Hitler nicht gedient. Er brauchte jemanden, der seinen Lebensrhythmus mitmachte, der jederzeit zur Verfügung stand, der absolut pünktlich und zuverlässig und keinen seelischen Schwankungen unterworfen war.

Heß litt darunter, daß er Hitlers Anforderungen nicht genügte. Er litt außerdem darunter, daß seine Stellung in der nationalsozialistischen Hierarchie so schlecht definiert war. Er war der Stellvertreter des Führers. Was bedeutete das? Es war in den Naziverbänden üblich, daß man die höheren Chargen duzte und mit ihrem Titel oder Rang anredete. Man sagte »mein Bannführer« und du, »mein Gruppenführer« und du, »mein Reichsminister« und du, »mein Reichsstatthalter«, »mein Führer«. Man sagte zu Heß »mein Stellvertreter«, und das manchmal nicht ohne Grinsen.

Die Depressionen von Heß häuften sich, ihre Heilung dauerte von Mal zu Mal länger, der Grad seiner Nützlichkeit für Hitler verringerte sich ständig.

Während der ganzen Zeit war Bormann als Sekretär von Heß im Hintergrund, um bei Hitler die Stelle von Heß einzunehmen. Er war, nach allen Schilderungen, ein primitiver Mensch, war komplizierten Überlegungen nicht zugänglich und haßte die Intellektuellen. Aber er war ein unermüdlicher Arbeiter, und er hatte das seltene Geschick, sich genau auf Hitlers Tagesplan einstellen zu können. Und das war keine einfache Sache.

Hitler stand im allgemeinen spät auf und hatte keine festen Arbeitsstunden. Albert Speer wunderte sich in seinem Buch, daß Hitler bei so wenig Arbeit doch immerhin so viel wußte und so viel geleistet hat. Ihm half ein untrügliches Gedächtnis und jene Art von Inspiration, die manchmal zu Überraschungserfolgen führt, aber auf die Dauer zum Scheitern verdammt ist.

Wenn jedoch Hitler arbeiten wollte, war Bormann zur Stelle. Er hatte alle Unterlagen, alle Informationen, er konnte schnellstens die Fachleute heranholen, er war da mit Rat und Tat und anscheinend einem unerschöpflichen Vorrat von Intrigen. Wenn jemand in einer Frage Bormann auf seiner Seite hatte, so war das Spiel schon halb gewonnen; war Bormann gegen ihn, dann war der Vortrag beim Führer praktisch zwecklos.

So folgte Bormann Hitlers sporadischem Tageslauf und blieb bei ihm, bis Hitler zu Bett ging, was selten vor zwei oder drei Uhr nachts der Fall war. Aber selbst wenn Hitler am nächsten Morgen schon um sechs Uhr aufstehen mußte, war Bormann zur Stelle. Er war frisch, ausgeruht, arbeitseifrig, tüchtig, fehlerlos und dynamisch. Und stur und primitiv und eitel und brutal und verschlagen.

Das waren also die beiden Gestalten, die durch fast alle Gespräche geisterten. Während jedoch Bormanns Gestalt bald sehr handfeste Formen annahm und in seiner Figur und Wirkung durchaus vorstellbar war, blieb Hitler schemenhaft. Es fiel immer schwerer, ihn sich vorzustellen. Jede Beschreibung zeigte ihn als Dilettanten, der Vernunftgründen nur in beschränktem Maße zugänglich war, weil er ihnen nicht zuhörte oder sie nicht zur Kenntnis nehmen wollte, als einen rechthaberischen Menschen, der seine Mitarbeiter brüskierte, als einen primitiven Menschen, der sich Intellektuellen gegenüber unsicher fühlte, und ihre Gegenwart mied, aber auch Distanz zu seinen alten Kampfgenossen hielt, die ihm als rüde Rabauken und Schlägertypen nicht mehr hoffähig erschienen.

Wenn man aber im Gespräch darauf hinwies, dann gab der Partner im allgemeinen zu, daß man durchaus recht hätte; so sei er auch gewesen, so habe er sich ihnen gegenüber auch gezeigt, man sei von Mal zu Mal nicht sicher gewesen, was für einem Führer man begegnen würde. Dinge, die man bereits als sicher angenommen hätte, seien auf einmal kurzerhand umgestoßen worden. Man sei manchmal in tiefer Enttäuschung von ihm gegangen. Aber an seinem Genie, an seiner Ausstrahlung, an seiner mitreißenden Energie, an seiner Befehlslegitimation hatte man nie gezweifelt.

Wieder kam die Frage, wie es denn mit seiner Energie bestellt gewesen sei. Man hätte doch gehört, daß er während des

Krieges zunehmend abgestumpft sei und sich zu Katastrophenmeldungen entweder abweisend oder überhaupt nicht geäußert habe.

Auch das wurde ohne Widerspruch zugegeben. Niemand konnte einleuchtend erklären, worin die Faszination lag und warum man sich trotz aller Vorbehalte, Enttäuschungen und alles vernünftigen Widerstrebens immer wieder davon gefangennehmen ließ. Aber daß man gefangen war, immer und immer wieder, und bis zu seiner letzten Stunde, haben selbst die nicht leugnen können, die behaupteten, daß sie schon längst mit ihm gebrochen hätten.

D. Die militärischen Führer

Wenn ich jetzt von den einzelnen Persönlichkeiten spreche, mit denen ich in Mondorf in Kontakt gekommen bin, dann wird man mir zugutehalten müssen, daß seitdem ja immerhin 27 Jahre vergangen sind und meine Erinnerungen teils verwischt, teils vielleicht auch nicht mehr ganz präzise sind. Zumal die wenigen Vertreter des Militärs, denen ich dort begegnet bin, haben mir einen ziemlich blassen Eindruck hinterlassen, weil sie auch eigentlich außerhalb meines Themenbereichs lagen. Ich hatte keineswegs das Recht, enzyklopädische Verhöre anzustellen, sondern die Themen waren ziemlich streng verteilt, und wenn ich nicht eine gewisse Sonderstellung unter den Verhörenden eingenommen hätte, so wäre mein Spielraum wohl noch kleiner gewesen.

Die Sache fing damit an, daß ich, streng genommen, zu Verhören von Gefangenen dieser Kategorie überhaupt nicht berechtigt war. Ich war damals Technical Sergeant, was etwa einem Stabsfeldwebel entspricht; ich hatte also keinen Offiziersrang. Da meine Gefangenen teils die höchsten Spitzen der Partei- und Staatshierarchie, teils Offiziere der Generalität waren – wenn ich mich nicht irre, war General der niedrigste dort vertretene Rang – so hätte ich als Soldat im Mannschaftsgrad mit diesen Leuchten der Menschheit gar nicht sprechen dürfen.

Trotzdem wurde die Legitimität meiner Verhöre niemals in Frage gestellt. Das hatte zwei Gründe. Erstens hatte ich von meiner Uniform jedes Abzeichen entfernt, sowohl das Rangabzeichen wie auch die Abzeichen der amerikanischen Armee, die auf den Revers der Uniformjacke getragen wurden. Es hätte durchaus sein können, daß ich einer der vielen Zivilisten war, die sich jetzt in Uniform an den verschiedenen Verhör- und Verwaltungsstellen aufhielten und Ämter versahen.

Zweitens aber war ich einem Professor der sogenannten Hoover Library zugeteilt, der vom amerikanischen Kriegsministerium die Genehmigung erhalten hatte, gewisse Befragungen in Mondorf durchzuführen.

Die Hoover Library, gestiftet vom früheren amerikanischen Präsidenten Herbert Hoover, einem Quäker und überzeugten Pazifisten, ist eine große Stiftungsbibliothek, die ihren Sitz in Palo Alto im Bundesstaat Kalifornien hat. Dort hatte im Jahre 1911 der große Menschenfreund und Menschenhelfer Hoover die Bibliothek für »Krieg, Revolution und Frieden« eingerichtet, in der er die Dokumente politischer Ereignisse, vor allem derer, die sich mit Krieg und Revolution beschäftigten, sammeln ließ, um durch die Kenntnis dessen, was Krieg und Revolution hervorrief, den Frieden herbeizuführen und im Bewußtsein der Menschen zu sichern.

Das große Ansehen, das Herbert Hoover genoß, kam dieser Bibliothek zugute. Leute, die im öffentlichen Leben gestanden hatten, Politiker, Staatsmänner, hohe Militärs und Diplomaten schenkten der Bibliothek ihre Memoiren, ihre Dokumente, ihre privaten Aufzeichnungen oder Tagebücher und machten im Laufe der Jahre diese Bibliothek zu einem großen Forschungszentrum politischer Bewegungen und gewaltsamer politischer Auseinandersetzungen. Heute ist sie in einem mächtigen sechzehnstöckigen Turm untergebracht, der das Campus der Stanford Universität in Palo Alto beherrscht.

1945 hatte sich der ehemalige Präsident Hoover bei dem damaligen Präsidenten Harry Truman darum beworben, durch einige seiner Repräsentanten gewisse Fragen an die in Mondorf versammelten Militärs und Politiker richten zu dürfen. Die Themen, die ihn interessierten und die er angab waren: Die Parteijustiz des Nationalsozialismus, die Stellung der Kirchen im nationalsozialistischen Staat und der spanische Bürgerkrieg.

Ich traf den Professor, dem ich zugeteilt war, in Mondorf,

entdeckte, daß er zwar geborener Amerikaner war, und einer rein amerikanischen Familie entstammte, aber nach dem Tode seiner Eltern als Pflegekind von einer Berliner Familie aufgezogen worden war und daher nicht nur Berlin genau kannte, sondern auch die deutsche Sprache fehler- und akzentlos beherrschte. Er war ein Mann von bedeutender Intelligenz und bemerkenswerter Geistesgegenwart, wenn man auch oft das Gefühl hatte, daß er in der Mitte eines Satzes einschlafen könnte, ohne ihn zu beenden. Das erwies sich immer als eine Täuschung; er sprach zwar furchtbar langsam, stockend und bedächtig, und hörte auf einmal unvermittelt auf zu sprechen, aber irgendwann kam der Satz dann doch zu Ende und war schließlich durchdacht, schlüssig und sogar glänzend formuliert. Trotzdem geschah es, daß seine Gesprächspartner, ich nicht ausgeschlossen, ungeduldig wurden.

Ich selbst hatte schon bei den Kriegsgefangenen »Professor« geheißen – oder sie hatten mich so geheißen – und ließ mich auch jetzt so nennen. Ich galt als Professor, alle Gefangenen nannten mich Herr Professor und ließen es dabei bewenden, da die Namen der Verhörenden sowieso niemals preisgegeben wurden.

Die ersten Verhöre führte ich noch mit meinem (echten) Professor zusammen durch, später gab er mir jedoch freie Hand und ließ mich allein mit meinen Gesprächspartnern verhandeln.

Aus irgendwelchen Gründen waren die Militärs die ersten, mit denen wir sprachen. Wir hatten eigentlich kein Anliegen an sie; sie hatten mit den drei Themen, die uns interessierten, fast gar nichts zu tun. Ich argwöhne, daß der Professor, mein Chef, ihre Unterschrift unter die Protokolle der ziemlich unwichtigen Verhöre haben wollte, die er pro forma mit ihnen durchgeführt hatte. Das ist ihm auch teilweise gelungen.

Wie ich schon gesagt habe, waren die Militärs, da sie noch als Kriegsgefangene galten, in ihren Uniformen. Das verschaffte ihnen vor den Partei- und Staatspolitikern einen großen Vorteil, denn eine Uniform ist nicht nur ein Kleidungsstück, sie ist auch ein Korsett. Eine Uniform legt Pflichten auf; man darf sich in einer Uniform nicht alles erlauben, man muß auf ein gewisses Benehmen und eine gewisse Haltung achten, das heißt, man darf jede Schweinerei darin begehen, solange man dabei die Form wahrt. Ein Mann in Uniform ist niemals ganz verloren; ein anderer Uniformträger betrachtet ihn in irgendeinem Winkel seines Herzens als Kamerad, selbst wenn er sein Feind ist. Es ist auch dies eine gewisse internationale Ganovenabmachung, die aber bisher gewirkt und insbesondere den Offizier vor viel Unbill bewahrt hat.

Insofern ist die Uniform ein unfaires Kleidungsstück. Man mußte sich vorstellen, daß alle unsere Gefangenen, auch die sogenannten »kleinen Nazis«, und die Politiker, die jetzt hier versammelt waren, einmal Uniformen getragen hatten, daß sie in ihren Uniformen strotzten und protzten, daß sie damit Ansehen und Macht symbolisierten und daß sie ihr Nichts wirkungsvoll aufputzten. In Uniform hätte keiner von ihnen geweint. Es ist wie bei den alten Luftschiffen, die früher noch den Himmel bevölkerten: es gab ein starres System, ein halbstarres System und den Ballon, der nur so lange fliegt und eine erkennbare Form bildet, wie er aufgeblasen ist. So ist die Uniform mit Tressen, Litzen, Hosenstreifen, Kragenspiegeln, Achselstücken und Abzeichen das starre System, die Uniform ohne diese Abzeichen das halbstarre System und das Hemd mit goldenem Kragenknopf oder die lasche Zivilkleidung der Ballon, der nur solange Gestalt hat, wie der Träger das Gas dazu liefert. Mit Gas meine ich Persönlichkeit. Da unsere Zwangsgäste zumeist keine Persönlichkeit besaßen, wirkten sie in ihren zivilen Kleidungsstücken lasch wie die Aufwischlumpen.

Was ich früher über Generäle gesagt habe, brauche ich nicht zu wiederholen. Die vier, die ich im folgenden kurz beschreiben will, paßten genau in das Schema. Sie waren alle auf ihre Weise intelligent, sie waren vielleicht fachlich außerordentlich befähigt, sie hätten es sehr krumm genommen, wenn man ihren soldatischen Mut in Zweifel gezogen hätte, aber sie hatten zu wenig moralische Phantasie, um damit ihren persönlichen Mut zu steuern. Sie ließen, was man ihnen vielleicht zum guten anrechnen möchte, nicht erkennen, ob sie inzwischen eingesehen hatten, was an moralischer Schuld auf ihnen lastete; sicherlich hatte es Dönitz nicht eingesehen, denn er redete im Verhör so forsch daher, als seien die Nazis eigentlich sehr nette Leute gewesen, die in einen bedauerlichen Betriebsunfall verwickelt worden seien. Sicherlich hatte es andererseits Warlimont eingesehen und nicht erst, als der Krieg verlorenging oder beendet war, und nicht erst seit seiner Gefangennahme. Er war von allen anwesenden Vertretern der militärischen Kaste der intelligenteste und gewandteste, und man hatte den Eindruck, daß er weder der Barbarei des Hitler-Regimes gern gedient hat noch der Sinnlosigkeit der Hitler-Strategie gern die Hand geliehen hat. Sein Zynismus, in den er sich flüchtete, mag im Kasino sehr amüsant gewesen sein, hat aber kaum einem deutschen Soldaten das Leben gerettet.

Unser erster Gesprächspartner war Generalfeldmarschall Wilhelm Keitel, Oberbefehlshaber der Wehrmacht. Er war seinerzeit unter etwas anrüchigen Umständen zu seiner hohen Stellung ernannt worden; man hatte den fähigsten General durch eine üble Verleumdung aus dem Rennen geworfen und hatte Keitels Vorgänger dadurch beseitigt, daß man ihm eine Heirat aufschwatzte, die weiß Gott nicht standesgemäß war, und außerdem noch Hitler zur Trauungsfeierlichkeit einlud. Als Hitler hörte, daß er der Trauung seines Höchstkommandierenden mit einer Dame zweifelhafter Moral, oder unzweifelhafter Unmoral, beigewohnt hatte, erlitt er einen seiner häufigen Wutanfälle und verlangte dessen Rücktritt. Als seinen Nachfolger ernannte er Wilhelm Keitel.

Sicherlich hatte er damit eine gute Wahl getroffen. Wilhelm Keitel war ein öliger, äußerst zuvorkommender, ja-sagender und ja-nickender Diener, der nicht zu Unrecht den Spitznamen Lakaitel trug, weil er immer freudig zu Diensten war. Er war dauernd irgendwo in Hitlers Nähe und las ihm die Befehle von den Augen ab; aber seine Courage reichte nicht so weit, daß er ihm widersprach. Oft hat man ihn in verzweifelten Fällen gebeten, er möge doch Hitler in dieser oder jener Sache Vorstellungen machen, er möge ihm doch die Unmöglichkeit eines bereits gegebenen Befehls vor Augen führen, er möge doch für eine Sache eintreten, der Hitler ablehnend gegenüberstand. Er hat es auch oft zugesagt, mit derselben beflissenen Bereitwilligkeit, die er Hitler, und selbstverständlich auch uns gegenüber zeigte, aber er hat es selten bis nie getan.

Sein Gespräch mit uns strömte über von Bereitwilligkeit, unsere Fragen sozusagen mit Herzlichkeit zu beantworten; er pflichtete unseren Ansichten vorbehaltlos bei und war auch gar nicht mehr der Meinung, daß Hitlers Strategie die beste gewesen sei. Es seien wohl große Fehler gemacht worden, gab er zu, und was er dann hinterher, aber selbstverständlich erst hinterher, er hätte während des Krieges nie etwas davon gewußt, von den Greueln gehört habe, die in den Konzentrations- und Vernichtungslagern verübt worden seien, habe ihn doch sehr erschüttert. Das müsse er zugeben.

Wie alle moralisch feigen Menschen hatte jedoch Keitel seine eigenen Greuel. Er bediente sich zu diesem Zwecke des Obersten Kriegsgerichtes.

In diesem Kriegsgericht gab es, wie ich schon ausgeführt habe, drei Senate, von denen der eine einigermaßen menschliche Urteile fällte, ein zweiter jedoch fast nur Todesurteile herstellte und daher der Blutsenat genannt wurde, während der dritte Senat zwischen den beiden zu stehen schien. Die Urteile mußten dem Chef des Oberkommandos der Wehrmacht vorgelegt werden, der sie zu bestätigen hatte. Es war jedoch bekannt, daß Keitel sehr viele Urteile des milden Senats kurzerhand kassierte und zur nochmaligen Aburteilung an den Blutsenat verwies, wodurch er gleichzeitig erkennen ließ, daß er ein Todesurteil erwartete. Die Fälle, in denen derartige Todesurteile gesprochen wurden, waren häufig höchst trivial und lächerlich; angeklagt waren häufig auch ausländische Soldaten, z. B. Polen, Belgier oder Franzosen, die in den Dienst der Wehrmacht gepreßt worden waren (oder sich freiwillig gemeldet hatten) und irgendwie durch unvorsichtige Äußerungen oder mangelnde Kampfesbegeisterung den Unwillen ihrer Kameraden oder Vorgesetzten erregt hatten. Es war ja schon todeswürdig, wenn man den Endsieg in Zweifel zog, aber schlimmer waren noch abfällige Bemerkungen über hochgestellte Persönlichkeiten des Staates oder der Partei, die dann auf diese Weise drakonisch geahndet wurden. Keitel hat mit dieser Masche viele Menschen ums Leben gebracht, die nichts weiter getan hatten als unter seelischem Druck ihrem Herzen Luft zu machen. Vielleicht nahm er es ihnen übel, daß sie aussprachen, was er selber als Wahrheit erkannte, aber selbst nicht auszusprechen wagte.

Ich brachte in unserem Gespräch diese Methode der Rückverweisung von abgeurteilten Prozessen nicht aufs Tapet, denn weder führte ich das Gespräch noch gehörte diese Art der Gerichtsbarkeit zu den Themen, die uns zugestanden waren. Die Information über das Verhalten Keitels als höchster militärischer Gerichtsherr stammte von einem Kriegsgerichtsrat, der mir früher als Kriegsgefangener begegnet war. Aber auch ohne dieses Wissen hätte Keitel, von dem Hitler gesagt hat, daß er auf ihn nicht verzichten könne, weil er treu sei wie ein Hund, auf mich einen unangenehmen Eindruck gemacht.

Generaloberst Alfred Jodl, Chef des Wehrmachtführungsstabes, war das genaue Gegenteil von Keitel. Wo Keitel auf eine Frage, deren Beantwortung zwanzig Wörter erforderte, deren hundert sprach, wartete Jodl mit fünf auf. Er war unverbindlich, korrekt, kühl, sachlich, präzise und nur in Sachen der Wehrmacht artikuliert. Sonst war er scheinbar ohne Meinung oder zum mindesten uninteressiert. Das Gespräch mit ihm hielt ich für unergiebig. Auf das wenige, das wir sozusagen gesprächsweise von ihm wissen wollten, antwortete er knapp und spärlich. Er distanzierte sich nicht von Hitler und seiner Strategie, aber er lobte sie auch nicht. Er umgab sich mit einer Art soldatischer Unnahbarkeit, die in gewisser Weise imponierte.

Darauf war seine Haltung auch unzweifelhaft angelegt. Natürlich birgt ein solches Auftreten eine gewisse Gefahr in sich. Der Offizier, und zumal der deutsche Offizier, steht in dem Ruf, arrogant zu sein, obwohl dieser Eindruck sich auf nichts weiter gründet als die Tatsache, daß er Soldat ist, daß er Offizier ist und daß er eine Uniform trägt.

Jodl trug diese Arroganz zur Schau. Vielleicht mußte er damit eine Notlage überbrücken, weil er sich in dieser Situation und vor den Feinden nicht leisten konnte, seine Gedanken über Hitlers Kriegsführung preiszugeben. Wahrscheinlicher jedoch wollte er durch die betont soldatische Haltung an Themen vorbeisteuern, die sein ganzes Soldatentum zur Farce gemacht hatten.

Was ich von Hitlers Generälen halte, brauche ich nicht zu wiederholen. Man würde ihnen aber gern zugutehalten, daß sie bei aller Feigheit wenigstens als Soldaten gehandelt und die Spielregeln eingehalten haben, die für diesen Berufsstand gelten. Aber Keitel, Jodl und sicher viele andere in Hitlers Generalstab hatten längst keinen Anspruch mehr darauf, sich auf das Soldatentum zu berufen, weil sie es als Stand und Idee ebenso geschändet und verraten hatten, wie sie ihr Volk verraten sollten.

Durch die sogenannte Genfer Konvention ist der Soldatenstand geschützt. Der Uniformträger genießt einen kräftigen Schutz, der ihm besonders bei der Gefangennahme eine korrekte Behandlung zubilligt und vor allem verbietet, daß Gefangene für die Kriegsproduktion des Feindes eingesetzt werden dürfen.

Keitel und Jodl haben sich sehr bewußt außerhalb der Genfer Konvention gestellt. Sie haben sich der Formel bedient, daß der russische Kriegsgefangene eben der »ungleiche Tatbestand« ist und ihn außerhalb des Soldatenrechts gestellt. Sie haben mit den berüchtigten »Nacht- und Nebelbefehlen«, die beiden bekannt waren, an geheimen Verschleppungen von Zivilisten der Oststaaten nach Deutschland mitgewirkt und dafür gesorgt, daß Gefangene zu Hunderttausenden in die deutsche Kriegsproduktion gepreßt wurden.

In Mondorf wußte ich von diesen Befehlen noch nichts. Aber wenn ich an Jodls Haltung denke, der wie das Urbild des biederen Soldaten vor uns saß und nur Soldatisches verhandeln wollte, weil ihm das Politische angeblich so fremd war, dann kann ich auch heute noch nicht gleichgültig bleiben. In seiner Erscheinung jedenfalls war Jodl der soldatischste und neutralste, und er war, sowohl von der damaligen wie der heutigen Sicht, am typischsten General.

Der unangenehmste von allen war Karl Dönitz. Hier hatte die Natur, die ihn geformt hatte, ein kleines Kunststück zuwegegebracht. Sie hatte ihm eine hohe, freie Stirn geschenkt, und darunter ein Gesicht gequetscht, in dem alles klein war. Die Züge hatten etwas Verkniffenes, Verkrampftes, Verbittertes, Vermantschtes; er sah aus wie ein Pekinese mit einer hohen Stirn.

Seine Persönlichkeit schien dem Gesicht zu entsprechen. Niemand der ihn kannte, zweifelte an seinen Fähigkeiten. Sein Organisationstalent, seine Beherrschung der modernen Kriegsführung zur See, sein Durchsetzungsvermögen fanden überall Anerkennung.

Aber sein Charakter hatte keine Größe. Er war anscheinend der einzige unter den höchsten Befehlshabern der Wehrmacht, der bis zuletzt dem Nationalsozialismus verschrieben blieb. Das

Oberkommando der Marine galt als Hochburg des Nationalsozialismus, und Dönitz selbst hatte bei seinen Untergebenen den Spitznamen »Hitlerjunge Quex«. Er hatte befohlen, daß sein gesamtes Offizierskorps für den Nazistaat mitverantwortlich zu sein hatte. Auch während des Verhörs wartete er immer wieder mit kleinen anzüglichen Bemerkungen auf, die die Nazis in Schutz nahmen oder gar herausstrichen. Auf die Frage, zum Beispiel – eine nicht sehr geistreiche Frage – ob in seinem Zimmer das Porträt Wilhelms des Zweiten gehangen hätte und auch während der ganzen Hitlerzeit dort geblieben sei, antwortete er: »Ja, warum nicht? Die Nationalsozialisten waren keine Bilderstürmer.«

Das war mir ein bißchen zu viel, und ich fragte: »Herr Großadmiral, waren die Bilderstürmer nicht Leute, die zur Zeit der Reformation in die katholischen Kirchen gegangen sind und dort die Bilder der Heiligen, die Sakramente und anderes Kirchengut zerstört haben?« »Das ist korrekt«, schnarrte Dönitz. Ich sagte: »Und ist das nicht genau dasselbe, was die Nazis in den Kirchen und Synagogen gemacht haben? Haben sie sich dort nicht auch an Heiligtümern vergangen? Haben nicht auch sie Leuten das zerschlagen, was ihnen am liebsten und heiligsten war?«

Dönitz geriet über diese Frage in Erregung und behauptete, sie gehöre nicht zum Thema. Als ich ihn noch auf andere schnodderige Bemerkungen aufmerksam machte, behauptete er, er werde schikaniert und reagierte auf meine Androhung einer disziplinarischen Strafe mit großer Empörung.

Er hat sich dann anscheinend über mich beschwert und der Lagerverwaltung ein Dokument übergeben, in dem ungefähr stand: »Man behandelt mich hier wie einen Verbrecher, und das werde ich nicht vergessen. Vielleicht wird die Geschichte einmal anders darüber denken.«

Wie die Geschichte denken, und ob sie sich überhaupt an den Großadmiral Dönitz erinnern wird, will ich hier unentschieden lassen. Die Lagerverwaltung jedenfalls hat ihm erklärt, daß sie an der Behandlung, die er erfuhr, nichts auszusetzen habe. Auch nicht daran, daß er wie ein Verbrecher angesehen werde.

Sicher gibt es jedoch eine Anzahl von Leuten, die ihr Leben lang an den Großadmiral Dönitz denken werden, aber nicht im

Guten. Er hatte, wie Keitel, die Angewohnheit, Sprüche des Kriegsgerichts, die ihm zu milde erschienen, so lange umzuwandeln, bis er die Todesstrafe erreicht hatte. Dafür war er in der ganzen Marine berüchtigt. Ein junger Mann von siebzehn Jahren hatte die ketzerische Ansicht geäußert, daß im Falle der Niederlage die Regierenden und militärischen Führer im Flugzeug davonfliegen und das Volk seinem Schicksal überlassen würden. Er wurde dafür zu zehn Jahren Gefängnis verurteilt. Dönitz ließ den Fall noch einmal entscheiden, und als der Spruch nur auf lebenslängliches Gefängnis lautete, zum drittenmal, bis er die Todesstrafe erlangt hatte. Der Junge wurde hingerichtet. Andere schickte er zur Frontbewährung in besonders gefährdete Abschnitte, wo ihre Überlebenschancen gering waren.

Hitler schätzte seine Gesinnung so hoch, daß er ihn testamentarisch zu seinem Nachfolger bestimmte, allerdings nur als Reichspräsident. Er spielte ihm außerdem noch einen Streich, indem er ihm ein Kabinett aufzwang, das Dönitz' Stellung entwertete. Goebbels sollte Reichskanzler, Seyss-Inquart, der Reichskommissar im besetzten Holland, sein Außenminister und Bormann Parteiminister werden, was voraussetzte, daß die nationalsozialistische Partei in diesem Staat die politische Führung behalten sollte.

Zu diesem Kabinett ist es allerdings nicht mehr gekommen. Goebbels hatte bereits Selbstmord verübt, Bormann war umgekommen oder geflüchtet und Seyss-Inquart gefangen.

Seitdem ist Dönitz, der im Nürnberger Prozeß zu zehn Jahren Gefängnis verurteilt worden war – unzweifelhaft zu Unrecht nach den Rechtsvorschriften, die allgemein Gültigkeit haben – längst aus der Haft entlassen und hat ein Buch verfaßt. Ich möchte es das typische Generalsbuch nennen.

Ein Generalsbuch erkennt man daran, daß das persönliche Fürwort »ich« so weit wie möglich vermieden wird. »Ich« würde bedeuten, hier habe ich persönlich Verantwortung. Hier stehe ich mit meiner Persönlichkeit dahinter und habe dazu als General, als Mensch, als moralische Person ja gesagt. Ein General muß das tunlichst vermeiden. Daher ist dieses Buch vorwiegend im Passiv geschrieben, »es ist befohlen worden«, oder »die Pläne sind aufgestellt worden« oder mit dem unpersönlichen »es« oder »man«. Eine Verantwortung für irgendein Gesche-

hen ist daher aus diesem Buch nicht zu lesen. Der Ausbruch des Zweiten Weltkrieges steht in einem sehr beiläufigen Satz, der nichts über die Kriegsschuld oder die Kriegsverantwortung aussagt. Aber es enthält immerhin das Bekenntnis, daß er zu keinem Zeitpunkt Hitler erklärt habe, der Krieg sei militärisch verloren. Die Begründung dafür scheint mir zu typisch, als daß ich sie übergehen könnte: »Dennoch und grundsätzlich von einem führenden Soldaten zu verlangen, daß er die Forderung nach Friedensschluß, auch unter Inkaufnahme einer bedingungslosen Kapitulation stellen muß, wenn er die militärische Lage für aussichtslos hält, – das könnte auch einmal die Folge haben, daß der Kampf vorzeitig abgebrochen würde.«
Man soll lieber warten, bis die Hauptstadt erobert, das Volk verhungert, die Frauen des Landes geschändet, die Industrien zertrümmert sind.
General Warlimont, Keitels Stellvertreter, fiel aus dem Rahmen dieser Uniformträger heraus. Während die drei anderen ohne Uniform nicht denkbar gewesen wären – bei Keitel hätte es allerdings auch eine Livree getan – hätte man sich Warlimont ohne weiteres auch in Zivil vorstellen können. Er hätte auch ohne Uniform etwas dargestellt. Mit ihm konnte man ein Gespräch führen. Seine Antworten waren gewandt, ohne servil zu sein, er bewies Witz, Intelligenz, Skepsis und Bildung. Er hatte genügend Charakter, von Hitler nicht das zu sagen, was er wahrscheinlich dachte, denn daß seine strategische Einsicht besser als die Hitlers und seine moralische Qualität höher als die Keitels waren, war uns nicht zweifelhaft.
Unser Gespräch konzentrierte sich vor allem auf die Ereignisse des 20. Juli 1944, an dem Stauffenberg sein Attentat auf Hitler versuchte. Er gab eine eingehende Beschreibung der Szene, was etwa mit dem übereinstimmte, was ich schon bei anderen Befragungen ermittelt hatte, zeigte aber, soweit wir es feststellen konnten, keine besondere Sympathie für den Attentäter und seine Mitverschworenen. Aber das war eigentlich eine selbstverständliche Reaktion, denn er hatte schließlich seine Rolle gewählt und konnte sie anständigerweise nicht verraten. Daß er während des Krieges manchmal versucht hat, dem größten Irrsinn zu steuern, ist überliefert; er wird nicht lange im unklaren gewesen sein, für welche Verbrechen er seine Fähig-

keiten einsetzte. Aber danach zu fragen, war nicht unseres Amtes.

E. *Die Reichsminister*

Die Reichsminister des Hitlerstaates legten Wert darauf, mit den Parteipolitikern nicht verwechselt zu werden. Sie hielten sich für bessere Menschen, die die Verwaltung des Reiches überwachten und verglichen mit den Parteidilettanten Experten waren, die in ihrem Aufgabenbereich Bescheid wußten. Im nationalsozialistischen Staat spielten die meisten von ihnen eine untergeordnete Rolle. Zu jedem Reichsminister gab es eine Parallelgestalt in der Partei, die ihm seine Befugnisse streitig machte. Auch hier wirkte Hitlers System der Kontrolle und Kompensation. Hitler sorgte dafür, daß die Bäume seiner Minister nicht in den Himmel wuchsen und bediente sich ihrer nur in persönlichen Konferenzen, weniger um ihre Meinung zu hören, als um ihnen Aufträge zu erteilen.

Hitler hat während der ganzen Zeit seiner Regierung das Reichskabinett fast unverändert gelassen. Er verlangte von seinen Ministern, daß sie seine Wünsche erfüllten, und wenn er Unmögliches wünschte, verlangte er, daß sie Unmögliches erfüllten. Taten sie es nicht, entließ er sie nicht, sondern ernannte einfach einen neuen Miniter für das gleiche Ressort.

Zwei Gestalten, deren Namen ich fast vergessen hatte, tauchten auf einmal in Mondorf auf, der Finanzminister Lutz Graf von Schwerin-Krosigk und der Arbeitsminister Franz Seldte.

Lutz Graf von Schwerin-Krosigk war bereits 1932 im sogenannten Kabinett der Barone von Franz von Papen Minister geworden. Er war ein Mann von einiger Bildung und Weltgewandtheit, war Rhodes Scholar gewesen, hatte in Oxford studiert, sprach fließend Englisch und hatte höfliche Umgangsformen. Er muß ein guter Finanzminister gewesen sein, wenn es ihm, mit welchen Tricks auch immer, gelang, den Krieg bis zum Ende zu bezahlen. Und wenn Hitler ihn bis zum Ende beibehielt – ohne ihn allerdings allzu sehr in Anspruch zu nehmen – dann muß er auch ein ergebener Diener gewesen sein.

Naturgemäß hatte Schwerin-Krosigk Vorbehalte gegen Hitler und dessen Milieu. Er empfand sich ausschließlich als Ressortfachmann, war allerdings auch insofern engagiert, als er, wie er uns sagte, »fest an die Göttlichkeit des Reiches« glaubte, die von Erscheinungen wie Hitler unabhängig sei. Er bekannte sich als überzeugter Christ, der durch die anti-kirchliche Politik des nationalsozialistischen Regimes häufig in Gewissenkonflikte gestürzt wurde, aber er sah sich selber in der Ausübung seiner Religion nicht beschränkt. Er wirkte auf uns blaß und uninteressant und beanspruchte nur deshalb einiges Interesse, weil ihn Dönitz zu seinem Reichsaußenminister ausersehen hatte. Überhaupt schienen alle Ernennungen und Planungen der Regierung nach Hitlers Tode von der Voraussetzung auszugehen, daß die Alliierten gewillt wären, mit Vertretern des nationalsozialistischen Staates zu verhandeln. Zu einer Amtsausübung Schwerin-Krosigks als Außenminister ist es nicht mehr gekommen.

Franz Seldte, Selterswasserfabrikant und Arbeitsminister, kam auch aus einer Versenkung konservativer bis reaktionärer Politik. Er war jahrelang der Führer des Bundes der Frontsoldaten »Stahlhelm« gewesen, eines der deutsch-nationalen Partei Hugenbergs nahestehenden kämpferischen Vereins, in dem nicht nur ehemalige Frontkämpfer versammelt waren, sondern auch ein großer Teil der deutsch-nationalen Jugend. Der »Stahlhelm« war politisch organisiert, halb-militärisch geschult, trug eine unverkennbare Uniform und war national-reaktionär gesinnt, ohne sich jedoch als nationalsozialistisch zu verstehen.

Daß Seldte 1933 von Hitler zum Arbeitsminister ernannt worden war, war mir noch geläufig. Daß er aber dieses Amt bis zum Ende des Hitlerreiches beibehalten hatte, war mir neu. Seine Befugnisse waren allerdings derartig zusammengeschrumpft, daß er mehr oder weniger ein Pensioniertendasein führte. Er versuchte mir klarzumachen, daß er immer noch einen großen Ressortbereich zu bearbeiten hätte, aber neben Ley mit seiner Arbeitsfront, Sauckel mit seinem Arbeiterbeschaffungsprogramm, das vor allem in den besetzten und unterworfenen Gebieten und anderen Stellen tätig wurde, die den Arbeitereinsatz kontrollierten, kann sein Aufgabenbereich nicht sehr groß gewesen sein.

Er machte keinen Hehl daraus, daß er mit der Auflösung des

»Stahlhelms«, oder besser gesagt, mit seiner Integration in die SA, seinen eigentlichen Lebenszweck verloren habe; er sei eigentlich deswegen im Kabinett geblieben, um den Elementen des »Stahlhelms« nahe zu sein und ihnen eine gewisse Unabhängigkeit innerhalb der SA zu sichern. Aber auch das wurde mit dem Ausbruch des Krieges hinfällig.

Ich hatte Neuigkeiten für ihn, die ihm sichtlich peinlich waren. Der stellvertretende Führer des Frontkämpferbundes »Stahlhelm« war ein gewisser Theodor Duesterberg gewesen, ein Mann, der sich als Persönlichkeit viel mehr eingeprägt hatte als der etwas schnoddrige und im Armeejargon daherjuxende Franz Seldte. Bei der Präsidentschaftswahl nach Hindenburgs erster Amtsperiode im Jahre 1932 war Duesterberg der konservative Kandidat gewesen. Er erhielt allerdings nur etwa 2 Millionen Stimmen.

Als dann Hitler an die Macht kam, stellte sich heraus, daß Duesterberg jüdisches Blut hatte. Er wurde auf Betreiben Seldtes aus der Führung des »Stahlhelm« entfernt und 1934 wegen »umstürzlerischer Umtriebe«, die angeblich mit dem sogenannten Röhmputsch zusammenhingen, von der Geheimen Staatspolizei verhaftet. Ich hatte mit Duesterberg, kurz bevor ich Seldte traf, ein längeres Gespräch geführt. Er war inzwischen ein alter verbitterter Mann geworden, der sehr Schweres durchgemacht hatte. Zum Tode verurteilt, saß er bereits in der Todeszelle und wartete auf seine Hinrichtung, während einer seiner alten Freunde, ein General und Kamerad des damaligen Reichspräsidenten Paul von Hindenburg, einen letzten Versuch zu seiner Rettung unternahm. Er fuhr zu Hindenburgs Landsitz, Gut Neudeck, um den Reichspräsidenten zu einem Gnadenakt zu überreden.

Als er sich melden ließ, wurde ihm bedeutet, daß Hindenburg nicht in der Lage sei, ihn zu empfangen. Darauf stellte sich der General ins Treppenhaus und rief, so laut er konnte: »Paul, läßt du dich vor deinen alten Kameraden verleugnen?« Woraufhin am oberen Treppenabsatz Hindenburg erschien, dem natürlich sein Besuch gar nicht gemeldet worden war, ihn aufforderte heraufzukommen und mit dem schriftlichen Befehl nach Berlin schickte, daß Duesterberg begnadigt und sofort aus dem Gefängnis zu entlassen sei. Das geschah denn auch; Duesterberg überlebte den

Krieg, konnte aber den Verrat seiner ehemaligen Kameraden nicht verwinden.

Es war Seldte sichtlich unangenehm, an seinen früheren engen Mitstreiter erinnert zu werden; wahrscheinlich bestand zwischen ihm und dem viel intelligenteren und sympathischeren Duesterberg von jeher ein gespanntes Verhältnis. Denn bei politischen Entscheidung war immer nur Duesterbergs Name gefallen und sein Einverständnis eingeholt worden.

Die nächste Figur, die sich präsentierte, war Walther Darré. Darré war alter, ja ältester Kämpfer. Er war allein durch die Partei zum Amt gelangt, weil man in ihm einen Vertreter für das Landvolk sah, mit dem man Ehre einlegen konnte. Er galt als der Idealtypus des arischen Mannes. Er war schlank, groß, langschädlig, allerdings dunkelhaarig und dunkeläugig, sah aber in der schwarzen SS-Uniform, die er zu tragen pflegte, hinreißend aus. Zudem schrieb er Bücher. Eins, wenn mich nicht alles täuscht, hatte den Titel »Blut und Boden« und schuf so das Schlagwort für die breite Öffentlichkeit, das eins der Grundbegriffe des Nationalsozialismus formulierte. Geschwellt von diesem Erfolg schrieb Darré ein zweites Buch mit dem Titel »Das Schwein«. Gemeint war tatsächlich das freundliche Borstentier, das immer noch den Hauptbestandteil der deutschen Fleischnahrung ausmachte. Schweinebraten war schlechthin die deutsche Sonntagsmahlzeit; Rind, Kalb und Geflügel endeten weit im abgeschlagenen Felde.

Aber Darré hatte nicht nur das Schwein im Sinne. An der Schweinezucht, die er in allen Einzelheiten und Feinheiten auseinandersetzte, wollte er darlegen, was rassische Zucht und Auslese sei, und erklärte seinen erstaunten Partei- und Volksgenossen am Beispiel des Schweines, warum die arische Rasse allen anderen Rassen überlegen und die nordische der beste Bestandteil der arischen Rasse sei.

Das Buch wurde ein großer Heiterkeitserfolg. Daß die rassische Überlegenheit ausgerechnet am Beispiel des Schweins dargelegt wurde, rief natürlich die Spötter auf den Plan und brachte die arischen Rassenfanatiker in arge Verlegenheit.

Hitler soll sich über dieses Buch wütend geäußert haben, aber da es nicht seine Gewohnheit war, alte Kämpfer aus ihren Ämtern zu entlassen, ernannte er kurz entschlossen einen zweiten

Landwirtschaftsminister namens Backe, dem von nun an die eigentlichen Ressortaufgaben zufielen. Das Buch über das Schwein war schnell aus den Schaufenstern verschwunden.

Der Darré, der mir gegenübertrat, war keineswegs mehr das arische Idol. Er war nicht mehr rank und schlank, sondern dick und gedunsen mit ungesunder Hautfarbe, seine Augen waren nicht mehr strahlend blau, sondern verquollen und trübe, sein Haar, schon in früherer Zeit etwas schütter, war nachgedunkelt und fast zur Glatze geworden.

Er war ein vergrämter Mann. Er erklärte, alle seine landwirtschaftlichen Reformpläne seien von Hitler verworfen worden, was allerdings nicht Hitlers Schuld gewesen sei, sondern Backe, der Erzfeind und Erzschurke Backe, hätte Hitler gegen ihn aufgehetzt. Er, Darré, betrachte sich als Opfer des Nationalsozialismus.

Um das zu illustrieren, mußte er mir unbedingt noch eine Geschichte erzählen. Und zwar, sagte er, ereignete sich eines Tages ein Luftangriff auf Berlin, der ihn gezwungen hätte, in den Luftschutzkeller zu gehen. Als er jedoch den Keller betrat, fiel die Elektrizität aus, und er tappte im Dunkeln zu einer Bank, die, wie er wußte, an der Wand aufgestellt war. Dort saß er, bis der Angriff vorüber war und die Elektrizität wieder funktionierte. Das Licht ging an, und er entdeckte, zu seiner Verwunderung und seinem Widerwillen, daß er direkt neben Backe saß. Backe hätte ihm zugenickt und gesagt: »Ja ja, lieber Parteigenosse, wir haben schwere Fehler gemacht.«

Ich fragte ihn mit einiger Verwunderung, was er mit dieser Geschichte beweisen wolle. Darüber war er sich auch nicht ganz im Klaren, aber er fand sie typisch für Backe, für den Zustand des Nationalsozialismus und für seine eigene Stellung.

Als nächster trat Wilhelm Frick auf, ebenfalls ein uralter Nazi und einer der ältesten nationalsozialistischen Würdenträger im Deutschen Reich. Frick hatte den Münchener Putsch vom 9. November 1923 mitgemacht und war zu 18 Monaten Festung verurteilt worden. Die Strafe wurde allerdings 1924 ausgesetzt, als er als Abgeordneter in den Deutschen Reichstag gewählt wurde. 1931 wurde er in Thüringen zum ersten nationalsozialistischen Landesminister ernannt.

Als die Nazis zur Macht kamen, wurde Frick Reichsinnenminister. Er war an der Schaffung der Geheimen Staatspolizei sowie der Konzentrationslager beteiligt, und sorgte mit verschiedenen Gesetzen und Erlassen dafür, daß die Juden im Staat immer mehr in ihren beruflichen Möglichkeiten und ihrer rein physischen Existenz eingeschränkt wurden, aber seine Phantasie reichte nicht im entferntesten an den Vernichtungswahnsinn von Hitler und seinen Handlangern heran. Die eindrucksvolle Ansammlung von Ämtern und Abteilungen in seinem Ministerium – rassen- und bevölkerungspolitische Dezernate – konnte nicht darüber hinwegtäuschen, daß Fricks Macht ständig abnahm. Schon 1935 wurde Himmler Chef der Polizei des Deutschen Reiches, und langsam wanderten fast alle anderen Zuständigkeiten an Himmler ab, bis dieser 1943 zum Reichsinnenminister ernannt wurde. Frick wurde mit dem Posten eines Reichsprotektors für Böhmen und Mähren abgespeist, aber seine Zuständigkeiten wurden gegenüber seinen Vorgängern so drastisch beschnitten, daß er auch dort nur einige Verwaltungsfunktionen versehen durfte.

Seine Aussagen waren vorwiegend Klagen über die Ungerechtigkeit, die ihm von Hitler und der Partei zugefügt worden war. Er war an den meisten Maßnahmen genügend beteiligt, um eine Verantwortung zumindest mitzutragen, aber niemals imstande, irgendwelche Entscheidungen zu beeinflussen. Besonders während des Protektorats schalteten Himmlers Organisationen, ohne Frick zu informieren oder seine Erlaubnis zu erwirken.

In den letzten Jahren trat Frick, wie er mir erklärte, kaum mehr in Erscheinung. Seine früheren Freunde und Kollegen gingen ihm aus dem Wege. Er führte ein Dasein am Rande des nationalsozialistischen Staates und bezeichnete sich, wie so viele andere führende Nationalsozialisten, als ein Opfer des Nationalsozialismus.

Er wußte nicht viel von Belang mitzuteilen. Was er mir sagte, war mir größtenteils bekannt. Seine Klagen und Beschwerden interessierten mich nicht. Über die Parteijustiz, über die ich ihn befragte, konnte er nur wenige Angaben machen.

Wenn es Menschen gibt, die durch Farben gekennzeichnet sind, so war es für Frick die Farbe Grau. Sein Haar war grau, seine Gesichtsfarbe war grau, sein Schlips war grau, sein Anzug war grau. Was er mitzuteilen hatte, schien grau. Es war keine

Lebhaftigkeit darin, es gab keine Unterbrechung der Eintönigkeit, man spürte an ihm keine Kontraste. Er war in keiner Weise unangenehm, zumindest nicht in unserem Gespräch, aber es lag eine Ödigkeit und Würzelosigkeit in allem, was er darstellte und von sich geben konnte, daß ich froh war, als diese Unterredung vorüber war.

Hans-Dietrich Lammers war der Chef von Hitlers Reichskanzlei. Hitler, wie er mir erklärte, hätte ja drei Funktionen gehabt: Erstens sei er der »Führer«, und damit der Leiter der nationalsozialistischen Partei gewesen. Zweitens der Reichskanzler und damit der Leiter der Reichsregierung, und drittens, da er nach Hindenburgs Tode auch dessen Funktionen übernommen hätte, ohne allerdings je den Titel zu führen, sei er auch der Reichspräsident gewesen.

Für die verschiedenen Funktionen hatte Hitler verschiedene Stellvertreter. Stellvertreter des Führers, d. h. des Parteivorsitzenden, war Rudolf Heß, Chef der Präsidialkanzlei der immergrüne Staatssekretär Otto Meissner und Chef der Reichskanzlei, d. h. Stellvertreter des Reichskanzlers war Hans-Heinrich Lammers.

Wenn der graue Frick überhaupt kein Talent besaß, eine Eminenz zu sein, geschweige denn eine graue Eminenz, so hatte Lammers allen Ehrgeiz, eine solche zu werden. Er war der geborene Intrigant. Anfänglich hatte er den Ehrgeiz gehabt, die Leitung der Reichskanzlei und die stellvertretende Leitung der obersten Parteibehörde in seiner Person zu vereinigen, aber bei dem Machtkampf mit Bormann, der sich daraus entwickelte, zog er den kürzeren. Als Heß nach Schottland geflogen war, um die Engländer davon zu überzeugen, daß sie den falschen Krieg führten und an Deutschlands Seite gegen Rußland kämpfen sollten, sah Lammers seine Stunde gekommen, aber Bormann war für diesen Zeitpunkt besser gerüstet als er. Er hatte sich schon zu Hitlers unentbehrlichem Werkzeug, zum mächtigen Ratgeber und persönlichen Sekretär emporentwickelt. Also blieb Lammers nichts übrig, als in dem vergleichsweise untergeordneten Reichskanzleramt seine Macht auszuüben und seine Anschläge zu spinnen.

Er verfügte nicht über Bormanns Fähigkeit, allgegenwärtig und unentbehrlich zu sein, aber er hatte eine sehr geschickte Art,

sich zu insinuieren, halbe Vorschläge zu machen, von denen er
wußte, daß sie Hitler zusagten, Gedankensplitter von Hitler
aufzugreifen und daraus Gesetze zu machen und den Apparat
der Staatsführung zu beherrschen. Er selbst war alter Verwaltungsbeamter und war Ministerialrat im Reichsinnenministerium
gewesen. Er war gern bereit, seine Kenntnis der Bürokratie in
Hitlers Dienst zu stellen.

Auch hier hatte die Natur mit ihrer Formgebung geholfen:
er war, wie es im Englischen heißt, »wall-eyed«, das heißt, er
schielte stark nach außen; sein Blick war nie direkt geradeaus
gerichtet, sondern stets nach beiden Seiten. So spielte er auch
stets nach beiden Seiten. Er war einerseits, und zwar auch mir
gegenüber, der biedere Verwaltungsbeamte, der dazu mißbraucht
wurde, Gesetze zu machen, die von Hitler verlangt wurden; und
jedesmal wenn er mir ein Gesetz erklärte, fügte er vorsorglich
hinzu: »Das Gesetz, für dessen Inhalt ich selbstverständlich nicht
verantwortlich gemacht werden kann ...« Aber seine Verantwortlichkeit war unter den Mitgefangenen unbestritten; er war
ein böser Ratgeber, und wahrscheinlich mehr als jeder andere,
mehr auch als Bormann, den man die Braune Eminenz nannte,
die Graue Eminenz Hitlers.

Ich fragte ihn nach einem Gesetz, das mich besonders interessierte, nämlich nach dem der Euthanasie. Ich hatte ja, wie schon
früher geschildert, darüber manches ermittelt und mit einem der
Ärzte gesprochen, der die sogenannte »Euthanasie« praktiziert
hatte, im Glauben, daß er gesetzlich dazu legitimiert sei. Ich
hatte damals den Arzt gefragt, ob er das Gesetz jemals gesehen
oder etwas darüber gelesen hätte. Er sagte, das Gesetz sei ihm
zwar niemals vor die Augen gekommen, aber er sei sicher, daß
es existierte.

Lammers gab zu, daß er ein derartiges Gesetz formuliert habe,
»für dessen Inhalt man ihn selbstverständlich nicht verantwortlich machen könne« und es Hitler zur Unterschrift vorgelegt
habe. Hitler habe jedoch mit seiner Unterschrift gezögert, weil
es ihm, vor allem im Hinblick auf die katholischen Deutschen,
nicht opportun schien, während des Krieges ein Gesetz zu erlassen, das den Widerstand der Kirche herausfordern mußte.
Denn nicht nur sollten Menschen als »unwertes Leben« umgebracht, sondern zudem auch noch eingeäschert und ihre Asche

den Angehörigen zugestellt werden, was der katholischen Auffassung zuwiderlief. Deshalb verfiel Hitler auf den Ausweg, die »Euthanasie« zwar durchzuführen, aber unter striktester Geheimhaltung und ohne gesetzliche Legitimation. Den Angehörigen der auf diese Weise Getöteten schickte man dann, wie schon früher erwähnt, mit der Asche eine Benachrichtigung, daß ihr Verwandter an einer ansteckenden Krankheit gestorben sei und die Einäscherung sich als nötig erwiesen habe, um weitere Ansteckungen zu verhüten.

Immerhin ist Hitler (oder wahrscheinlicher Lammers selbst) auf den Trick verfallen, das formulierte Gesetz zwar nicht dem Wortlaut, aber dem Inhalt nach unter das Volk sickern zu lassen und so den Anschein zu erwecken, als sei ein solches Gesetz bereits geltendes Recht. Er schlug dadurch zwei Fliegen mit einer Klappe: die Männer, die die Euthanasie durchzuführen hatten, glaubten, sie seien dazu gesetzlich legitimiert, und denen, die gegen ein solches Gesetz protestierten, konnte er sagen, daß es ja gar nicht existiere und alle Vorwürfe gegenstandslos seien.

Mir gegenüber bekundete Lammers selbstverständlich Abscheu gegenüber der Partei und betonte immer wieder, daß er nur ein Reichsbeamter gewesen sei, der den bürokratischen Apparat bediente. Er gab sich keine Mühe, Hitler, dem er aufs treueste gedient hatte, zu verteidigen, sondern fand seine Politik verbrecherisch, nihilistisch, zerstörerisch, moralwidrig. Er beklagte sein Schicksal, der Handlanger eines solchen Mannes geworden zu sein, was weiß Gott wider seinen Willen geschehen sei und was er als einen Fluch empfinde. Er konnte jedoch nicht leugnen, daß er bei der Beratung auch der wüstesten Gesetze zugegen war, sie formulierte und ihnen Gültigkeit verlieh.

Das Gespräch mit ihm war insofern interessant, als er ein kluger Mann war, der seine Sache – oder seine Unsache – mit geschickten Formulierungen und mit gekonnter Doppelzüngigkeit vorbrachte. Persönlich wirkte er außerordentlich unsympathisch, weil er mit großer Geläufigkeit jeden zweiten Satz zu einer Entschuldigung oder Rechtfertigung seiner Handlungen gebrauchte. Er erschien mir als der General der Bürokratie. Wie sich der General des Heeres als einer Maschine bedient, die er zur Erreichung eines kriegerischen Zieles einsetzt, ohne die moralischen Voraussetzungen oder Folgen zu erwägen, so bediente sich Lammers der Bürokratie, eines Heeres von Beamten, die zu den besten der Welt zählten und auf Lebenszeit dafür angestellt waren, das auszuführen, was die Obrigkeit von ihnen verlangte. Auch sie fragten nicht nach Herkunft oder Folgen dessen, was sie durch den bürokratischen Wolf drehten. Wahrscheinlich war Deutschland selten besser verwaltet. Lammers sorgte dafür, daß er seinem Führer stets die Vollstreckung seiner Anordnungen melden konnte. Er war ein treuer Diener seines Herrn, – solange dieser die Macht hatte.

Reichsaußenminister Joachim von Ribbentrop war in gewisser Weise die echteste Verkörperung des nationalsozialistischen Staates. Hitler hatte ihn zum Außenminister gemacht, weil er einer der wenigen Paladine war, die Konversation machen konnten, ritterlich zu Damen war, einige künstlerische Fähigkeiten besaß und die englische Sprache beherrschte. Außerdem war ihm Ribbentrop in einer Krise behilflich gewesen. Als im Januar 1933 durch Schleichers Rücktritt eine neue Reichsregierung gebildet werden mußte, fand die entscheidende Unterredung, die Hitler zur Übernahme der Regierung und zur Macht verhalf, in Ribbentrops Wohnung statt. 1935 brachte er mit einem Ausschuß des Auswärtigen Amtes das Flottenabkommen mit England zustande. Als daher kurz darauf der Posten des englischen Botschafters vakant wurde, schickte Hitler Ribbentrop zum englischen Hof, um dort das neue nationalsozialistische Reich zu vertreten.

Ribbentrops Erfolge als deutscher Botschafter waren spektakulär. Bei einem Empfang in Buckingham Palace begrüßte Ribbentrop das englische Königspaar mit dem Hitlergruß, was ein gewisses internationales Aufsehen erregte. Außerdem entdeckte er mit Scharfblick prominente Familien und Publizisten, die besonders germanophil waren und redete sich ein, daß sie die allgemeine Einstellung der englischen Öffentlichkeit gegenüber Deutschlands repräsentierten.

Aus dieser Kenntnis Englands heraus wußte er als Außenminister Hitler zu überzeugen, daß er ohne Bedenken am 1. September 1939 in Polen einmarschieren könne, dessen Grenzen soeben von der britischen Regierung garantiert worden waren, ohne einen Krieg mit England befürchten zu müssen. Als die Engländer dann doch Deutschland den Krieg erklärten, war

Hitler wie vor den Kopf geschlagen und beschuldigte Ribbentrop, daß er ihn getäuscht habe. Trotzdem beließ er ihn als Reichsaußenminister, ließ aber gleichzeitig so viele Stellen in aller Welt einrichten, die ebenfalls außenpolitische Informationen besorgten, daß hier nicht nur eine Doppelbesetzung, sondern, wie sich Ribbentrop einmal beklagte, eine dreißigfache Besetzung des Außenministeriums vorhanden war.

Ribbentrop hatte es schwer in seinem Amt. Er war als Außenminister ein unbeschriebenes Blatt, aber er besaß in keiner Weise die menschliche Größe, um seine fachliche Ignoranz zu kompensieren. Stattdessen kehrte er den Vorgesetzten heraus, brüllte, tobte, machte sich wichtig und benutzte seine Stellung, um schließlich in irgendeiner nebensächlichen Frage »Recht zu haben«. Er war verhaßt bei seinen Untergebenen, ohne dafür wenigstens respektiert zu sein. Ebenso verhaßt war er bei seinen ausländischen Gästen, auch den Gästen befreundeter Nationen, weil er immer bereit war, »mit schneidender Stimme« Drohungen zu formulieren und Deutschlands Vormacht herauszukehren. Zudem wirkte seine persönliche Eitelkeit provozierend. Ich hatte vorher schon mit vielen Leuten gesprochen, die mir seine Persönlichkeit schilderten und ihn als den unfähigsten Minister in Hitlers Umgebung bezeichneten.

Diese Beurteilung hatte sich bei den Politikern und den militärischen Führern auch verbreitet; man hielt Ribbentrop für den denkbar schlechtesten Außenminister und versuchte immer wieder, Hitler nahezulegen, daß er ihn fallen ließ. Aber Hitler, dem Fähigkeit manchmal weniger wichtig war als persönliche Treue – und deren konnte er bei Ribbentrop immer sicher sein – verteidigte seinen Reichsaußenminister trotz der schweren Enttäuschung, die er ihm bei Ausbruch des Krieges bereitet hatte und nannte ihn noch kurz vor seinem Tode »größer als Bismarck«. Mit dieser Ansicht stand Hitler allerdings allein, wenn sie nicht vielleicht von Ribbentrop selber geteilt wurde.

In Mondorf war Ribbentrops großspuriges und lautes Auftreten geschwunden. Er schlich verstört durch die Gänge, von den meisten gemieden, die mit ihm nichts gemein haben wollten, teils weil sie zu einer anderen Kategorie von Gefangenen gehörten, teils weil sie ihn innerlich verachteten, und zitterte vor Angst, wenn ihn einer der Amerikaner ansprach. Er erwartete immer Ungemach, und zwar meist mit Recht, denn er zeigte sich außerstande, den wenigen Regeln zu entsprechen, die es in diesem Lager-Hotel gab, d. h. sein Zimmer auszufegen, das Bett zu machen, den Waschtisch zu säubern und sein Spind in Ordnung zu halten. Er erhielt manchesmal Stubenarrest oder sonstige disziplinarische Strafen, weil er wieder eine seiner Pflichten vergessen oder schlecht ausgeführt hatte.

Als ich ihn zur ersten Unterredung bestellte, fand er vor Angst kaum den Weg zum Stuhl. Nun war die Vorführung selbst eine gewisse Zeremonie, denn man mußte seinen Wunsch, einen bestimmten Gefangenen zu sprechen, den Militärpolizisten mitteilen, die im Hotel Dienst taten; diese riefen den Gefangenen dann auf und führten ihn vor. Ich war auf die Vorführung gespannt, denn Ribbentrop war für mich kein Fremder.

Allerdings reichte unsere Bekanntschaft weit zurück und war, wie sich herausstellte, recht einseitig. Im Jahre 1919, als gerade der erste Krieg zuende gegangen war und die Truppen von den verschiedenen Fronten nach Deutschland zurückströmten, herrschte für die Millionen Menschen, die plötzlich unterzubringen waren, akuter Wohnmangel. Es wurden daher Zwangseinquartierungen verfügt, die in Häusern mit überschüssigem Wohnraum eingerichtet wurden.

Eine unserer Familie befreundete Dame sagte meiner Mutter, sie kenne einen Oberleutnant, der gerade aus dem Kriege zurückgekommen sei und sich nach einer Wohngelegenheit umsehe. Er sei aus guter Familie und habe angenehme Manieren; es sei doch jedenfalls erfreulicher, jemanden bei sich aufzunehmen, der empfohlen sei und den man sich sozusagen ausgesucht hätte, als darauf zu warten, daß einem die Behörden einen beliebigen Soldaten ins Haus kommandierten. Meine Mutter stimmte zu, und der Oberleutnant zog bei uns in die Wohnung ein, wo ihm zwei Zimmer zugewiesen wurden. Er hieß Joachim Ribbentrop, nicht *von* Ribbentrop, obwohl er sich damals schon mit Vorliebe so nannte, aber das *von* hat er sich erst später durch eine Adoption seitens eines Verwandten zum Namen hinzuerworben.

Ribbentrop verbrachte etwa zehn Monate in unserer Wohnung. Soweit ich es beurteilen konnte und soweit meine Eltern davon sprachen, war er ein angenehmer Hausgenosse, an dem allenfalls auszusetzen war, daß er zu häufig in Erscheinung trat und zu selbstverständlich am Familienleben teilnahm. Aber er war höflich, er war ganz amüsant, er spielte recht gut Geige, was besonders meinem Stiefvater gefiel, der sehr musikalisch war und selbst die Geige spielte. Wir veranstalteten daher Kammerkonzerte in unserer Wohnung, luden Künstler ein, die andere Instrumente spielten und hatten trotz der schweren Zeiten nach dem Kriege durch und mit Ribbentrop ein recht angeregtes gesellschaftliches Leben. Es ging ihm bei uns nichts ab, obwohl die Zeiten karg waren; er wurde recht gut verpflegt, soweit es die Umstände zuließen. Meine Schwester und ich, im Alter von acht und neun Jahren, hatten ihn ausgesprochen gern.

Als er ging war er voller Dankbarkeit für eine Zeit der Überbrückung, die ihm, einem noch verhältnismäßig jungen Mann, die Eingewöhnung ins normale bürgerliche Leben erleichtert hatte. Er wollte sich verändern und in die Wirtschaft gehen; wir haben dann nie mehr etwas von ihm gehört. In der Biographie, die während des Dritten Reiches über ihn erschienen ist, war diese Epoche seines Lebens diskret retuschiert: es hieß darin, er habe nach dem Kriege eine Zeitlang in einer »Pension nahe dem Kurfürstendamm« gewohnt.

Das waren also meine Erinnerungen an Joachim »von« Ribbentrop, und es waren im großen und ganzen freundliche Erinnerungen. Daß er dann Hitlers Botschafter und später Reichsaußenminister wurde, war vielleicht meinen Eltern schmerzlich, weil er sich in seinen amtlichen Äußerungen sehr forscher nationalsozialistischer Tiraden bediente, aber es paßte irgendwie zu seinem Charakterbild, denn er war außerordentlich ehrgeizig und nicht übermäßig von Skrupel geplagt.

Als Ribbentrop bei unserer ersten Begegnung in Mondorf vor sich hin stotterte und vergeblich versuchte, einen zusammenhängenden Satz zu formulieren, unterbrach ich ihn und sagte, ich hätte in New York ein älteres Ehepaar kennengelernt, das behauptete, er, Ribbentrop, habe eine Zeitlang bei ihnen gewohnt. Ich beschrieb dann die Umstände und den Platz, wobei ich mich allerdings immer auf die Erzählung von Dritten berief, weil ich gegen ausdrückliche Verbote verstoßen hätte, wenn ich auf diese Weise meine Identität preisgegeben hätte.

Ribbentrop war fasziniert. Er gab zu, daß er tatsächlich dort gewohnt hätte – trotz der schamhaften Bemäntelung in seiner

Biographie – und daß es für ihn eine glückliche Zeit gewesen sei. Das kann man ihm glauben, denn ohne Zweifel hat er später an seinem Ungenügen gelitten, sonst hätte er es nicht durch seine dienstliche Brutalität wettmachen müssen. Er schilderte ungefähr die Räumlichkeiten unserer Wohnung, in denen er verkehrte – er nahm zumeist auch an unseren Mahlzeiten teil – und gab eine nicht schlechte Beschreibung meiner Mutter und meines Stiefvaters. »Kinder hatten sie glaube ich keine«, sagte er. Ich kann nicht leugnen, daß mich das irgendwie wurmte. Anscheinend hat man es nicht gern, derartig in Abrede gestellt zu werden. Ich erwiderte jedoch, darüber wüßte ich nicht so recht Bescheid, das Ehepaar lebte in New York mit zwei nun allerdings erwachsenen Kindern, aber es könnte ja sein, daß diese damals nicht in Erscheinung getreten seien. Ribbentrop meinte dann auch, sich an ein Mädchen und einen Jungen zu erinnern, aber er habe kein deutliches Bild von ihnen.

Er sagte dann, soviel er wisse, habe sich das Ehepaar nie an ihn gewandt, als der Nationalsozialismus in Deutschland an die Macht gelangt war. Darauf erwiderte ich ihm, es gäbe schließlich Dinge, die der Stolz nicht zuließe, ich könnte mir gut vorstellen, daß die Leute mit ihm nichts mehr zu tun haben wollten.

Daraufhin wurde Ribbentrop sentimental. »Muß man denn deswegen verfeindet sein?« fragte er. Ich erwiderte, man müsse es wohl, denn das was die Nazis getan hätten, sei ja keine politische Auseinandersetzung gewesen, sondern eine menschliche Disqualifikation. Da gäbe es keine Brücken.

Ribbentrop seufzte und sagte, ja es sind furchtbare Dinge vorgekommen, von denen ich auch jetzt erst gehört habe und an denen ich ganz unschuldig bin. Ich sagte ihm, daß ich an seine Unschuld leider nicht glaubte, die Ziele Hitlers seien immer klar gewesen, sie hätten sich aus seinem Buch »Mein Kampf« ergeben, sie seien in allen Liedern, Reden, Versammlungen, Reichsparteitagen zur Sprache gekommen und hätten sich tausendfach in Handlungen manifestiert. Und seine Reden seien mir auch hinreichend bekannt.

Ribbentrop seufzte wieder und meinte, es bedrücke ihn fürchterlich, und ob es denn dafür keine Verzeihung gäbe?

Nach diesem etwas außerdienstlichen Austausch hatte Ribbentrop zu mir ein fast kindliches Vertrauen gefaßt. Immer wieder verlangte er, mich zu sprechen, manchmal lief er mir im Garten nach, um mich um eine Unterredung zu bitten und redete jetzt auch, ohne zu stottern, einigermaßen fließend. Dabei war der Wert dessen, was er zu sagen hatte, außerordentlich gering. Er versuchte sich in Tüfteleien, die er offenbar für diplomatisch hielt, er ließ keinen Satz so gelten, wie man ihn formuliert hatte, sondern erging sich in langweiligen Haarspaltereien. Seine Kenntnis von der deutschen Außenpolitik war so lückenhaft, daß man kaum glauben konnte, dem früheren Reichsaußenminister gegenüberzusitzen. Bei fast allen Fragen, die ich stellte, erklärte er, er könne sich ohne Akteneinsicht dazu überhaupt nicht äußern, schließlich seien das für ihn ja nur Detailfragen gewesen, wo er ja doch die gesamte deutsche Außenpolitik zu führen gehabt hätte; das meiste sei ihm einfach aus dem Gedächtnis geschwunden.

Ich fragte ihn, wie selbständig er eigentlich in den Entscheidungen seiner Außenpolitik gewesen sei. Darauf war die klare Antwort, er sei überhaupt nicht selbständig gewesen; der Reichsaußenminister hätte wenig mehr tun können, als Hitlers Anordnungen auszuführen, und zwar durch die dem Auswärtigen Amt zur Verfügung stehenden diplomatischen Kanäle.

Auf meine Frage, ob denn die anderen Kabinettsmitglieder oder vielleicht irgendwelche Parteigremien nicht ebenfalls Vorschläge gemacht hätten, die die Außenpolitik betrafen, war die Antwort, daß das im nationalsozialistischen Deutschland niemals vorgekommen sei. Während Hitler in den allerersten Jahren noch Kabinettssitzungen veranstaltet hätte, sei seit dem Jahre 1938 das Kabinett nie mehr zusammengerufen worden. Hitler hätte nur noch die einzelnen Ressortminister zu sich gerufen, sie manchmal um Rat gefragt, ihnen meistens aber nur seine Entscheidungen mitgeteilt und deren Durchführung angeordnet.

Ribbentrop fügte hinzu, daß dadurch das Auswärtige Amt nicht zur Untätigkeit verurteilt gewesen sei, denn Hitler hätte manchmal ganz plötzlich und für kürzeste Frist fast Unmögliches verlangt. Zwei Tage vor der Invasion der deutschen Streitkräfte in Norwegen hätte er zum Beispiel angeordnet, alle Dokumente vorzubereiten, die darauf hinwiesen, daß die westlichen Alliierten ihrerseits eine Invasion Norwegens geplant hätten und die Deutschen ihnen bei der Durchführung dieser

Planung nur zuvorgekommen seien. Es mußten also binnen 48 Stunden die Dokumente vorhanden sein, mußten den außenpolitischen Vertretungen in allen Ländern vorliegen und mußten so hieb- und stichfest sein, daß dadurch die deutsche Aktion gerechtfertigt schien.

Natürlich habe ich ihn gefragt, ob diese Dokumente denn vorhanden gewesen seien oder ob das Auswärtige Amt sie fälschen mußte. Darüber geriet Ribbentrop erheblich ins Stottern, aber er behauptete, es hätte deutliche Hinweise gegeben, daß eine Invasion Norwegens durch die Alliierten geplant gewesen sei – was übrigens ja auch den Tatsachen entspricht. Trotzdem mußten die Dokumente aufgeschönt und als sehr viel substantieller hingestellt werden, als sie wirklich waren. Die Frage, ob die Norweger nicht vielleicht lieber die alliierten Truppen in ihrem Lande gesehen hätten als die Deutschen, habe ich nicht gestellt.

Auf meine nächste Frage, ob es nicht eine ganze Anzahl von Stellen im Dritten Reich gegeben hätte, die mehr oder weniger auf eigene Faust Außenpolitik betrieben, antwortete Ribbentrop mit Entrüstung, das sei tatsächlich der Fall gewesen. Er hätte sich dauernd bei Goebbels, beim Reichssicherheitshauptamt, bei Rosenbergs Außenpolitischem Amt und anderen Stellen beschweren müssen, weil man seinen diplomatischen Vertretungen im Ausland Informationen stehle oder sie bei der Erlangung von Informationen übergehe; sehr oft habe man eine überaus dilettantische Spionage betrieben und dadurch die deutsche Außenpolitik erheblich diskreditiert. Er sei mit dieser Beschwerde auch bei Hitler vorstellig geworden, der sie jedoch ignoriert habe.

Wenn Ribbentrop von Hitler sprach, geriet er in eine Art Schwärmerei. Gewiß hätte er manchmal Bedenken gegen seine Politik gehabt, aber sowie er ihm gegenübertrat, sei er ihm fast willenlos zu Diensten gewesen. Es hätte immer zu seinen schönsten Stunden gehört, einmal mit Hitler allein zu sein und dessen politische Ideen gewissermaßen im Privatgespräch zu erfahren. Er hätte sich ihm nicht entziehen können; selbst wenn er mit dem Willen zu ihm gegangen sei, stärksten Protest zu erheben oder mit allen ihm zur Verfügung stehenden Argumenten zu widersprechen, so sei dieser Entschluß zusammengebrochen, wenn Hitler ihm gegenübertrat. Vor ihm gab es nur Unterwerfung.

Dabei waren einige der Entschlüsse, mit denen Hitler ihn konfrontierte, für ihn ein fürchterlicher Schock. Schon im August des Jahres 1940 hatte Hitler ihn zu sich gerufen und ihm erklärt, er müsse so bald wie möglich, aber spätestens im Frühling des nächsten Jahres, Rußland mit Krieg überziehen. Ribbentrop war wie vor den Kopf geschlagen. »Aber mein Führer«, wandte er ein, »wir haben doch mit Rußland einen Nichtangriffspakt.«

Hier war Ribbentrop nun tatsächlich persönlich engagiert. Denn als in den letzten Augusttagen des Jahres 1939 der Krieg gegen Polen unmittelbar bevorstand, hatte Hitler die westliche Welt mit der Nachricht überrumpelt, daß er soeben einen Pakt mit Sowjetrußland geschlossen hätte, der auf ein Schutz- und Trutzbündnis hinauslief, obwohl er als Nichtangriffspakt getarnt war. Ribbentrop war damals nach Rußland gefahren und wurde dort mit einem Jubel aufgenommen, der ihm in Deutschland noch nie beschieden gewesen war. Er galt als der volkstümlichste Deutsche, der jemals Rußland besucht hatte. Sein Bild, das ihn mit Stalin bei der Unterschrift unter das Vertragsinstrument zeigte, war in ganz Rußland auf der ersten Seite aller Zeitungen erschienen, und Ribbentrop glaubte, seine Politik mit dieser Versöhnung zwischen Deutschland und Rußland für alle Zeiten gekrönt zu haben.

Als er erfuhr, daß Hitler im Begriff stand, diesen Pakt, den er für den Eckstein seiner Erfolge hielt, einfach über Bord zu werfen, brach eine Welt für ihn zusammen. Aber Hitler wußte ihn zu überzeugen. »Ribbentrop«, sagte er, »während wir in Polen und im Westen Europas Kriege geführt haben und vielleicht demnächst die Invasion Englands beginnen, wird in Rußland in einem Ausmaß gerüstet, das wir uns kaum vorstellen können. Sehen Sie denn nicht, worauf die russische Politik hinausläuft? Die Russen warten darauf, daß die Westmächte von den Deutschen besiegt, die Deutschen aber durch ihre Siege geschwächt sind, um dann über uns alle herzufallen und Gesamteuropa zu kassieren. Das müssen wir unter allen Umständen verhindern, am besten dadurch, daß wir England zum Frieden zwingen. Auf alle Fälle bin ich entschlossen, Rußland so früh wie möglich, zu einer Zeit, die mir günstig erscheint, anzugreifen.«

Ribbentrop sagte gläubig: »Ja, mein Führer«, und zwang sich dazu, diese Politik für richtig zu halten. Tatsächlich hatte aber Stalin an die Ehrlichkeit des deutschen Bündnisses geglaubt und keineswegs die Vorbereitungen getroffen, die Hitler sich eingebildet hatte. Der deutsche Angriff traf ihn empfindlich und zerstörte seinen Glauben an die Menschheit – falls er einen solchen je gehabt hat. Hitler war aber, wie Ribbentrop auch zugab, seinem Grundsatz untreu geworden, nie einen Zweifrontenkrieg zu führen; er hielt das für den schwersten Fehler der deutschen Politik und Kriegsführung im Ersten Weltkrieg und meinte, daß dadurch die Niederlage von vornherein unvermeidlich geworden sei.

Gegen die Amerikaner erhob Ribbentrop bewegliche Klage, weil sie die Neutralität nicht sorgfältig genug gewahrt hätten, die ihnen eigentlich obgelegen hätte. Nicht nur hätten sie England Kriegsmaterial verkauft, nach der berühmten Faustregel des »Cash and Carry«, sondern sie hätten trotz des Embargos auch Kriegsmaterial nach Westeuropa geliefert und außerdem Schiffe angegriffen, die Kriegsmaterial nach Deutschland brachten. Zudem hätte die Marine der Vereinigten Staaten kriegsähnliche Handlungen gegen die deutschen U-Boote vorgenommen. Ich meinte, daß er sich darüber kaum wundern könnte; wenn eine Macht dauernd höhnisch über die dekadenten westlichen Demokratien herzöge und hämisch verkündete, daß sie dem Untergang geweiht seien und daß es nur noch eines Stoßes bedürfe, um sie umzustürzen, dann dürfe man sich nicht beschweren, wenn die westlichen Demokratien sich gegen derartige Voraussagen zur Wehr setzten und bewiesen, daß auch eine Demokratie zum entschlossenen Handeln fähig sei.

Als dann aber Ribbentrop weiter darauf beharrte, daß Amerika Deutschland gegenüber nicht loyal gehandelt hätte, geriet er plötzlich ins Stocken und sagte: »Sie müssen mich für furchtbar dumm halten, aber ich weiß im Augenblick tatsächlich nicht, ob Amerika Deutschland den Krieg erklärt hat oder Deutschland Amerika.«

Ich entgegnete ihm: »Herr Reichsaußenminister, ich habe mich bisher immer mit Ihrer Behauptung begnügt, daß die Fragen, die ich Ihnen zur Außenpolitik stellte, nur periphere Ereignisse betrafen und daher Ihrem Gedächtnis entschwunden seien. Aber

Sie werden mir wohl nicht weismachen wollen, der Ausbruch des Krieges zwischen Deutschland und den Vereinigten Staaten sei ein derartig peripheres Ereignis gewesen, daß der Außenminister des Dritten Reiches nicht mehr weiß, wie es dazu gekommen ist.«

Er erwiderte zerknirscht: »Ich habe ja schon gesagt, Sie müssen mich für furchtbar dumm halten, aber der Vorgang ist tatsächlich meinem Gedächtnis entschwunden, und ich bitte Sie, mir zu helfen.«

Ich sagte darauf: »Am 7. Dezember 1941 haben die Japaner Pearl Harbor überfallen und dabei einen großem Teil der pazifischen Flotte zerstört. Unmittelbar darauf hat der amerikanische Kongreß Japan den Krieg erklärt. Vier Tage später, am 11. Dezember 1941, hat Hitler in einer Erklärung vor dem Reichstag festgestellt, daß Deutschland mit Japan durch ein Schutz- und Trutzabkommen verbunden sei, daß durch die Kriegserklärung der Vereinigten Staaten an Japan der Bündnisfall eingetreten sei und daß er hiermit an die Vereinigten Staaten den Krieg erkläre.«

Ribbentrop erwiderte: »Wenn Sie es sagen, wird es wohl so sein«, und ging, da unsere Unterredung beendet war, sehr niedergeschlagen hinaus. Es war das letzte Gespräch, das ich mit ihm führte; er bat zwar ab und zu noch um eine Unterredung, die ich ihm aber unter dem Druck der Zeit, und da ich mit ihm nichts weiter zu besprechen hatte, nicht gewähren konnte.

Er war, wie Schwerin-Krosigk, der typische Reichsminister. Der Unterschied zwischen den beiden bestand darin, daß Schwerin-Krosigk niemals Nationalsozialist war und vielleicht glaubte, daß er durch sein läuterndes Beispiel den Nationalsozialismus veredeln könne. Ribbentrop war unzweifelhaft Nazi, war auch, im Gegensatz zu Schwerin-Krosigk Hitler vollkommen verfallen und hielt seine Politik durch dick und dünn für richtig. Wenn er darauf spekulierte, sich bei den Verhören auf sein Amt zurückziehen zu können, in dem es immer sauber und anständig hergegangen sei, so hatte er sich verrechnet. Er hätte, wie alle anderen, plädieren können: »Ich bin ja nur ein kleiner Mann und letzten Endes bin ich ein Opfer des Nationalsozialismus.« Beides stimmte, aber er hatte auch als kleiner Mann zu gern am großen Verbrechen mitgespielt.

Wenn allerdings die Verhöre in Mondorf für ihn wie eine Entziehungskur von der Hitlerdroge gewesen sein sollten, so hat diese Wirkung nicht lange vorgehalten.

Folgendes wird berichtet: Während des Nürnberger Prozesses, der gut ein Jahr nach diesen Verhören stattfand, wurde ein Film gezeigt, der die Greuel des Nationalsozialismus dokumentieren sollte. In diesem Film trat auch Hitler auf, der entweder eine Rede hielt oder ein besonderes Zeremoniell zelebrierte; jedenfalls soll sich Ribbentrop an seinen Nachbarn gewandt und ihm ins Ohr geflüstert haben: »Ich bin wieder ganz in seinem Bann.« Daran ist er zugrunde gegangen.

Die letzte Figur derer, die das Reich vertraten und mir noch in irgendeiner Weise erinnerlich sind, ist Franz von Papen.

Von Papen hatte einen sonderbaren Lebenslauf. Er galt als Diplomat von Umsicht und Geschick, aber immer waren seine Wege irgendwie vom Pech verfolgt. Als er deutscher Botschafter in den Vereinigten Staaten war, vergaß er nach Ausbruch des Ersten Weltkrieges eine Mappe in einem der öffentlichen Verkehrsmittel, die sehr interessante Dokumente enthielt: in ihnen waren nämlich sämtliche Agenten aufgeführt, die damals in den Vereinigten Staaten für das Deutsche Reich und gegen die Entente tätig waren. Von Papen gelangte zwar wieder in den Besitz seiner Mappe, aber erst nachdem der amerikanische Geheimdienst von deren Inhalt gründlich Kenntnis genommen hatte.

Ähnliches passierte später im Kriege, als von Papen die Vereinigten Staaten verlassen hatte und nach der Türkei gegangen war. Dort geriet er in ein Gefecht zwischen den Türken und Engländern, in dessen Verlauf er sehr schnell sein Zelt räumen mußte. Es gelang ihm zwar zu entkommen, aber leider waren im Zelt einige Listen zurückgeblieben, die die Namen vieler Agenten enthielten, die im Nahen Osten gegen die Engländer tätig waren. Von Papen wurde durch diese zwei Ereignisse sozusagen notorisch.

Er war jedoch ein Mann mit sehr gepflegten Umgangsformen und Mitglied einer Gesellschaftsklasse, die man als »die besten Kreise« bezeichnen konnte. Er gehörte zum Herrenclub, in dem Großfinanz, Industrie und Adel prominent vertreten waren, hatte gute Beziehungen zum feudalen Rennsport und war sogar selber als Herrenreiter aufgetreten. In der Politik gehörte er als Reichstagsabgeordneter zum rechten Flügel des Zentrums, der katholischen Partei der Weimarer Politik.

Als Brüning, ebenfalls ein Mann des Zentrums und ebenfalls ein Konservativer, der jedoch irgendwo in seinem Herzen auch soziale oder sozialistische Ideen beherbergte, denn er stammte aus der christlichen Gewerkschaft, als Reichskanzler den Unwillen Hindenburgs erregt hatte, weil er Maßnahmen zur Kontrolle des ostpreußischen Großgrundbesitzes einführen wollte, wurde er von Hindenburg auf Betreiben von dessen Sohn und anderer Gesinnungsgenossen kurzerhand entlassen und Papen an seiner Stelle zum Reichskanzler ernannt. Papen stellte ein Kabinett zusammen, das fast ausschließlich aus Adligen bestand, aber nicht lange dauerte, sondern von General von Schleicher abgelöst wurde, der glaubte, eine Art Koalition zwischen Sozialisten und Nationalisten zustandebringen zu können. Er war, was man »national-sozialistisch« nennen könnte, wenn man die beiden Bestandteile dieses Wortes in ihrem ursprünglichen Sinn interpretierte. Er war jedoch kein Nationalsozialist.

Schleicher verlor damals haushoch die Abstimmung im Reichstag, weil sich ihm die sozialistischen Parteien verweigerten und ihm die nationalistischen Parteien mißtrauten. Außerdem lehnte Hindenburg ab, ihn zur Auflösung des Reichstags zu ermächtigen. Es war jedoch von Papen, der am 30. Januar 1933 mit Hilfe der Großindustrie Hindenburg dazu überredete, Hitler zum Reichskanzler zu ernennen.

Hitler dankte ihm dafür, indem er ihn zum Vizekanzler seines Kabinetts ernannte. Papen hielt das anscheinend für eine Machtposition, denn er versuchte, innerhalb des nationalsozialistischen Rabaukentums eine Art konservativer Gesittung zu pflegen, der er im Juni 1934 in einer Rede an die Marburger Studenten Ausdruck gab.

Die Rede wurde damals außerordentlich beachtet und ging, da sie in den Zeitungen nicht abgedruckt werden durfte, in heimlich zirkulierten Nachdrucken bei den Akademikern Deutschlands von Hand zu Hand. Aber da Hitler ein Mensch war, der keine Dankbarkeit kannte, sondern nur die Rache, verabreichte er Papen einen sehr schmerzlichen Denkzettel. Als er am 30. Juni 1934 die Partei beim sogenannten »Röhmputsch« von den radikalen Elementen säuberte und dabei einen großen Teil seiner ältesten Mitkämpfer umbringen ließ, wurden nicht nur General Schleicher, sondern auch Papens engste Mitarbeiter und Leiter der Katholischen Aktion, Edgar Jung und Herbert von Bose, sozusagen beiläufig erschossen. Papen selbst, so wurde gemunkelt, sei verhaftet gewesen und habe in dieser Nacht der heißen Pistolen einige Zähne verloren, aber das kann auch Legende sein.

Anschließend wurde Papen als Botschafter nach Österreich geschickt, wo er bis zum Anschluß im Jahr 1938 blieb, und war dann von 1939 bis Kriegsende Botschafter in der Türkei.

Von Papen lebte getrennt von den anderen Gefangenen in einem kleineren Hotel. Die Gründe, die zu dieser Trennung geführt haben, habe ich nicht erfahren.

Er erschien zum Verhör in einer eindrucksvollen Sommereleganz, mit einem gedeckten seidenen Hemd und kurzer Leinenhose und sah genau aus wie das Klischeebild eines britischen Lords, der auf eine Safari geht.

Wir begrüßten ihn und waren im Begriff, unsere ersten Fragen zu stellen, als von Papen uns unterbrach und folgendes sagte:

»Ich habe gerade gestern in der Zeitung gelesen, daß die hier in Mondorf Versammelten wegen Kriegsverbrechen vor ein Gericht gestellt werden sollen. Es sind mir bisher von Ihren Kollegen viele Fragen gestellt worden, und ich habe viele Antworten gegeben, aber damit ist es jetzt vorbei. Ich werde überhaupt nur noch solche Fragen beantworten, die unmittelbar Kriegsverbrechen zum Gegenstand haben; falls Sie andere Fragen an mich haben, machen Sie sich keine Mühe, ich werde keine Auskunft geben.«

Damit schien es, als sei unser Verhör bereits an seinem Ende angelangt, denn Kriegsverbrechen konnte man Papen wahrhaftig nicht vorwerfen, da er am Kriege überhaupt nicht teilgenommen hatte. Ich hatte jedoch nicht mit dem Geschick und der Geistesgegenwart meines sonst so wenig quicken Gefährten gerechnet, der auf einmal sagte:

»Euer Exzellenz!« Ich hatte bei dieser Anrede Mühe, das Lachen zu verbeißen, aber mein Gefährte war käuzchenernst und fuhr fort: »Wir sind Historiker. Wir haben nichts mit Ermittlungen zu tun, und unsere Berichte gehen nicht an irgendwelche Anklagebehörden oder Intelligenzeinheiten der amerikanischen Armee. Sie gehen zur Hoover Library, die eins der größten Zentren der Geschichtsforschung ist, und werden dort ausgewertet. Da nun Euer Exzellenz eine so hervorragende Rolle in der Gestaltung und Lenkung der jüngsten Geschichte gespielt haben, oder zum mindesten als Zeuge zugegen waren, möchten wir Euer Exzellenz herzlich darum bitten, im Dienste der menschlichen Erkenntnis uns diese einzigartige Erfahrung zur Verfügung zu stellen.«

Diese hinreißende Rede verfehlte ihre Wirkung nicht. Von Papen machte sitzend eine tiefe Verbeugung und eine außerordentliche verbindliche Geste der Hand, bevor er sagte: »Die Historie wird mich stets zu ihren Diensten finden. Unter diesen Umständen bin ich selbstverständlich gern bereit, Ihnen von meinen Erlebnissen mitzuteilen und erwarte Ihre Fragen.«

Damit hatten wir etwa dreiviertel gewonnenes Spiel, denn Papen war, wie er gesagt hatte, willens, unsere Fragen zu beantworten, aber wir hatten natürlich nicht mehr die Möglichkeit, seine Schilderungen, Aussagen und Antworten in Zweifel zu ziehen. Wir baten ihn daher um eine Schilderung seines Verhältnisses einerseits zu Hitler und andererseits zur katholischen Kirche, und wie er es fertiggebracht hätte, diese beiden Loyalitäten, wenn man es so nennen wollte, miteinander zu vereinigen. Es sei ja bekannt, daß er das Konkordat zwischen dem Heiligen Stuhl und dem Dritten Reich ausgehandelt hätte, wie er dessen Auswirkungen beurteile.

Papen meinte, das Konkordat hätte, obwohl es von deutscher Seite immer wieder verletzt worden sei, im großen und ganzen für die Kirche manche Vorteile gebracht, vor allem hätte es ihren Bestand und ihren Einfluß garantiert und sei soweit auch beachtet worden. Wir fragten ihn, ob dieses frühe Konkordat, das der erste Vertrag einer auswärtigen Macht mit dem Deutschland Hitlers gewesen sei, nicht die Regierung aufgewertet und die Katholiken im Reich dem Nationalsozialismus in die Arme getrieben habe, aber Papen wandte ein, daß dadurch die katholische Kirche in Deutschland einen viel freieren Spielraum gehabt hätte als ohne eine solche vertragliche Regelung.

Anschließend erzählte uns von Papen die Geschichte vom dreifachen Verrat, wobei er es unserer Intelligenz überließ, herauszufinden, wer wen an wen und gegen wen verraten hatte. Es war eine dialektische Meisterleistung.

Natürlich war Papen kein Nationalsozialist, und natürlich war er Katholik. Es galt also gewissermaßen als Rache oder Sühne für die Erschießung des Leiters der Katholischen Aktion, Hitler vermittels des Katholizismus auszumanövrieren. Papen hat das auf die folgende Art bewerkstelligt:

Als er Botschafter in Österreich geworden war, veranlaßte er die »Anima« in Rom, eine deutsche, der katholischen Kirche inkorporierte Stiftung, ein Buch zusammenzustellen, das eine Synthese des katholischen Glaubens mit der nationalsozialistischen Ideologie versuchte. Es sollte bewiesen werden, daß und unter welchen Voraussetzungen eine solche Synthese möglich sei, dabei sollte es an kritischen Betrachtungen sowohl der katholischen als auch der nationalsozialistischen Haltung nicht fehlen und manches am Nationalsozialismus durchaus gegeißelt werden, wie z. B. die atheistischen Ideologien der Rosenberg, Himmler und anderer. Das Ergebnis aber sollte sein, daß die Synthese möglich und erstrebenswert sei, und daß man sich daran machen müsse, sie zu verwirklichen.

Das Buch wurde geschrieben und veröffentlicht. Es erschien unter den Auspizien der »Anima« und wurde, da es in deutscher Sprache verfaßt war, in Österreich und Deutschland zum Verkauf angeboten. Stolz überreichte von Papen eines der Exemplare Hitler, der das Buch las oder lesen ließ und seinen Verkauf in Deutschland sofort untersagte. Auf die dringenden Vorstellungen von Papens gab Hitler soweit nach, daß er eine begrenzte Verteilung unter höhere Parteifunktionäre zuließ, aber den freien Verkauf des Buches in Deutschland weiterhin verbot.

In Österreich jedoch, das damals noch keineswegs »angeschlossen« war, wurde das Buch mit gutem Erfolg verkauft und fand sowohl Beachtung wie Verbreitung.

Papen hielt das für einen Sieg des Katholizismus. Zwar war er von Hitler enttäuscht, der ihm zu verstehen gegeben hatte, daß er das Buch mit allen Mitteln fördern werde, aber er fand es begrüßenswert, daß das Buch in Österreich so viel gelesen wurde.

Hier setzten begreiflicherweise unsere Zweifel ein. Für wen war das eigentlich ein Erfolg? Für die katholische Kirche oder für Hitler? In Deutschland war das Buch nicht zu haben, um gar nicht erst den Verdacht aufkommen zu lassen, daß die Nationalsozialisten irgendwelche Konzessionen an die Katholiken machen wollten. In Österreich jedoch hatte es weite Verbreitung und belehrte die vorwiegend katholischen Österreicher, durch die Veröffentlichung einer katholisch inspirierten und sanktionierten Schrift, daß der Katholizismus und der Nationalsozialismus keine Gegensätze zu sein brauchten, sondern zu einer Synthese führen konnten. Viele Österreicher, die bis dahin aus Glaubensgründen den Nationalsozialismus abgelehnt hatten, mußten sich durch dieses Buch geneigt fühlen, als Katholiken den Nationalsozialismus neu zu überdenken. Auf diese Weise wurde dem Nationalsozialismus in Österreich der Boden bereitet, und Hitler, der schon immer den Anschluß geplant hatte, in die Hände gespielt. Das jedoch wollte Papen nicht gesehen haben und beklagte sich nur über Hitlers Wortbrüchigkeit.

Als dann die Zeit gekommen war, daß Hitler in Österreich einrückte, hatte es Papen arrangiert, daß der österreichische Kardinal Innitzer als erstes Hitler zu einer Audienz empfing. Hitler kam zu dieser Audienz voller schöner Versprechungen. Er gab jede Garantie, die der Kardinal verlangte, in der Erziehungs- und Bildungspolitik, in der Freiheit der kirchlichen Lehre und spielte den treuen Sohn der katholischen Kirche, der er immer noch angehörte.

Papen war von dieser Audienz hochbefriedigt und beglückwünschte sich, daß er sie zustandegebracht hatte. Hinterher jedoch, erklärte er, habe Hitler jedes seiner Versprechen gebrochen. Er habe scheußlichsten Verrat geübt und die Hoffnungen des Kardinals grimmig enttäuscht.

Ich habe ihn an dieser Stelle gefragt, ob er bis dahin nicht schon gewußt hätte, daß Hitlers Wort nicht den Atem wert war, mit dem er es aussprach.

Aber von Papen schüttelte den Kopf: er sei auf Hitler *immer wieder* reingefallen, sagte er. Hitler hätte mit einer derartigen Eindringlichkeit und Überzeugungskraft sprechen können, daß man ihm unbedingt geglaubt habe. Er sei damals ebenso getäuscht worden wie der Kardinal und hätte diese Zusammenkunft später bitter bereut.

Wieder kann man fragen, wem Papen in diesem Falle gedient hatte. Die Audienz bei Innitzer war ein weithin sichtbares Zeichen, daß die katholische Kirche sich mit Hitler arrangieren wollte. Die Österreicher haben es als ein solches Zeichen verstanden und haben gemeint, daß der Nationalsozialismus sozusagen hoffähig geworden sei, da der Kardinal den Führer empfangen hatte. Hitler, der solche Zusammenhänge durchaus verstand, hat gern die Gelegenheit ergriffen, das Blaue vom Himmel herunter zu versprechen. Ihm lag ausschließlich daran, die Österreicher mit dieser Geste für sich zu gewinnen. Ob Papen das so gar nicht verstanden hat?

Die dritte Episode, die uns Papen erzählte, trug sich in Ankara zu. Dort gab es eine deutsche Schule, die von der katholischen Kirche gegründet worden war, von ihr unterhalten wurde und als so ausgezeichnet galt, daß die politischen Würdenträger und die besten Familien Ankaras ihre Kinder in diese Schule schickten.

Hitler, dem eine deutsch-katholische Schule im Ausland vielleicht ein peinlicher Gedanke war, ordnete an, daß die Schule geschlossen werden solle. Erst auf eindringliche Vorstellungen von Papens änderte er seinen Entschluß, und die Schule blieb bestehen. Von Papen hielt das für einen deutlichen Sieg des Katholizismus gegenüber dem Nationalsozialismus, der durch sein Geschick errungen war.

Leider kann man es auch anders sehen. Papen hatte uns selber gesagt, daß die hohen Politiker der Türkei und die Familien der besten Gesellschaft Ankaras ihre Kinder in diese Schule schickten. Nun kann man sicher geltend machen, daß durch das Fortbestehen der Schule die katholische Kirche einen Gewinn erzielte, aber kann man nicht mit gleichem Recht sagen, daß diese Schule einer der besten Horchposten war, den sich das Dritte Reich in einem fremden Land wünschen konnte? War mit dieser Schule nicht die Möglichkeit gegeben, die Meinungen und Absichten der führenden Kreise Ankaras und der gesamten offiziellen Türkei kennenzulernen und für sich auszuwerten? Zum dritten Mal erhob sich die Frage, wem von Papen eigentlich gedient hatte, der katholischen Kirche oder seinem heißgehaßten Führer.

Das war das Interview mit Deutschlands doppelzüngigstem Politiker, es sei denn, man täte ihm das Unrecht an, ihn für dumm zu halten. Aber dafür war eigentlich sein Vortrag zu intelligent.

F. Typen der Partei

Die letzte Kategorie der Insassen Mondorfs waren die Parteifunktionäre. Sie wurden am geflissentlichsten von allen anderen gemieden, waren untereinander am meisten zerstritten und bangten am heftigsten um ihren Kopf.

Eine Art Zwischenstellung zwischen Partei und Reich hatten drei Reichsstatthalter, die mit sehr verschiedenen Titeln die von deutschen Truppen besetzten Gebiete verwalteten, Seyss-Inquart als Reichskommissar in Holland, Hans Frank als Generalgouverneur in Polen und Alfred Rosenberg als Reichsminister für die besetzten Ostgebiete.

Ihre Motivationen waren völlig verschieden. Seyss-Inquart, von dem ich eine sehr undeutliche Erinnerung habe, ist sicher nicht nach Holland gegangen, um das dortige Volk zu unterjochen. Er war Österreicher, hatte den Nazis geholfen, das Dollfuß- und später das Schuschnigg-Regime zu unterminieren, und war derjenige, der Hitler triumphal einholte, als 1938 Österreich unter dem Jubel der Bevölkerung dem Dritten Reich eingegliedert wurde.

Wahrscheinlich ist Seyss-Inquart mit der Absicht nach Holland gegangen, dort eine Versöhnung zu erwirken. Er hat sich mir gegenüber so geäußert, und ich bin heute bereit, nach allem, was ich später in Holland erfahren habe, ihm zu glauben. Denn der Anfang der Besatzung in Holland war diesem Unternehmen recht günstig. Holländer haben mir 1946, als der Eindruck der Besatzung noch ziemlich frisch war, bestätigt, daß das Verhalten der Deutschen beim Einmarsch und in den ersten Monaten danach derartig taktvoll, untadelig, hilfsbereit und bescheiden gewesen sei, daß die Bevölkerung schon fast bereit war, sich gewinnen zu lassen. Es hätten sich kaum Übergriffe ereignet, und wenn solche bekannt wurden, seien sie von der deutschen Militärführung streng bestraft worden. Die jungen deutschen Soldaten hätten im allgemeinen einen sehr sympathischen Eindruck gemacht. Diejenigen Holländer, die von vornherein zum Widerstand drängten, waren schier verzweifelt, weil sie unter der Bevölkerung für ihre Sache nicht genügend Anhänger fanden. Den Kommunisten waren überdies die Hände gebunden, weil Moskau ja einen Pakt mit Hitler hatte und daher der gute Kommunist in das nationalsozialistische Horn stoßen mußte. Das wurde später natürlich von den Kommunisten mit Abscheu in Abrede gestellt, aber die Tatsachen sind manchmal stärker als alle Beteuerungen.

Dieser paradiesische Zustand hat nicht sehr lange gedauert. Im Winter 1941 rückte in Holland, wie in allen anderen besetzten Ländern, der Sicherheitsdienst ein, der im Ausland die Funktion der Geheimen Staatspolizei versah. Von dem Augenblick an war es mit Höflichkeit, Hilfsbereitschaft und Rücksichtnahme aus, es wurde verhaftet, gefoltert, deportiert. Es war besonders charakteristisch für den nationalsozialistischen Staat, begründet in der Persönlichkeit seines Führers, daß sich der Akzent immer vom Konstruktiven aufs Destruktive verlagerte und schließlich nur noch in Kategorien von Vernichtung, Unterdrückung, Zwang und Terror gedacht wurde. So war es auch in Holland, wo Berufsvereinigungen, Verbände und Genossenschaften gebieterisch aufgefordert wurden, ihre jüdischen Mitglieder preiszugeben, und jeder einen Fragebogen ins Haus geliefert bekam, auf dem er über Herkunft und Familie genaueste Auskunft geben mußte. Viele holländische Verbände haben sich geweigert, das zu tun und sind dadurch mit der Verwaltung – das heißt letzten Endes auch Seyss-Inquart – in Streit geraten. Natürlich mußte Seyss-Inquart seine Macht einsetzen, um die Anordnungen durchzuführen; seine Maßnahmen wurden immer drakonischer, seine Verwaltung immer blutiger. Er wußte es und hat vielleicht darunter gelitten. Jedenfalls betrachtete auch er sich eher als ein Opfer des Nationalsozialismus denn als sein Handlanger.

Als ich mit ihm sprach, versuchte er mir seine guten Absichten zu erklären, behauptete auch, daß er vieles von dem gemildert hätte, was ursprünglich geplant und angeordnet gewesen sei, aber er konnte es bei dem zum Widerstand entschlossenen holländischen Volk nicht verhindern, daß zuletzt eine furchtbare Hungersnot ausbrach, der Tausende von Holländern erlegen sind. Die Holländer haben unter seiner Verwaltung fürchterlich geblutet, viele Menschen sind verschleppt worden und umgekommen, unzählige sind als Widerstandskämpfer verhaftet und hingerichtet worden.

Im Intelligenztest, der allen Gefangenen gegeben wurde, erreichte Seyss-Inquart einen Wert, der ihn als Genie auswies. Aber auch ihm haftete das an, was die Vertreter des Nationalsozialismus vor allem kennzeichnete: die Verkümmerung eines ethischen Verantwortungsbewußtseins, das Wissen darum, wann man Intelligenz, Kraft und Persönlichkeit nicht mehr einsetzen darf, ohne selbst zum Verbrecher zu werden.

Alfred Rosenberg war ein ganz anderes Kaliber. Er war etwa das, was man heutzutage den Parteiideologen nennen nennen würde, einer der die »Philosophie« des Nationalsozialismus gewissermaßen gültig ausgesprochen hat, um alle Anhänger darauf zu verpflichten. Das Buch, mit dem er eine solche Verpflichtung versuchte, trug den Titel »Der Mythus des zwanzigsten Jahrhunderts« (nicht Mythos: Mythus). Es ist ein höchst lächerliches Machwerk mit so vielen Fehlern und Mißverständnissen, Verstiegenheiten und Ungereimtheiten, daß es erheiternd sein könnte, wenn es nicht so sehr viel Schaden angerichtet hätte. Wenn es für eine beliebige Periode der Geschichte ein trübe Quelle gab, so hat sich Rosenberg ihrer mit Sicherheit bedient. Auf diese Weise hat er die Etrusker in die falsche Kehle gekriegt, auf diese Weise hat er die ganze sogenannte »dionysische« Seite der griechischen Kultur mißverstanden, auf diese Weise ist ihm das ganze Mittelalter mißtraten und hat er die Neuzeit nicht begriffen.

Ich habe dieses Werk früh gelesen und mich geschüttelt. Bezeichnend fand ich zum Beispiel folgende Stelle, an der er behauptet, daß Sokrates ein »rein theoretischer Mensch« gewesen sei, der keinen Blick für das Fromme und Schöne gehabt hätte. Er zitiert zum Beweis aus dem »Phaidros«:

»Ich bin eben lernbegierig, Felder und Bäume wollen mich nichts lehren, wohl aber die Menschen in der Stadt. Du indes, dünkt mich, hast mich herauszulocken das rechte Mittel gefunden, denn wie sie mittels vorgehaltenen Laubes oder Körner hungriges Vieh führen, so könntest du gewiß, wenn du mir solche Rollen mit Reden vorzeigtest, durch ganz Attika herumführen und wohin du sonst wolltest.«

Woher Rosenberg die Übersetzung hat, weiß ich nicht, aber unzweifelhaft hat Sokrates ähnliches im »Phaidros« gesagt. Was jedoch der arme Rosenberg nicht gemerkt hat, ist, daß Sokrates ein Ironiker war; und daß er Phaidros mit dieser Papierrolle, die die Rede eines platten Schwätzers enthielt, veralbern wollte, hat Rosenberg, der Sokrates der Schulmeisterei bezichtigt, schlicht nicht verstanden. So entstanden seine Urteile, und aus denen entstand eine Parteiideologie, mit der man beweisen konnte, daß allein die nordische Rasse durch die Jahrtausende hindurch die Fackel des Lebens getragen hatte, während die anderen Rassen lebensfeindlich, chaotisch, orgiastisch, nihilistisch oder dekadent gewesen waren.

Rosenberg war Balte. Nun hatten es die Balten schon immer schwer gehabt, ihr Deutschtum gegen die herrschenden Slawen zu verteidigen. Und da sie in den Ländern des Baltikums tatsächlich eine Oberschicht darstellten, war die Verführung dazu, sich auserwählt zu fühlen, besonders groß. Hitler hat Rosenberg wahrscheinlich deswegen benutzt, weil sein Buch einer gewissen Konjunktur entgegenkam. Es gab damals eine ganze Anzahl von Werken, die entweder die gesamte Weltgeschichte pauschal auseinanderdividierten, und sie nach vorgeformten Ideen neu interpretierten, oder alten Mythen nachforschten, um zu beweisen, daß man schon von jeher der Beste war. Namen wie Josef Wirth, Schücking, Stucki, Moeller van den Bruck, Spengler, Frobenius, Toynbee gehören hierher, auch Friedrich Hielscher und Franz Schauwecker und Ernst Jünger, nicht zu vergessen. Das soll beileibe nicht heißen, daß alle diese Bücher qualitativ gleich waren und daß der Charlatanismus eines Josef Wirth oder die verbissene Klitterung eines Friedrich Hielscher mit Frobenius, Spengler oder Toynbee gleichgestellt werden sollten. Aber Rosenberg hatte sich vieles von dem angeeignet und zu einem eigenen Mischmasch verarbeitet.

In der Partei galt er als komische Figur. Es war, nach dem Zeugnis von Albert Speer, eine Paradenummer von Goebbels, die bei Hitler immer Lachtränen hervorrief, wenn er Rosenbergs Verstiegenheiten unter Nachahmung seines baltischen Akzents rezitierte. Man machte jedoch Rosenberg zum Beauftragten des Führers zur Sicherung der nationalsozialistischen Weltanschauung, was immer das bedeuten mochte, übertrug ihm das »Außenpolitische Amt« der Partei (was Ribbentrop oft ins Gehege kam), und ernannte ihn später zum Reichsminister für die besetzten Ostgebiete.

Damit begann seine Leidenszeit. Rosenberg hatte, wie er mir erzählte, in Moskau studiert und war für die gnadenlose Ausrottungspolitik in den Ostgebieten nicht zu begeistern. Er kannte vor allem das Problem der Ukrainer, die die russische Herrschaft abschütteln wollten und die deutschen Truppen teilweise als Befreier begrüßten, mit denen sie den Krieg gegen die russischen Unterdrücker weiterführen wollten. Er hat verschiedentlich Vorschläge gemacht, durch Aufhebung der Kolchosen, Wiederherstellung der Religionsfreiheit und Gewährung einer beschränkten Selbstverwaltung unter lokalen Kollaborateuren die Unterstützung der Bevölkerung zu gewinnen. Hitler lehnte das schroff ab und setzte im Baltikum und in der Ukraine die übelsten Mörder ein, die, ohne sich um Rosenbergs Beschwörungen zu kümmern, die Bevölkerung versklavten, sie zur Zwangsarbeit nach Deutschland verschleppten und die üblichen Massaker veranstalteten. Erich Koch und Hinrich Lohse, die beiden Reichskommissare, machten Rosenbergs Versuche, die Bevölkerung für Deutschland zu gewinnen, systematisch zu nichte.

Der Rosenberg, der mir gegenübersaß, war ein spärlicher Mensch. Ein hageres Gesicht, tiefliegende Augen mit schweren Ringen, schütteres Haar, eine Entenschnabelnase, hervortretende Backenknochen, eine graue Gesichtsfarbe. Man entdeckte keine Vitalität in seinen Zügen, und was er von seinen Gedanken vorbrachte, klang so eingelernt, papageienhaft und pedantisch, und war ein so ödes Geschwätz, daß ich den Eindruck gewann, er hätte seit der Zeit, als er sein Buch schrieb, nicht einen neuen Gedanken konzipiert.

Das entsprach auch, wie sich herausstellte, den Tatsachen. Ich fragte ihn, ob seine Kontroverse mit Hitler und der totale Zusammenbruch des Dritten Reiches ihn nicht davon überzeugt hätte, daß seine Lehre falsch sei. Aber davon wollte er nichts hören. Hitler hätte zwar versagt, aber seine, Rosenbergs, Philosophie sei unverrückbar richtig. Er sagte allen Ernstes, daß er, nach Hitlers unrühmlicher Entwicklung, bei weitem die bedeutendste Figur des Nationalsozialismus gewesen sei. Sein Ideal war der baltische Edelmann mit einem Schuß englischer Lord und einer philosophischen Weltsicht, die für die gesamte Geschichte, rückblickend und vorausblickend, richtungsweisend sei. Für diese Persönlichkeit hielt er sich.

Immer noch sah er die arische Rasse als Träger des Heils, von allen Seiten berannt und bekämpft, er sprach vom Christentum und dem »pelasgischen« Papst mit einer Geläufigkeit, als lese er den Text aus einem unsichtbaren Manuskript, und begann mir, als ich ihn zu unterbrechen suchte, zu erklären, wer oder was die Pelasgier gewesen seien – Pythagoras hatte zum Beispiel zu ihnen gehört und sich dafür von Rosenberg einen Minuspunkt eingehandelt – und mit welchem Recht man den Papst als pelasgisch bezeichnen könnte.

Diesmal unterbrach ich ihn und sagte, ich brauchte seine Belehrung nicht, denn ich hätte sein Buch gelesen und kenne seine Begründung. Er möge mir bitte weitere Erläuterungen ersparen.

Er war begeistert. Daß hier ein Amerikaner vor ihm saß, der sein Buch »Der Mythus des zwanzigsten Jahrhunderts« gelesen hatte, erschien ihm als phantastischer Glücksfall. Er fragte mich, ob ich davon beeindruckt gewesen sei, aber darüber verweigerte ich die Auskunft.

Natürlich war er noch ein rabiater Antisemit und wütender Antichrist. Daß er nicht dazu gekommen sei, seine historisch bahnbrechenden Ideen durchzuführen, schob er Hitler und seinen Mordgesellen in die Schuhe; es sei ihm nicht gelungen, die weltanschauliche Schulung weiterzuführen, und er sei, mitsamt seiner Lehre, ein Opfer des Nationalsozialismus.

Es war leider nicht so im nationalsozialistischen Staat, daß die Narren dorthin geschafft wurden, wo sie für sich spintisieren konnten, ohne der Umwelt zur Last zu fallen. Die beiden Großideologen, der SS-Führer Heinrich Himmler und Alfred Rosenberg haben nicht nur in den Köpfen der Jugend furchtbare Verwüstungen angerichtet, indem sie Wert und Unwert auf ihre Weise verteilten und den Mord zur Pflicht erklärten, sondern sie haben die eigene »moral insanity« zum Standart erhoben, auf den sie, mit Duldung der Zweifler und Spötter, das Volk einschworen.

Der dritte in diesem Bunde war Generalgouverneur Hans

Frank. Er hatte in Mondorf eine besondere Nische. Er tat sich mit keinem zusammen; von morgens bis abends, wenn er nicht gerade beim Essen oder beim Verhör war, wandelte er auf der Terrasse vor dem Hotel mit einem Gebetbuch auf und ab und tat Buße. Er murmelte Gebete, sprach den Rosenkranz und widmete jede freie Minute der Selbstzerknirschung. Er war allerdings auch sorgfältig darauf bedacht, bei diesen Übungen von allen gesehen zu werden, die das Hotel betraten oder verließen, oder die sich, wie die meisten Gefangenen, vor dem Hotel auf dem Rasen aufhielten. Seinen Mitgefangenen war er lästig, und sie ließen es in ihren Gesprächen nicht an Seitenhieben auf diesen neugebackenen Büßer fehlen, aber sie konnten ihn in seiner neuen Rolle nicht irre machen.

Hans Frank war ursprünglich Rechtsanwalt gewesen und hatte Hitler dadurch kennengelernt, daß er Nationalsozialisten verteidigte, die mit dem Strafgesetz in Konflikt geraten waren. Er führte dabei eine aggressive und höhnische Sprache, die sich manchmal als ganz wirkungsvoll erwies und offenbar die nationalsozialistische Führung beeindruckte.

Ich hatte ihn einmal in Berlin erlebt, als er vor nationalsozialistischen Studenten eine rein demagogische Rede hielt; sie war rhetorisch geschickt, aber äußerst unsympathisch. Später wurde Frank bayerischer Justizminister und Präsident der Akademie für deutsches Recht und sorgte dafür, daß das Recht in Deutschland parteikonform uminterpretiert wurde.

Er war eigentlich ein gut aussehender Mensch. Er hatte ein kluges und man könnte beinahe sagen feines Gesicht mit einem sinnlichen, sehr weichen Mund, der ahnen ließ, daß er vielleicht mehr konnte als trutzige Phrasen von sich geben.

Tatsächlich war Frank ein musischer Mensch. Er fühlte sich vielleicht deshalb zu Polen hingezogen, weil er ein großer Verehrer von Chopin war, dessen Werke er fast virtuos auf dem Klavier spielte. Es gehörte zu den gesellschaftlichen Ereignissen von Warschau während der Besatzungszeit, beim Generalgouverneur eingeladen zu sein und ihn Chopin spielen zu hören.

Zugleich aber war er, was man dem Mund auch ansah, ein Sadist. In der Weichheit dieses Mundes lag eine deutliche Grausamkeit, die er auch in Polen ungehemmt walten ließ.

Es war über die Polen beschlossen, daß es nie wieder einen Staat

Polen geben sollte, daß die Deutschen und die Russen, und später die Deutschen allein, dieses Land beherrschen und die gesamte polnische Bevölkerung zu Heloten reduzieren sollte. Es sollten ihnen keine Bildungsmöglichkeiten mehr offenstehen, sie sollten vom Besuch höherer Schulen und der Hochschulen ausgeschlossen werden, man sollte ihnen die freie Möglichkeit geben, sich billigen Alkohol und sonstige debilitierende Betäubungsmittel zu geben, um auf diese Weise schließlich die gesamte Bevölkerung zu degenerieren. Die Polen sollten schließlich auf den Stand gebracht werden, daß sie nur noch als Arbeitssklaven für ihre nordischen Herren taugten, den ganzen polnischen Dünkel und die polnische Aufsässigkeit verlernten, mit denen sie sich durch alle politischen Schicksalsschläge behauptet hatten. Das Generalgouvernement galt daher auch nicht als besetztes Gebiet, sondern als besonders verwalteter Teil des Deutschen Reiches.

Für die Juden war das Los selbstverständlich noch eindeutiger: für sie war überhaupt keine Zukunft vorgesehen, sondern ihnen war nur die Galgenfrist eingeräumt, in der sie noch genügend Kräfte besaßen, um zu arbeiten. Sowie diese Kräfte versagten, waren sie dem Tod verfallen. Die Zerstörung des Warschauer Ghettos, das dem Erdboden gleichgemacht wurde, war ein Symbol dafür.

Frank hat diese Befehle zur Tötung, Vernichtung, Zerstörung, zur Ausrottung und Versklavung wahrscheinlich mit einer leisen melodischen Stimme gegeben. Das war jedenfalls die Stimme, die ich von ihm hörte und die imstande war, sehr kluge und überlegte Sätze zu formulieren. Als ich ihn auf die Zerstörungen in Polen ansprach, sagte er hastig: »Ich habe aber nicht eine einzige Kirche zerstört!« Ich fragte ihn, ob unter den Begriff Kirche auch die Synagogen fielen. Darauf schwieg er eine Zeitlang und meinte dann: Nein, es sei sein Fluch, den er jetzt erkenne und mit dem er ringe, daß er auch Gotteshäuser anderer Konfessionen zerstört hätte, was niemals hätte geschehen dürfen. Von den Menschen, für die diese Gotteshäuser nur Versammlungsstätten gewesen waren, sprach er nicht.

Ich fragte ihn einiges über nationalsozialistisches Recht, und die Parteijustiz, worüber er mir fließend und erschöpfend Auskunft gab. Man hätte das Gespräch als angenehm bezeichnen können, wenn man nicht beständig das Gefühl gehabt hätte, daß hinter dieser ganzen Büßerpose ein verzehrender Fanatismus stand und daß Frank, der fanatische Schlächter Polens, tatsächlich nichts weiter getan hatte, als einen Fanatismus gegen einen anderen auszutauschen. Hätte man ihm freie Hand gelassen, er hätte die Scheiterhaufen der Inquisition neu geschichtet und darauf unzählige Ketzer verbrannt.

Das Gespräch mit ihm war insofern schwierig, als er zwar keine der Greueltaten leugnete, die in Polen begangen worden waren, wohl aber in Abrede stellte, daß er dafür verantwortlich und unmittelbar schuldig gewesen sei. Nun gab es zu viele Beweise, die seine Schuld belegten. Er hatte gesagt, daß Polen wie eine Kolonie behandelt werden sollte und die Polen als Sklaven des Großdeutschen Reiches ausersehen seien. Er hatte seine Absicht bekanntgegeben, eine Million polnische Arbeiter nach Deutschland deportieren zu lassen, und er hatte verkündet, daß man die Juden vernichten müsse, wo man sie finde. Das stellte er auch nicht in Abrede, aber er hatte sich vorgestellt, daß man für diese Maßnahmen eine gesetzliche Grundlage finden müsse. Er wollte sozusagen die Unmenschlichkeit legalisieren, um dafür das gute Gewissen herzustellen.

Daß Polen zum Tummelplatz aller Vernichtungskommandos und zum zentralen Schauplatz der sogenannten »Endlösung« wurde, störte ihn. Ob es ihn störte, weil er das Resultat mißbilligte oder weil er das Gefühl hatte, daß man eine Domäne usurpierte, die er sich vorbehalten hatte, konnte ich nicht ermitteln. Tatsache ist, daß er sowohl mit Hitler wie mit Himmler sehr erregte Auseinandersetzungen hatte, die die Massaker und Vernichtungsaktionen auf dem Gebiet des Generalgouvernements betrafen.

Tatsache ist auch, daß er mit Rosenberg die Meinung teilte, man solle die ukrainische Minderheit für die deutsche Verwaltung nutzen und ihr besondere Privilegien einräumen. Aber auch das stieß bei Hitler auf Ablehnung.

Frank war mir gegenüber ein schwieriger Büßer. Er war sich keiner wirklichen Schuld bewußt, aber er war bereit, die »schreckliche Schuld« zu tragen. Hitler war für ihn ein Ungeheuer geworden, und es werde tausend Jahre dauern, bis seine Spuren getilgt seien.

Ich war gegen die Zahl tausend ein wenig allergisch geworden und fragte ihn, da das tausendjährige Reich Hitlers nur zwölf Jahre gewährt hatte, ob es nicht vielleicht mit Hitlers Spuren auch etwas schneller gehen könne. Aber er erwiderte in aller Feierlichkeit, eher könne diese Schuld nicht getilgt werden.

So hat er als guter Christ die Schuld anderer getragen. Das ist, habe ich mir sagen lassen, sozusagen ein Gutschein auf die ewige Seligkeit.

Wie es nicht ausbleiben konnte, begegnete ich in Mondorf auch dem einen Gerechten, der in diesem Haufen von moralisch mißgeborenen Sündern lebte. Er war allerdings ein Mann, der weithin unbekannt geblieben ist und bei denen, die mit ihm bekannt wurden, in nicht allzu guter Erinnerung stand. Sein Name war Walter Buch, er war Major a. D. und der Oberste Parteirichter Deutschlands.

Die Partei hatte ihre eigene Gerichtsbarkeit, die mit der Staatsjustiz nichts zu tun hatte. Beweiserhebungen der Staats- und Militärjustiz waren für die Parteijustiz nicht bindend, obwohl sie immerhin vorgebracht werden konnten, und ebenso hatten die Befunde der Parteigerichtsbarkeit keine absolute Beweiskraft für die staatliche Justiz.

Geahndet wurde nur parteischädigendes Verhalten, also keineswegs nur Straftaten, sondern auch ein Benehmen, das man eines nationalsozialistischen Parteigenossen für unwürdig erachtete oder Reden, die man als parteiwidrig empfand. Dagegen konnte es vorkommen, daß gewisse Handlungen, die nach dem Strafgesetz strafbar waren, nicht die Mißbilligung der Partei fanden.

Das Oberste Parteigericht verhandelte in erster Instanz gegen Reichsleiter, Gauleiter und stellvertretende Gauleiter, gegen Obergruppenführer bis Oberführer (also die Generalität) der SA, gegen Reichs- und Staatsminister und Staatssekretäre. Die SS hatte ihre eigene Gerichtsbarkeit (übrigens auch ihr eigenes Konzentrationslager).

Die Urteile, die vom Parteigericht gefällt werden konnten, lauteten auf Ausschluß, Verwarnung, Aberkennung der Fähigkeit zur Bekleidung eines Parteiamtes, Aberkennung der Fähigkeit zum Tragen einer Waffe oder zum Auftreten als öffentlicher Redner.

Außerdem hatte das Parteigericht die Aufgabe, Parteigenossen, die nicht-arisch oder Freimaurer waren, aus der Partei zu entfernen.

Als das Amt des Obersten Parteirichters an Major Buch übertragen wurde, fühlte er sich hochgeehrt. Er hatte strenge Vorstellungen von militärischer Zucht und Sitte und war gewillt, sie auf die Partei zu übertragen, da er sie für eine Art Nachfolgeorganisation des kaiserlichen Heeres und der Reichswehr ansah. Er war ein alter, vielleicht idealistischer Nazi, überzeugter Antisemit und Mitglied des Sachverständigenbeirats für Bevölkerungs- und Rassenpolitik im Reichsinnenministerium.

Sein Vorhaben, die soldatischen Tugenden auf die Partei zu übertragen, erwies sich jedoch als nicht ausführbar. Die Partei fühlte sich diesen Tugenden nicht verpflichtet. Nicht nur waren ihre Mitglieder anmaßend, ungehobelt, gewalttätig und oft auch schlechthin asozial, sondern sie betrachteten Ausschreitungen und Gewalthandlungen, die Major Buch ihnen vorhielt, als ihr gutes Recht. Buch merkte mehr und mehr, daß er an den jungen Leuten vorbeiredete, denen er parteiunwürdiges Verhalten vorwarf.

Am meisten erschütterte ihn jedoch, daß er bei der Parteiführung keinen Rückhalt hatte. Er hatte das große Pech, daß seine Tochter Martin Bormann heiratete, Hitlers treusten Paladin, der vor keiner Gewalttat und keiner Gemeinheit zurückscheute, wenn sie ihn zum Ziel führte. Bormann, der seinen Schwiegervater verachtete, verbot ihm schließlich, nach einer heftigen Auseinandersetzung, sein Haus und erklärte auch seiner Frau, daß er ihr nicht mehr gestatte, ihren Vater zu besuchen. Dieses Verbot wäre allerdings, wie Buch meinte, gar nicht nötig gewesen, denn seine Tochter war ihm durch Bormann schon völlig entfremdet.

Auch Hitler, der ihn immerhin ernannt hatte, war mit seiner Arbeit nicht zufrieden und machte keinen Versuch, seine Autorität in der Partei zu stärken. Als er ihm einmal auf einer Versammlung begegnete, deutete er mit dem Finger auf ihn und sagte: »Das ist der Mann, mit dem ich nichts zu tun haben will.« Aber nach seiner alten Gewohnheit setzte er ihn nicht ab, um einen anderen an seiner Stelle zu ernennen, sondern hob nur die Urteile auf, die er gesprochen hatte und machte seine Arbeit mehr oder weniger überflüssig und inhaltslos.

Viele der höchsten Parteigenossen waren vor dem Parteigericht angeklagt gewesen, das gegen sie ermittelte. Ley gehörte zu ihnen, Streicher gehörte zu ihnen, aber auch mehrere andere der brutalen Gau- und Kreisleiter, SA- und SS-Offiziere mußten sich vor dem Obersten Parteigericht verantworten. Gegen Streicher lagen zum Beispiel 52 Anklagepunkte vor, wegen derer ermittelt werden mußte. Davon erachtete das Gericht 51 als stichhaltig und erwiesen und schlug daher Hitler vor, Streicher aus der Partei auszuschließen. Hitler nahm diesen Vorschlag nicht an, sondern behielt Streicher mit allen Würden und Titeln in der Partei, suspendierte ihn allerdings bis auf weiteres von seinem Amt. Auch Ley war in verschiedenen Punkten für schuldig gefunden worden, aber auch in seinem Falle wurde das Urteil des Obersten Parteigerichts von Hitler kurzweg kassiert. Allerdings verbot er Ley das Trinken in der Öffentlichkeit.

Major Buch, inzwischen ein alter Mann, war über diese Entwicklung sehr verbittert. Er meinte, die Roheit und Verwilderung der Sitten und die Straflosigkeit, mit der jede Gemeinheit und jede Gewalttat begangen werden konnten, hätten zum Untergang des Dritten Reiches ebenso beigetragen wie die militärische Niederlage, und hätten vielleicht auch die militärische Niederlage unvermeidlich gemacht. Er hatte, wie Don Quijote, gegen Windmühlenflügel gekämpft, weil er glaubte, es gebe ein Ideal soldatischer Ehre und Treue, das auch für die nationalsozialistische Partei richtungweisend sei.

In der Schar der Gefangenen von Mondorf führte Major Buch ein einsames Dasein. Keiner versuchte ein Gespräch mit ihm, niemand wollte etwas mit ihm zu tun haben. Einige der Leute, die vor seinem Richterstuhl gestanden hatten, waren Insassen des Lagers und mieden ihn, die Militärs verachteten ihn, weil er nur Major war und wohl auch an sie Ansprüche stellte, die ihnen für ihr eigenes Verhalten zu hoch waren. Die Reichs- und Staatsbeamten betonten auch ihm gegenüber die Distanz, die sie zu allen Instituten und Organisationen der Partei wahrten. Mit seinen Vorstellungen und Forderungen war er an diesem Platz und unter diesen Leuten allein.

Der Mann, mit dem er sich wohl noch am besten hätte verstehen können, wohnte, wenn mich meine Erinnerung nicht täuscht, nicht mit ihm unter einem Dach. Es war Franz Freiherr

Ritter von Epp, ein alter mutiger Kolonialkämpfer, der sich im Ersten Weltkrieg in Afrika ausgezeichnet hatte und schon sehr früh zu den Nationalsozialisten stieß, weil er sich von ihnen wahrscheinlich die Erneuerung eines nationalen Reiches mit einer intakten Armee versprach. 1933 ernannte ihn Hitler zum Reichsstatthalter in Bayern. Später wurde er zum Leiter des Kolonialpolitischen Amtes der NSDAP ernannt.

1945 war er ein alter, enttäuschter Mensch, dem der Nationalsozialismus keinen seiner Wünsche erfüllt hatte. Er war nicht mehr recht imstande, seine Gedanken zusammenzuhalten, ab und zu liefen ihm greisenhafte Tränen über das Gesicht, obwohl das Gespräch dazu keinen Grund bot, und er lebte nur ein wenig auf, als wir aus irgendeinem Grunde, der mir völlig entfallen ist, anfingen, über den Pfälzer Wein zu sprechen. Als alter Bayer wußte er in der Geschichte der Pfalz sehr gut Bescheid und hielt mir darüber ein recht luzides Kolleg, indem er mir klarmachte, daß keineswegs etwa die Pfalz an Bayern gefallen sei, sondern im Gegenteil hätte der Schwanz Pfalz den Hund Bayern gewedelt. Er erklärte mir das mit Daten und Persönlichkeiten, die mir inzwischen aber leider alle wieder aus dem Gedächtnis geschwunden sind. Er war dem ganzen Partei- und Staatsleben seit langer Zeit entfremdet. Warum er an diese Stelle gebracht worden war, war mir unerfindlich.

Vor der Begegnung mit Julius Streicher, dem Gauleiter von Franken, hatte ich mich lange gegraut. Alles, was ich von ihm wußte und alles, was man an Veröffentlichungen von ihm gesehen und gelesen hatte, war so abstoßend, daß es Überwindung kostete, sich ihm gegenüberzusetzen.

Außerdem war ich vor seinem sardonischen Witz gewarnt worden. Einer der unbedarfteren amerikanischen Journalisten hatte ihn anscheinend in Mondorf nach seinem Namen gefragt, und als er hörte, daß er Julius Streicher sei, ausgerufen: »Ach, Sie sind der Antisemit!«

»Antisemit?« erwiderte Streicher. »Wieso bin ich ein Antisemit? Wie kommen Sie darauf?«

Der Journalist, aufs äußerste verblüfft, meinte: »Ja, wenn Sie kein Antisemit sind, was sind Sie denn sonst?«

Und Streicher erwiderte mit überzeugender Unverfrorenheit: »Ich bin ein Zionist. Ich bin das Gegenteil von einem Antisemiten. Ich wollte den Juden nur helfen, aus Deutschland herauszukommen und ihren Staat in Palästina zu gründen. Denn ich bin ein Freund der Juden.«

Ich fragte den Journalisten, ob er Streicher eins hinter die Löffel gehauen hätte. Aber er guckte mich furchtbar erstaunt an und fragte: »Ja, glauben Sie, daß er gelogen hat?« Ich sagte, ich hielte es für sehr wahrscheinlich, und ließ es dabei bewenden.

Streicher war ein Mensch, dessen Geist irgendwo unter der Gürtellinie angesiedelt war. Es war ihm nicht gegeben, von irgendeiner Person zu sagen, sie sei dumm oder intelligent oder verklemmt oder nervös oder künstlerisch oder was sonst auch immer. Er sagte stattdessen, dieser Mensch sei ein verdrängter Homosexueller oder er sei impotent, oder er sei ein sexueller Wüstling oder er sei ein Onanist.

Es lag ihm auch nichts daran, wie den sogenannten »Rassenforschern«, wissenschaftlich nachzuweisen, daß die Juden den Ariern unterlegen, oder, wie Mommsen es einmal ausgedrückt hat, »ein Ferment der Dekomposition« seien. Seine Wochenzeitung »Der Stürmer«, dessen Kästen man in den Groß- und Kleinstädten an allen wichtigen Straßenkreuzungen und Plätzen begegnete, war nur aufs Sexuelle abgestellt. Erstens wurden Juden als Menschen von übermäßiger sexueller Gier dargestellt, die sich mit Vorliebe an blonden Frauen vergriffen, und zweitens wurden sie so abstoßend gezeichnet, mit so widerlichen Physiognomien und in so grauenhaften Stellungen und Situationen, daß dadurch ein sexueller Abscheu vor ihnen erweckt wurde. Unzweifelhaft hatte dadurch Streicher eine viel wirkungsvollere Propaganda betrieben als all die Rosenberg und Fritsch und Chamberlain und Gobineau und Richard Wagner und Treitschke und wie sie sonst noch alle geheißen haben. Die Südstaatler der Vereinigten Staaten haben von jeher mit denselben Argumenten gegen die Negerbevölkerung Propaganda gemacht und auch das mit durchschlagendem Erfolg.

Als ich schließlich Streicher gegenübersaß und im Begriff war, die Unterredung zu eröffnen, sagte er auf einmal zu mir: »Rassisch sehen Sie gut aus.«

Ich kann nicht leugnen, daß mich das für einen Augenblick aus dem Sattel hob. Es dauerte einige Zeit, bis ich ihm erwiderte, daß ich das von ihm leider nicht sagen könnte, er sei klein und mickerig, hätte eine schiefe gebogene Nase, einen stechenden Blick und einen verkniffenen Mund. Er protestierte jedoch dagegen: er sei rein arisch, er hätte jetzt zwar eine Glatze, aber seine Haare seien früher blond gewesen und seine Augen seien blau.

Ich sagte ihm, ich hätte keine Absicht, darüber zu sprechen, sondern andere Dinge mit ihm zu behandeln. Er möge mir doch bitte einmal schildern, warum er vor das Parteigericht geladen worden wäre und was ihm dort zum Vorwurf gemacht worden sei.

Darüber geriet er in Wut. Er sagte, alle Klagepunkte, die gegen ihn erhoben worden seien, seien abgekartet gewesen, sie seien größtenteils das Werk eines verklemmten Homosexuellen, der wahrscheinlich sogar jüdisches Blut in seinen Adern hätte, und der Major Buch, der den Prozeß geführt hätte, sei ja auch impotent, und er, Streicher, sei ja sogar auch in einem Punkt freigesprochen worden, und das alles hätte man nur getan, um ihn bei Hitler anzuschwärzen.

Ich gab ihm zu bedenken, daß es doch eigentlich etwas wenig wäre, wenn man von 52 Anklagepunkten nur in einem freigesprochen würde, aber er meinte, der eine Punkt, in dem er freigesprochen worden wäre, hätte bewiesen, daß die anderen auch nicht stichhaltig waren.

Es ist schwer, gegen eine solche Einstellung zu argumentieren. Zudem lag mir auch nichts daran. Ich versuchte noch zu fragen, wie die Ermittlungen geführt wurden, aber er gab vor, davon nichts zu wissen.

Natürlich war ich schon einigermaßen darüber informiert, was Streicher vorgeworfen wurde. Sowohl Major Buch hatte mir davon erzählt als auch andere der Gefangenen, die alle gern gegen Streicher aussagten, um dadurch von sich selber etwas abzulenken. Es waren meistens Roheitsdelikte, aber auch einige sexuelle Ausschreitungen. Die wüste Sexualphantasie, die Streicher in allen seinen Äußerungen an den Tag legte, kam nicht von ungefähr. Natürlich war sein Verhalten in der ganzen Partei notorisch; man fand ihn nützlich, weil er immer wieder den Haß gegen die Juden schürte, den man brauchte, um bei etwaigen Mißerfolgen einen bequemen Sündenbock zu haben. Tiraden gegen die Juden gehörten zum Soll aller Journalisten, aller Politiker und aller Generäle. Sie waren eine Art Qualifikationsbeweis. Streicher spielte dabei die erste Fiedel, und obwohl sich manchmal selbst die stärksten Antisemiten davor ekelten, ließ man ihn gewähren.

Hitler ließ Streicher bei seinen Sexualcharakteristiken aus. Ob er ihn, der es gewiß nicht war, für sexuell normal, unverklemmt und befriedigt hielt, habe ich ihn nicht gefragt, aber mit Ausnahme einer beißenden Bemerkung, weil ihn Hitler nach dem Befund des Parteigerichts von seinem Amt suspendiert hatte, sagte er kein schlechtes Wort über ihn.

Er behauptete, Hitler habe die Haltlosigkeit der 52 sogenannten »erwiesenen« Anklagen eingesehen und deshalb das Urteil kurzerhand kassiert. Auch hätte er ihn von seinem Amt nur suspendiert, aber nicht entlassen. Er hätte vorgehabt, es ihm bei der ersten Gelegenheit wiederzugeben, aber dazu sei es nicht mehr gekommen. Die ganze Geschichte sei kein Ruhmesblatt der Partei, und er sei, im eigentlichen Sinne, ein Opfer des Nationalsozialismus. Und selbstverständlich des Weltjudentums.

Ich muß sagen, daß ich aufatmete, als diese Unterredung vorbei war. Nie hat mich, vorher oder nachher, ein Mensch derartig angewidert, nie hatte ich so sehr das Empfinden, in einem Topf mit Unrat zu rühren und bloß dadurch, daß man diesem Menschen gegenüber saß und ihn anhörte, besudelt zu werden. Auch Leys Sexualität blieb von Streicher nicht verschont, obwohl dieser der einzige war, der freundliche Worte für ihn fand.

Das deutsche Volk hatte sich zwölf Jahre lang an seinem Stürmer gebildet. Und zwar gratis. Heute muß man für eine Zeitung von ähnlicher porno-politischer Perfidie täglich dreißig Pfennig bezahlen.

Dr. Robert Ley war der letzte in diesem Reigen. Auch er führte ein ziemlich einsames Dasein unter diesen Vertretern der deutschen Elite, denn er war aufdringlich und lästig, galt als dumm, dabei brutal und rücksichtslos, wenn es darum ging, seine Machtposition auszuspielen. Zudem war er ein uralter Kämpfer, und das war schon genug, um ihn bei seinen Mitgefangenen anrüchig zu machen.

Eigentlich war er eine verkrachte Existenz. Er hatte studiert und sich den Doktortitel der Chemie erworben, war eine Zeitlang Chemiker, dann Gastwirt gewesen und war irgendwann mit dem Strafgesetz in Konflikt gekommen, so daß er eine anderthalbjährige Gefängnisstrafe absitzen mußte. Das war in den Augen der Nazis keine Disqualifikation, solange es sich um ein Gericht der Weimarer Republik gehandelt hatte.

Von seinem Privatleben wurde viel gemunkelt. Seine erste Frau soll Selbstmord begangen haben, seine zweite hielt zwar bei ihm aus, obwohl sie unzweifelhaft, ebenso wie das ganze deutsche Volk, über seinen Lebenswandel Bescheid wußte, der alles andere als vorbildlich war.

Ley war ein schwerer Säufer, was er damit erklärte, daß er aus der Moselgegend kam, wo das Trinken einfach zum Leben gehörte, und neigte im Suff zu Exzessen, die entweder zu Brutalitäten oder zu sexuellen Peinlichkeiten führten. Auch das wurde ihm im großen und ganzen nicht verübelt, denn er war ein Idol jenes Kleinbürgertums, das gern mit der Trinkfestigkeit und der Männlichkeit prahlt, um auf diese Weise das Machtstreben zu manifestieren.

Ley war ein pyknischer Typ, mittelgroß, untersetzt, dick, mit groben Zügen und wäßrigen Augen. Er machte einen unappetitlichen Eindruck, obwohl ihm körperliche Unsauberkeit nicht anzusehen war. Seine Rede ließ nie den Akademiker erkennen; er befleißigte sich einer volkstümlichen Redensartlichkeit, die anscheinend für ihn einnehmen sollte. Auffällig war sein starker rheinischer Akzent und sein manchmal sehr störendes Stammeln, das gelegentlich auch zum Lachen reizte. Es war nicht das gewöhnliche Stottern, das über einen Buchstaben stolpert und gewissermaßen daran hängenbleibt, sondern bei ihm stellte sich ein Wort quer, er versuchte drei- oder viermal, es zu überwinden, bis er auf ein Synonym verfiel, das er ungehemmt vorbringen konnte. So erinnere ich mich, wie er eines Tages sagte: »Und da hat der Füh-, und da hat der Füh-, und da hat der Füh-, und da hat der Hitler gesagt –« Führer war im Moment nicht verfügbar, aber den Hitler konnte er ohne weiteres aussprechen. In solchen Fällen war die Überraschung für seinen Gesprächspartner so groß, daß ich tatsächlich Schwierigkeiten hatte, meine Züge zu beherrschen.

Ley war Leiter der Arbeitsfront, die an die Stelle aller Gewerkschaften der Weimarer Republik getreten war, aber ihre Aufgabe nicht ausschließlich in der Arbeitervertretung sah. Zwar gab es in jedem Betrieb die sogenannten Betriebsorganisationen, die gewisse arbeitsrechtliche Funktionen ausüben konnten, etwa gegen Kündigungen protestieren oder gegen bestimmte Einstellungen ihr Veto einlegen, aber die Arbeitsfront machte es sich zum Ziel, die gesamte arbeitende Bevölkerung in sich aufzunehmen. Da es nach dem nationalsozialistischen Konzept sowohl Arbeiter der Stirn wie Arbeiter der Faust gab, die durch keine Klassenunterschiede und auch, im idealen Sinne, durch keine Standesunterschiede voneinander getrennt waren, umfaßte die Deutsche Arbeitsfront praktisch das gesamte Volk. Die Industriekapitäne waren darin ebenso organisiert wie ihre Arbeitnehmer, die kleinen selbständigen Ladeninhaber gehörten ebenso dazu wie die Eigentümer und Angestellten von Warenhäusern und großen Verkaufsorganisationen. Die Mitgliederzahl der Arbeitsfront betrug 52 Millionen – das war jedenfalls die Zahl, die Ley nannte –, und damit war in der Tat ein sehr großer Bestandteil des deutschen Volkes erfaßt.

Solange noch Frieden war, veranstaltete die Deutsche Arbeitsfront zunächst auf requirierten, später dann auf eigenen Passagierschiffen Lustreisen in verschiedene Teile der Welt. Die erste, an der Ley selber teilnahm, ging nach Madeira und scheint eine »Lust«reise im buchstäblichen Sinne des Wortes gewesen zu sein. Es war eigentlich das erste Mal, daß der deutsche Kleinbürger aus Mitteleuropa herauskam und sich mit lauter Lied-, Trink- und Geschlechtsseligkeit in exotischen Breiten austobte. Insofern war die Arbeitsfront so etwas wie ein Vorläufer der heutigen deutschen Gesellschaftsreisen.

Ley trieb es auf derartigen Unternehmungen allen voran, was ihm teilweise den Ruf eines »tollen Hechtes« einbrachte, aber bei vielen auch Anstoß erregte. Dieser Sachen wegen, und weil er einer gewissen Bestechlichkeit auch nicht abgeneigt war, kam er schließlich vor das Parteigericht, das ihn schuldig fand. Ley erschien vor seinem Führer und sagte: »Mein Führer, ich bin kein Mönch, und ich bin nicht abstinent. Ich bin es nie gewesen, und ich werde es nie sein. Und wenn ich nicht so sein darf, wie ich bin, dann will ich lieber meine Ämter niederlegen.« Aber Hitler, berichtete Ley, habe nur gelacht, ihn auf die Schulter geklopft und gesagt: »Ley, bleiben Sie nur so, wie Sie sind«, und habe aus dem Befund des Parteigerichts keine weiteren Folgerungen gezogen.

Allerdings ging es in der Arbeitsfront nicht immer nur selig her, sondern Ley, dessen Ehrgeiz weit größer war als seine Fähigkeiten, versuchte, soviel Macht an sich zu reißen, wie er nur konnte, und lag sich dauernd mit den Ministern in den Haaren, die für den Arbeitseinsatz und die Produktion zuständig waren. Männer, die ihm innerhalb oder außerhalb der eigenen Organisation nicht paßten, schickte er, wenn er die Macht hatte, ins Konzentrationslager oder aufs Schafott, und die Zahl seiner Opfer geht wahrscheinlich in die Tausende.

Abermals erhebt sich die Frage, wie es kommt, daß ein Mensch, der, wie Ley, bestenfalls Mittelmaß war, der vielleicht organisieren konnte, aber aller Souveränität entbehrte, der durch seine Persönlichkeit allenfalls zum kleinen Verbrecher, zum miesen Rohling und Schlägertyp oder zum heimtückischen Halsabschneider befähigt schien, so unermeßliche Verbrechen auf sich laden konnte.

Und wieder ist die Antwort, daß sich der kleine Verbrecher vermittels seiner Machtfülle und des vollkommenen technischen Apparates so ungeheuerlich multiplizieren konnte, daß sich unter dem Strich die fürchterlichen Verluste ergaben, die er anzettelte.

Er selbst war von seinen Talenten allerdings fest überzeugt. Er meinte, er hätte durch die Amtsführung in seiner Organisation alle Probleme des Arbeitskampfes für alle Zeiten gelöst, und es gäbe auf der ganzen Welt keinen außer ihm, der eine solche Lösung finden oder durchführen könnte.

Er sagte unter anderem, und das in vollem Ernst: »Sie sollten sich überlegen, was Sie mit mir machen. Wie mir berichtet worden ist, haben Sie in den Vereinigten Staaten manchmal Schwierigkeiten mit den Arbeitern, die streiken und dadurch die Produktion lahmlegen. Sie können für die Zukunft auf einen Mann mit den *ungeheuren* Erfahrungen der organischen Zusammenfassung des Arbeitspotentials wie mich überhaupt nicht verzichten. Ich bin gern bereit, mit den Amerikanern zusammenzuarbeiten und ihnen meine Erfahrungen zur Verfügung zu stellen; ich erhebe nicht einmal den Anspruch, daß ich dabei an leitender Stelle stehe, sondern würde auch unter der Oberaufsicht eines Ihrer qualifizierten Männer arbeiten. Nur vor einem möchte ich Sie warnen: Töten Sie mich nicht zu schnell, denn ohne mich werden Sie nie imstande sein, Ihre Probleme zu lösen.«

Ich entgegnete ihm darauf nur: »Herr Reichsleiter, ich wüßte nicht, daß im Moment eine derartige Stelle offen ist, aber falls ich davon höre, werde ich es Sie wissen lassen.«

»Da wäre ich Ihnen sehr dankbar«, erwiderte Ley.

Adolf Hitler war sein Idol. Der Nationalsozialismus war seine Religion. Von allen Gefangenen, die ich gesprochen habe, war er der andere, der sich unverhohlen und ohne Einschränkung zum Nationalsozialismus bekannte. »Ja«, sagte er, »ich bin Nationalsozialist, und Adolf Hitler ist der größte Mensch, der mir begegnet ist.«

In der Tat scheint Hitler ihn gern bei sich gesehen zu haben. Da er sich mit vorrückender Zeit immer mehr vom Verrat umgeben wähnte, und jeden verdächtigte – natürlich mit Ausnahme von Bormann – der in seine Nähe kam, entweder mit seinen Feinden zu konspirieren oder seinen Untergang zu planen, war Leys hündische Treue und sein hündischer Glaube für ihn wahrscheinlich ein Labsal.

Hitler hatte ohnedies keine Sehnsucht nach geistreicher Konversation. So wie Albert Speer sie in seinen Erinnerungen beschreibt, waren seine Teenachmittage und die Abende im Kreise seiner Getreuen und seiner Gäste von ödester Langeweile. Man sprach nur über Banalitäten, und meistens kam eine Konversation schon deshalb nicht zustande, weil Hitler das Wort führte. Daß irgendwelche anstehenden Probleme erörtert wurden, kam äußerst selten vor und war Hitler immer peinlich.

Ley rief er manchmal zu sich. Dann nahm er ihn, einen völlig amusischen Menschen, mit sich in ein Kabinett und zeigte ihm seine Baupläne. Vor allem auf die Pläne zum Ausbau von Linz, das Hitler als seine eigentliche Heimat betrachtete, und das er zur schönsten Stadt der Welt machen wollte, kam er immer wieder zurück. Dann zeigte er ihm die Gebäude und die Anlagen, und die stilistische Gestaltung und die Großartigkeit der Planung. Und Ley stand neben ihm, begriff nichts, aber stammelte seine Bewunderung, weil er wußte, daß seinem Führer an diesen Plänen mehr gelegen war als an der gesamten Politik. Er blickte ihn mit seinen hervorquellenden, wasserblauen Hundeaugen an und gelobte ihm, wie er mir selber sagte, immer wieder ewige Treue, da ihm diese Augenblicke unvergeßlich waren.

Als mich Ley jedoch dazu überreden wollte, auch die Größe

Hitlers zu bewundern, fand er mich dazu nicht bereit. Ich sprach von dem großen Leid, das Hitler über das deutsche Volk gebracht hatte, die vielen Opfer, die sein Wahnsinn gefordert hatte und die fürchterliche Intoleranz und Rechthaberei, die seinen Staat kennzeichnete.

Ley erwiderte: »Sie sehen im Nationalsozialismus immer nur die Konzentrationslager. Was Sie nicht sehen, ist das *ungeheure* – »ungeheuer« war sein Lieblingswort – das *ungeheure* organische Wachstum, das dem Volk und der Menschheit in seinem Staat ermöglicht wurde. Ich bin«, sagte er, »Naturwissenschaftler, und ich habe gesehen, wie alles, was der Nationalsozialismus ergriffen hat, zum Blühen und Gedeihen gelangt ist und das Volk für den Führer über sich hinausgewachsen ist.«

Meine Geduld war jetzt am Ende. »Wo ist denn das ›organische Wachstum‹ Ihres Nationalsozialismus?« habe ich ihn gefragt. »Der Nationalsozialismus war anti-semitisch, anti-demokratisch, anti-liberal, anti-marxistisch, anti-intellektuell, anti-christlich, war anti-neger, anti-polnisch, anti-russisch, anti-asiatisch – trotz des Zweckbündnisses, das Sie mit Japan abgeschlossen haben – war anti-alles-auf-der-Welt außer Ihrem kleinen dreckigen Scheißmythos, in dessen Namen Sie Millionen Menschen organisch umgebracht haben. Ich sehe bei Ihnen allerdings kein Wachstum, sondern wohin ich schaue, nur Vernichtung. Und die Krone der Vernichtung, die Sie zustandegebracht haben, ist die Vernichtung des deutschen Volkes.«

Als Ley zu einem Einwand ansetzte, sagte ich: »Ich habe für heute von Ihnen genug. Ich habe keine Lust, mich weiter mit Ihnen zu unterhalten. Machen Sie, daß Sie rauskommen.«

Ley erhob sich und ging.

Als er am nächsten Tag wieder zum Verhör kam, eröffnete er das Gespräch und sagte: »Professor, Anti ist falsch!«

»Das ist eine späte Erkenntnis, Herr Ley«, sagte ich. »Inzwischen hat Anti schon seine Opfer gefressen.«

»Sie begreifen nicht«, antwortete er. »Ich lerne hier. Dies ist eine ganz neue Phase meines Lebens. Ich habe den Nachmittag und die ganze Nacht über das nachgedacht, was Sie mir gesagt haben, und habe gefunden, daß Anti nicht stimmt. Anti ist eine Sünde gegen die Natur, und vielleicht hat der Nationalsozialismus den Untergang verdient, weil er den Untergang der

Juden und vieler anderer Menschen verursacht hat. Ich habe das gestern auch Streicher gesagt, aber der wollte mir nicht zustimmen.«

Darüber hätte ich nun beinahe wieder gelacht. Sonst habe ich allerdings Leys Erkenntnissen keinen weiteren Wert beigemessen. Aber die Sache hatte eine Art Nachspiel.

In Nürnberg hat sich Ley auf der Toilette mit einem Handtuch erhängt und hat einen Zettel hinterlassen, auf dem geschrieben stand, daß das Dritte Reich große Schuld auf sich geladen habe, weil es einen so blutigen Vernichtungskampf gegen die Juden geführt hätte. Er hoffe auf Vergebung.

Ich weiß natürlich nicht, wie kausal unser Gespräch für diese Einsicht und diesen Selbstmord gewesen ist; ich weiß auch nicht, ob Ley jemals so weit gedacht hat, daß ihm auch Zweifel an der Größe Hitlers aufgestiegen sind.

Hermann Wilhelm Göring war Reichsmarschall. Er war der erste und einzige Reichsmarschall der deutschen Geschichte, denn diesen Rang hatte es bisher noch nicht gegeben. Göring hatte darum gebeten, weil er einen militärischen Rang brauchte, der allen anderen überlegen war. Andernfalls hätte es ihm unter Umständen passieren können, daß er von einem bloßen Generalfeldmarschall, der ihm im Dienstalter überlegen war, zusammengestaucht worden wäre. Dem mußte auf alle Fälle vorgebeugt werden.

Eigentlich gehört Göring nicht unter die Parteifunktionäre, denn das letzte Parteiamt, das er bekleidete – und davon wird noch zu sprechen sein –, war das eines Oberbefehlshabers der SA. Er versah es bis zum mißglückten Putsch am 9. November 1923 und hatte seitdem kein Parteiamt mehr versehen.

Dafür hatte er eine ganze Anzahl anderer Ämter. Er wurde 1932 Reichstagspräsident, wurde 1933 Preußischer Innenminister und Präsident des Preußischen Staatsrats, er wurde bald darauf Luftfahrtminister und Oberbefehlshaber der deutschen Luftwaffe, und er war gleichzeitig der Reichsjäger- und -forstmeister, der sich besonders dadurch auszeichnete, daß er in der Schorfheide, nicht weit von seiner Karinhall genannten Residenz eine Wisentherde züchtete. Mit dem Wisent wollte man damals beweisen, daß man sich auf Germaniens altes Erbe besann und die Flora und Fauna pflegte, in der sich die alten Germanen getummelt hatten.

An dem Ort, wo die Wisente gehegt wurden, hatte Göring einen Gedenkstein setzen lassen, auf dem etwa folgendes stand: »Dem urigen Wild, dessen Jagd den Germanen Mutprobe bedeutete, setzte diesen Stein Reichsjägermeister Hermann Wilhelm Göring zum Gedenken an eine Zeit, da keine Menschen in Deutschland regierten.«

Welche Zeit mit diesen Worten gemeint war, ob die Zeit, da die Wisente gejagt wurden oder die Zeit, in der Göring ein Teil der unmenschlichen Regierung war, ging aus dem Text nicht hervor. Die Berliner, die in großen Scharen zur Schorfheide wallten, lachten sich schief und behaupteten überdies, auf dem Stein stünde nichts weiter als schlicht: »Dem unbekannten Wisent.«

Schließlich wurde Göring später noch zum Leiter des sogenannten Vierjahresplanes ernannt, der eine Art wirtschaftlicher Planung bezweckte und besonders während des Krieges für die konzentrierte Rüstungsproduktion wichtig wurde.

Daß Göring ein eitler Mann war, hatte sich im deutschen Volk herumgesprochen. Seine Lust für Phantasieuniformen und schier endlosen Ordensschmuck war der Gegenstand vieler Witze, die übrigens im allgemeinen gutmütig waren. Göring war beim Volk beliebt. Man erzählte sich Anekdoten von seiner Jovialität und von seinen zahlreichen menschlichen Schwächen, in denen man sich wiedererkannte und eigentlich recht liebenswert fand.

Es wurde behauptet, daß Göring die Witze über sich sammelte und jedem, der ihm einen neuen, bisher noch nicht gehörten Witz erzählen konnte, fünf Mark schenkte. Das war damals ziemlich viel Geld. Dies soll allerdings aufgehört haben, als er eine nicht sehr gute, aber dafür recht gewichtige Schauspielerin namens Emmy Sonnemann heiratete, weil die Witze, die sich mit der Heirat und der Hochzeitsnacht beschäftigten, oft die Grenze dessen überschritten, was Göring für komisch hielt. Und wenn ihm das Lachen verging, war einem das Konzentrationslager näher als irgendwelche fünf Mark.

In Mondorf trug Göring eine hellblaue Uniform, deren Hose mit einem dicken Goldbrokatstreifen versehen war, und die Phantasieabzeichen eines Reichsmarschalls aus getriebenem Gold. Ich nehme jedenfalls an, daß es getriebenes Gold gewesen ist,

209

weil ich mir nicht vorstellen kann, daß sich Göring mit einer geringeren Ausführung zufriedengegeben hätte. Dagegen trug er keine Orden, wahrscheinlich weil es in der Gefängnisvorschrift verboten war. Manchmal trug er auch als Uniform ein Modell aus sehr zartem pastellfarbenem Beige zur Schau, dessen Hose ebenso vergoldet war wie die blaue.

Es hätte keinen Zweck leugnen zu wollen, daß Göring die bei weitem faszinierendste Gestalt der Mondorfer Truppe war. Er hatte Witz; und wenn man durch das offene Fenster vom Rasen eine Lachsalve vernahm, dann konnte man sicher sein, daß sich Göring bei dieser Gruppe befand und gerade eine seiner Geschichten zum besten gegeben hatte. Er hatte, trotz seiner kleinen und rotunden Leiblichkeit – die jedoch nicht mehr so fett war wie noch vor mehreren Monaten, weil er im Winter 1945 eine Entfettungskur gemacht hatte, bei der er in zwei Wochen, wie er sagte, 40 Pfund abgenommen hatte und sich dabei einen Herzknacks zuzog – eine schnelle Auffassungsgabe und erhebliche Geistesgegenwart.

Es wurde behauptet, daß er diese Gabe einer raschen und wachen Intelligenz erst wieder nach seiner Gefangennahme erlangt hätte. Während des Krieges war er offenbar unter der großen Nervenanspannung, die seine Kräfte überstieg, und vielleicht auch unter dem Eindruck von Hitlers Mißvergnügen, das er sich zugezogen hatte, wieder unter den Einfluß von Drogen geraten und hatte viel von seiner Spannkraft eingebüßt. Seine Morphiumsucht soll dadurch verursacht worden sein, daß er beim Putsch 1923 eine schwere schmerzhafte Verletzung erhielt und zur Linderung der Schmerzen Morphiumspritzen bekam. Es wurde behauptet, man habe ihn während der Gefangenschaft einer regelrechten Entziehungskur unterworfen, die sich sehr günstig auf seine geistige Verfassung auswirkte.

Es war nicht einfach, Göring zu überrumpeln. Das muß ein Verhörender entdecken, der sich einbildete, Göring in die Enge treiben zu können, und ihn fragte: »Sagen Sie, Herr Göring, haben Sie am 27. Februar 1933 den Reichstag anzünden lassen?«

Göring erwiderte: »Das ist eine furchtbar törichte Frage. Ich war damals Präsident des Reichstags und gleichzeitig preußischer Innenminister. Wenn ich die kommunistische Partei verbieten wollte, dann hatte ich dafür als Oberster Dienstherr der preußischen Polizei tausend Möglichkeiten und brauchte nicht mein eigenes Haus in Brand zu stecken.«

Darauf der Verhörende: »Herr Göring, kannten Sie einen Mann mit Namen Menzel?«

Göring darauf: »Menzel? Menzel? Ich muß etwa hundert Menzels gekannt haben. Welchen meinen Sie?«

Der Verhörende: »Ich meine den Oberbranddirektor von Berlin, Menzel.«

Göring erwiderte: »Er mag mir vorgestellt worden sein. Was ist denn mit Herrn Menzel?«

»Glauben Sie, daß er etwas mit dem Reichstagsbrand zu tun gehabt hat?«

»Ohne Zweifel«, entgegnete Göring. »Er hat ihn gelöscht.«

Das war eine deutliche Abfuhr, die den Verhörenden für weitere Gespräche mit Göring disqualifizierte. Er hatte das Gesicht verloren. Wahrscheinlich hat er selbst keinen großen Wert mehr darauf gelegt, mit Göring zu verhandeln.

Daß aber Göring auch seine verwundbaren Stellen hatte, bewies ein junger amerikanischer Militärpolizist.

Wenn Göring die Treppe des Hotels herunterkam, dann zelebrierte er das immer als einen Auftritt. Jeden Menschen, den er dabei sah, sei er Deutscher oder Amerikaner, lächelte er an und nickte leutselig zum Gruße.

Dieser junge Mann musterte ihn bei einem seiner Auftritte von Kopf bis Fuß und fragte: »Wer sind Sie eigentlich?«

Göring, seiner Sache sehr sicher, erwiderte: »Ich bin Reichsmarschall und Reichsluftfahrtminister Göring.«

»Ach«, sagte der junge Mann, »ich dachte, Ihr Name wäre Meyer.«

Darüber verlor Göring seine gute Laune. Denn er wußte ohne Zweifel, daß er im Volk fast nur noch »Meyer« genannt wurde. Das ging auf eine seiner prahlerischen Reden zurück, in der er dem Volk zugerufen hatte: »Wenn die feindlichen Flugzeuge jemals die Berliner Verteidigung durchbrechen und auf die Stadt Bomben abwerfen, will ich Meyer heißen.« Diesen Namen hatte sich Göring also redlich verdient.

Als ich meine erste Unterredung mit ihm hatte, mußte ich mit ihm ein Protokoll durchsprechen, das ein Kollege nach einer

Unterredung mit Göring angefertigt hatte. Es war ein klägliches Protokoll, es bestand aus Fehlern, Mißverständnissen, schiefen Formulierungen und manchmal reinen Phantasiebehauptungen.

Göring war entsetzt und weigerte sich verständlicherweise, das Protokoll zu unterschreiben. »Wie ist es nur möglich, daß ein solches Protokoll zustandegekommen ist?« fragte er mich. Ich wußte es nicht. Aber dann sagte er: »Ich kann es mir schon vorstellen. Der junge Mann saß neben dem Verhörsoffizier und machte sich Notizen. Aber ich habe wohl gemerkt, daß er während des Gesprächs dauernd verstohlen zu mir herüberlinste. Er war wohl so von mir fasziniert, daß er seine Gedanken nicht auf die Anfertigung des Protokolls konzentrieren konnte. Insofern sollte man ihn vielleicht entschuldigen.«

Ich würde nicht im mindesten bezweifeln, daß Göring mit seiner Vermutung das Richtige getroffen hatte, fand es aber bezeichnend, daß er diese These so unverblümt und mit solcher Selbstverständlichkeit aussprach. Ich habe dann mit ihm ein zweites Protokoll angefertigt, das inhaltlich völlig belanglos war, aber schließlich für die Bibliothek, der es zugedacht war, seine Unterschrift trug. Als Widmung hatte er noch hinzugefügt, mehr realistisch als originell: »Unsere Zukunft liegt nicht auf dem Wasser, sondern in der Luft.« Damit hatte er dem kernigen Spruch Kaiser Wilhelms II. ein anderes Element untergeschoben. Ich nehme an, daß dieses Dokument noch heute in der Hoover Library zu Palo Alto zu besichtigen ist.

Wenn sich seine Eitelkeit mit seinem Sinn für Humor im Wider- oder Wettstreit befand, dann durfte man auf das Resultat gespannt sein. Er trug, wie schon gesagt, sein Reichsmarschallabzeichen, einen goldenen stilisierten Adler, der in seinen Fängen das Hoheitsabzeichen, d. h. das Hakenkreuz, trug, und darunter zwei gekreuzte Marschallstäbe. Vielleicht war die Anordnung auch umgekehrt. Jedenfalls war es ein langes, breites und massives Ornament, das fast das ganze Generalsschulterstück bedeckte.

Nun wurde eines Tages im Gefängnis der Befehl ausgegeben, daß das Hakenkreuz von allen Abzeichen zu entfernen sei. So mußte sich auch Göring bedauernd von seinem Rangabzeichen trennen, damit man dem Adler das Hakenkreuz aus den

Fängen feilen und dadurch das übrige gesellschaftsfähig machen konnte.

Als Göring am nächsten Tag bei mir erschien, fragte er mich: »Fällt Ihnen etwas an mir auf?« Ich wußte selbstverständlich, worauf er hinauswollte, stellte mich aber unwissend und sagte: »Nein, Herr Reichsmarschall. Haben Sie sich in irgendeiner Weise verändert?« Darüber mußte Göring, der sich immer zu guter Laune zwang, was manchmal für ihn eine große Willensanstrengung gewesen sein muß, sehr herzlich lachen und sagte: »Sehen Sie nur. Degradiert zum einfachen Generalmajor!«

In der Tat weisen die Generalsschulterstücke, die keine Sterne, Marschallstäbe oder sonstige zusätzliche Rangabzeichen zeigen, den Träger als Generalmajor aus. Aber daß Göring diese Änderung wichtig genug fand, um gleich vor Beginn des Gesprächs darauf hinzuweisen, war typisch dafür, daß er sie als Kränkung empfand, die er in einen Witz umdeuten mußte.

Eine weitere kleine Episode seiner Eitelkeit:

Im Laufe unserer Gespräche kamen wir auch auf seine Tätigkeit als Reichstagspräsident, die im Jahre 1932 begonnen hatte, weil damals die nationalsozialistische Partei als die stärkste Partei aus den Wahlen hervorging.

Göring waltete seines Amtes mit Geschick, wenn auch mit einiger Unverfrorenheit, aber er hatte einen unverkennbaren Sinn für Repräsentation. Von Papen war damals Reichskanzler, der versuchte, vom Reichstag die Zustimmung zu einigen seiner Notverordnungen zu erlangen. Der Reichstag, in dem die Regierung seit langem keine Mehrheit mehr hatte, verweigerte die Zustimmung.

Da dies vorauszusehen gewesen war, hatte von Papen vorsorglich ein von Hindenburg unterzeichnetes Schriftstück mitgebracht, durch welches der Reichstag aufgelöst wurde. (In Wirklichkeit hatte er es in der Reichskanzlei vergessen, da er, wie schon früher erwähnt, etwas vertrottelt war, aber er ließ es eilends holen und bekam es noch zur rechten Zeit.) Zugleich stellte aber einer der nationalsozialistischen Abgeordneten den Antrag, der Regierung das Mißtrauen auszusprechen.

Der Reichskanzler meldete sich zum Wort, nachdem der Mißtrauensantrag gegen seine Regierung gestellt worden war.

Göring hatte selbstverständlich die Pflicht, dem Reichskanzler das Wort zu erteilen. Leider sah er jedoch die Wortmeldung nicht. Er war so gefesselt von irgendwelchen Aktivitäten, die sich auf der anderen Seite des Hauses abspielten – wahrscheinlich bereits die Abstimmung über den Mißtrauensantrag –, daß er in Papens Richtung nicht hinüberschaute. Davon gab es damals eine sehr schöne und überaus komische Pressephotographie, die in allen Zeitungen abgedruckt wurde.

Papen erhob sich in großer Erregung, ging zum Tisch des Reichstagspräsidenten und legte die Auflösungsorder vor ihn hin. Leider legte er sie verkehrt rum, so daß die Rückseite obenauf lag. Göring konnte deshalb davon keine Kenntnis nehmen und ließ die Abstimmung über den Mißtrauensantrag vollenden, die mit großer Mehrheit gegen die Regierung ausfiel. Erst dann nahm er das Blatt Papier vor sich auf und verkündete dem Reichstag, daß er aufgelöst sei.

Hier war natürlich die Reihenfolge von Wichtigkeit. Wenn der Reichstag bereits aufgelöst war, konnte er der Regierung nicht mehr das Mißtrauen aussprechen. Daran war aber Göring vor allem gelegen. Deshalb hatte er so geflissentlich die Wortmeldung des Reichskanzlers übersehen und die Abstimmung durchführen lassen, bevor er sie zur Kenntnis nahm.

Als ich ihn nach diesem Vorfall fragte, freute er sich. »Das habe ich glänzend gemacht, finden Sie nicht?« war seine Frage. Und ich habe ihm zugegeben, daß es ein recht geschickt geführter Streich gewesen sei.

So kam es, daß ich die Gespräche mit ihm als einen Höhepunkt meiner Pflichten in Mondorf ansah. Das ging übrigens nicht nur mir so, sondern war das allgemeine Urteil, das unter dem Verhörpersonal in Mondorf herrschte. Göring verstand die Kunst des Dialogs, er war imstande zuzuhören, auf seinen Gesprächspartner einzugehen, sehr präzise Antworten zu geben, wenn ihm daran lag, und manchmal, bei einer peinlichen Frage, gewissermaßen um gut Wetter zu machen, zunächst eine kleine Anekdote zu erzählen, aus der man irgendeinen Zusammenhang mit der Frage konstruieren konnte, um dann, wenn der Gesprächspartner über die Geschichte lachte, die Antwort mehr beiläufig anzuhängen. Er machte aus jedem Gespräch so etwas wie eine kleine Szene, bei der er sich bemühte, seinem Partner das zu geben, was er erwartete. Ich wüßte von keinem, dem es gelungen ist, sich diesen Bemühungen zu versagen.

Ich erinnere mich zum Beispiel an einen Vorfall, der mich damals auch gleich beeindruckt hat, weil ich ihn bemerkenswert geschickt fand.

Bei meiner ersten selbständigen Unterredung mit Göring sprach er von seinen Pflichten als preußischer Innenminister und kam, in irgendeinem Zusammenhang auch auf die preußische Polizei zu sprechen. Er sagte: »Ich darf Ihnen vielleicht einen kleinen Überblick über die Organisation und die Aufgaben der preußischen Polizei geben, damit Sie meine Antwort verstehen.«

Ich antwortete ihm, daß sei durchaus nicht notwendig; ich kennte mich im Aufbau der preußischen Polizei einigermaßen aus und könnte seine Antwort auch ohne diese Erklärung würdigen.

Er strahlte. Er sagte: »Sie ahnen gar nicht, was für eine Hilfe das für mich ist. Sie werden mir hoffentlich die Kritik an Ihren Landsleuten nicht verübeln, aber immer wenn man ihnen etwas von der Polizei sagt, denken sie sofort an die Geheime Staatspolizei oder an die SS, mit der die Polizei, von der ich rede, selbstverständlich nichts zu tun hat. Weder die SS noch die Gestapo haben mir nach 1934 unterstanden, und es ist überdies falsch anzunehmen, daß jeder Beamte der Gestapo der SS angehört hätte.«

Ich sagte, das sei mir bekannt, es sei mir auch bekannt, daß er die preußische Geheime Staatspolizei gegründet und später zusammen mit der Kriminalpolizei Himmler unterstellt habe. Er möge doch nun bitte meine Frage beantworten, was er tat.

Darauf sah ich ihn mehrere Tage nicht, weil er nach einem Gericht von Hülsenfrüchten, das ihm anscheinend auf den Magen drückte, einen kleinen Herzanfall erlitten hatte und vorübergehend zu weiteren Gesprächen unfähig war.

Ich konnte ihn daher auch, als ich das nächste Mal mit ihm zusammentraf, nicht in dem mir zugeteilten Verhörzimmer sehen, sondern stieg zu seinem Zimmer hoch, in dem er lang ausgestreckt auf einem Feldbett lag.

Er versuchte sich, als ich eintrat, ein wenig aufzurichten, und sagte dann, mit dem Ton aufrichtiger Freude: »Ach, Sie sind es wieder. Die Unterhaltung mit Ihnen macht mir so viel Vergnügen, weil Sie mir sehr viele schwirige und überflüssige Erklärungen ersparen. Ich bin beim ersten Mal von Ihrem raschen und intelligenten Verständnis beeindruckt gewesen und möchte Sie deshalb besonders willkommen heißen.«

Daß er mich in seinem Zimmer, gewissermaßen als der Gastgeber, willkommen hieß, fand ich angesichts der Umstände, daß ihm nämlich ein keineswegs freundschaftliches Verhör bevorstand, recht gewandt. Daß er mir darüberhinaus sozusagen eine Zensur als Verhörsoffizier ausstellte und mich an die Spitze der Klasse beförderte, fand ich zugleich elegant und ungeheuer unverfroren. Aber wer wird es mir verargen, daß ich mich dadurch gleichzeitig geschmeichelt fühlte, was offenbar in Görings Absicht gelegen hatte und worauf er spekulierte.

Man mußte sich vorsehen, bei solchen Gelegenheiten und im allgemeinen beim Gespräch mit ihm nicht zu vergessen, daß diese Liebenswürdigkeit nur eine der Rollen gewesen war, die er spielen konnte. Er war ebenfalls der Vater der Konzentrationslager gewesen und hatte in den ersten Monaten nach Hitlers Machtübernahme mit furchtbarer Grausamkeit unter dem Volk gehaust, das die nationalsozialistische Idee nicht als die neue Heilslehre und das Mittel zur Rettung Deutschlands ansah. Die Drohung mit dem Konzentrationslager, Erschießungen, Sippenhaft, und was dergleichen an Terror sonst noch in Deutschland existierte, ging ihm sehr leicht von den Lippen und wurde ebenso leicht in die Tat umgesetzt. Die Gründe dafür waren manchmal »sachlich«, aber zu einem bedeutenden Teil auch rein persönlich, weil er jeden, der seine zuweilen phantastischen Pläne durchkreuzte, oder nicht in der ihm vorschwebenden Form ausführte, vor sich und der Öffentlichkeit zum Staatsfeind erklärte.

Auf die Konzentrationslager angesprochen gab er zu, daß er sie geschaffen hätte, obwohl der ursprüngliche Gedanke nicht von ihm stammte; den hätten die Engländer während des Burenkrieges geliefert. Das war mir zwar bekannt, aber ich sagte, die Nazis hätten das System des KZ und seine Funktion als Straf- und Vernichtungsinstitut zu einer Vollendung gebracht, die den Engländern niemals eingefallen wäre und selbst die besten Leistungen der Russen auf diesem Gebiet überträfe.

Das bestritt er nicht, er behauptete nur, er hätte davon nichts gewußt. Die Verwaltung der KZs habe er sowieso nach einiger Zeit an Himmler abgegeben, und er habe von dem, was darin vorging, erst wieder erfahren, als es schon lange zu spät war, etwas zu ändern. Er sei sich darüber klar, daß die Konzentrationslager eine große Rolle in der Beurteilung des Nationalsozialismus spielen würden und daß es, falls es zu einem Prozeß komme, ihm und seinen Mitangeklagten schwer fallen würde, die Verantwortung dafür abzuleugnen. Aber er wolle für sich noch einmal sagen, daß er von den Greueln in den Lagern wirklich nichts gewußt hätte und daß er jetzt, wo die Fakten bekannt geworden seien, ebenso bestürzt sei wie wahrscheinlich die meisten seiner Leidensgenossen.

Es empfahl sich, Görings Aussagen, besonders wenn sie seine eigene Person betrafen, mit großer Vorsicht zu bewerten. Das traf selbstverständlich nicht nur auf ihn zu, denn alle in Mondorf versammelten Gefangenen, mit wenigen Ausnahmen, fühlten sich unter einer Anklage und machten von dem natürlichen Recht des Angeklagten Gebrauch, zu lügen. Aber auch das Lügen ist eine Kunst, die nicht jeder beherrscht. Göring beherrschte sie mit einiger Geschicklichkeit, obwohl es oft nicht schwer fiel, ihn zu durchschauen. Wenn er zum Beispiel seine Leistungen pries, waren erhebliche Abstriche von seinen Behauptungen angezeigt. Und wenn er Krokodilstränen wegen der Greuel in Konzentrationslagern vergoß, dann brauchte man nur an seinen Ausspruch beim Amtsantritt als preußischer Innenminister zu erinnern, der lautete: »Hier habe ich keine Gerechtigkeit zu üben, hier habe ich nur zu vernichten und auszurotten, weiter nichts!« Solche Erinnerungsanstöße waren Göring peinlich; er meinte, damals seien die Zeiten eben anders gewesen.

Ich hätte ihm gegenüber noch eine ganze Reihe anderer Aussprüche zitieren können, an die ich mich erinnerte, oder die mir bekannt geworden waren. Es stand auch fest, daß er in irgendeiner Weise an der »Endlösung« beteiligt war und ihre Durchführung verlangt hatte. Aber das hätte wenig gefruchtet.

Die »Endlösung« war zwar lange im Gespräch gewesen, aber in ihrer letzten Form der rücksichtslosen Liquidierung aller Juden, deren die Nazis habhaft werden konnten, nur im kleinsten Kreis beschlossen und als Programm mit äußerster Geheimhaltung durchgeführt worden. Ich hatte keine Beweise, daß Göring zu diesem Kreis gehörte. Ich hielt es nicht einmal für sehr wahrscheinlich, weil Göring damals schon nicht mehr zu den Vertrautesten Hitlers gehörte und weil man befürchten mußte, daß er mit seiner Großmäuligkeit das Projekt verraten hätte.

Ebensowenig konnte man aus seinen markigen Verlautbarungen auf seine wahren Absichten schließen. Er kannte als Instrument nur die Posaune und hatte für diskretere Töne kein Organ. Vernichtung, Ausrottung, Hinrichtung und dergleichen gingen ihm leicht vom Munde: das hielt er für männlich, wirksam und seiner Machtposition angemessen. Er war stets für den größten Blasebalg, um seinem Donner Luft zu machen.

Während des Krieges hatte er zwei große Aufgabenbereiche zu verwalten, die sehr viel Sachkenntnis, intensive Arbeit und präzise Planung erforderten. Denn als Leiter des Vierjahresplans unterstand ihm praktisch die ganze Kontingentierung der Kriegs- und Rüstungswirtschaft, und zudem war er Reichsluftfahrtminister und Oberbefehlshaber der Deutschen Luftwaffe.

Die intensive Arbeit war jedoch nicht seine Stärke. Er war viel zu sehr Genußmensch, und viel zu korrupt, um sich ausschließlich den Aufgaben zu widmen, die seine volle Arbeitskraft erforderten. Oft versuchte er, die präzise Arbeit durch Kraftmeiertum zu ersetzen, verschwendete viel mehr Zeit an Machtabgrenzungen, Amtsrivalitäten und kleinliche Intrigen – mit dem Arbeitsminister, dem Rüstungsminister, den anderen Waffengattungen der Wehrmacht und seinen eigenen Untergebenen der Luftwaffe, denen er die eigenen Fehler ankreidete. Es ist kein Zweifel, daß seine Luftwaffe zunehmend versagte und er, wie er auch zugab, bei Hitler zusehends in Ungnade fiel.

Daß sie deshalb versagte, weil er es vorzog, sich in Rom, Paris, Holland oder Belgien für billiges Geld wertvolle Kunstschätze zu ergaunern, hat er mir natürlich nicht verraten, das war aber bekannt; auch daß er auf acht Lastzügen, zu einer Zeit, als das Benzin in Deutschland schon außerordentlich knapp war, seine Kunstschätze in die sogenannte Alpenfestung transportieren ließ. Natürlich versäumten die Engländer und Amerikaner nicht, derartige Früchte von Gefangenenverhören durch den Rundfunk in Deutschland zu verbreiten; aber die Wiederholung solcher Nachrichten war für deutsche Untertanen mit dem Tode bedroht. Ein Reichsmarschall, besonders wenn er der zweite Mann im Reiche ist, tut nichts Unrechtes, selbst wenn er's tut.

Daß Göring bei Hitler in Ungnade gefallen war, erklärte er

folgendermaßen – womit er sicher Hitler richtig kennzeichnete –: »Hitler interessierte sich nicht für Entwicklungen. Ein Flugzeug, das auf dem Reißbrett stand, hatte für ihn kein Interesse, er wollte fertige Waffen haben. Er wollte Flugzeuge sehen, die am nächsten Tag gegen den Feind eingesetzt werden konnten. Zudem sollten diese Flugzeuge zwar leicht sein, aber trotzdem vier Motoren haben und große Bombenlasten tragen können, jedoch auch als Jäger zu gebrauchen sein. Solche Anforderungen waren selbstverständlich nicht zu erfüllen.« Darüber machte Hitler seinem Reichsmarschall heftige Vorwürfe, der sie ebenso heftig an seine Untergebenen weitergab, um sich dann wieder dem Nichtstun zu überlassen. Hitler gab jedoch seinem Rüstungsminister Speer die Anweisung, andere Waffengattungen mit einer höheren Dringlichkeitsstufe zu versehen als die Luftrüstung, weil er immer wieder hören mußte, daß die Entwicklung von neuen Typen bis zur serienmäßigen Herstellung ein oder zwei Jahre in Anspruch nahm.

Wie sehr Göring jedoch durch Indolenz, Trägheit und wahrscheinlich durch Drogengebrauch und die dadurch verursachte Abstumpfung an der Verwirrung der Bauprogramme und der Verlangsamung der Entwicklungsarbeiten beigetragen hat, hat er mir taktvoll verschwiegen.

Ein anderer, und wahrscheinlich noch schwererer Konflikt zwischen Göring und Hitler war die Luftversorgung der in Stalingrad eingeschlossenen Truppen.

Göring stellte es so hin, als habe Hitler von ihm die Versorgung dieser Truppen durch die Luftwaffe verlangt. Aus irgendwelchen Gründen hätte Hitler seinen ganzen Starrsinn auf Stalingrad fixiert, vielleicht weil die Stadt den Namen Stalins trug, und den Befehl gegeben, daß diese Stadt unter allen Umständen und mit allen verfügbaren Mitteln gehalten werden müßte. Die einzigen »verfügbaren Mittel« jedoch, um die Stadt zu versorgen, seien die Flugzeuge der Luftwaffe gewesen, die dazu logistisch überhaupt nicht imstande gewesen seien, aber es sei ihm nicht gelungen, Hitler von diesem Gedanken abzubringen.

Die Tatsachen sahen anders aus. Zu einer Zeit, als sich die 6. deutsche Armee vielleicht noch hätte aus der Umschließung bei Stalingrad herauskämpfen können, hatte Hitler an die Führer der Luftwaffe die Frage gestellt, ob man die Soldaten bei

Stalingrad aus der Luft genügend versorgen könne, um sowohl ihren Lebensunterhalt zu sichern als auch eine energische Fortsetzung des Kampfes zu gewährleisten.

Die Generäle haben damals Hitler versichert, daß eine ausreichende Versorgung der deutschen Truppen vor Stalingrad aus der Luft nicht durchgeführt werden könne, und daß er dem Feldmarschall Paulus befehlen solle, den Durchbruch aus der Umschließung zu wagen.

Erst in diesem Augenblick erschien Göring, der sich vermutlich von der Beratung laufend hatte unterrichten lassen, und erklärte pathetisch, die Truppen vor Stalingrad könnten aus der Luft ausreichend versorgt werden; er übernehme dafür die persönliche Garantie.

Hitler, der gern das glaubte, was er sich wünschte, und logistischen Gründen nicht zugänglich war, weil sich manchmal seine visionäre Strategie gegenüber den Warnungen des Generalstabs als erfolgreich erwiesen hatte, gab darauf der Luftwaffe den verhängnisvollen Befehl, die Versorgung der Truppe aus der Luft durchzuführen, und besiegelte damit das Schicksal der 6. Armee vor Stalingrad.

Göring behauptete weiterhin, Hitler habe gegen seinen Rat den Krieg schon in den ersten Tagen des Polenfeldzuges verloren. Natürlich war das damals noch nicht mit allen seinen Folgen vorauszusehen, aber er, Göring hätte an dem Tag, an dem England den Krieg an Deutschland erklärte, den Vorschlag gemacht: die gesamte vorhandene Luftwaffe einen Angriff auf die englische Flotte fliegen zu lassen, die in Scapa Flow oder einem anderen schottischen Hafen versammelt war und sie mit diesem Überraschungsangriff aus der Luft zu vernichten. Hitler hätte seinen Ratschlag jedoch abgelehnt und angeordnet, die ganze Luftwaffe in Polen einzusetzen. Das sei viel wichtiger als ein Angriff auf England, das sowieso nicht kämpfen werde. Als dann der Polenfeldzug vorbei war, hatte sich die englische Flotte längst zerstreut, und diese glänzende Möglichkeit war verspielt.

Ob diese Erzählung ein Phantasiegebilde von Göring gewesen ist, oder ob sich wirklich eine solche Diskussion zugetragen hat, läßt sich nicht feststellen. Es ist kein Aktenvermerk bekannt, der diesen Vorschlag Görings festgehalten hat. Ich nehme eher an, daß er durch den japanischen Angriff auf Pearl Harbor zu diesem glänzenden Nachgedanken inspiriert worden ist.

Seine eigentlichen Verdienste hat sich Göring nicht im Weltkrieg, sondern im davorliegenden spanischen Bürgerkrieg erworben. Er hatte, wie er sagte, Beziehungen zu Spanien, und besonders zu General Franco, der sich damals allerdings noch mit seinen Streitkräften in Spanisch-Marokko aufhielt und von dort aus einen Staatsstreich im spanischen Mutterland plante. Er besaß jedoch weder Schiffe noch Flugzeuge, um sich mit seinen Truppen nach Spanien übersetzen zu lassen.

Er schickte daher am 22. Juli 1936 einen Emissär nach Deutschland, der Hitler und Göring in Bayreuth bei einer Vorstellung der Wagner-Festspiele antraf und sie um Gehör für Franco bat. Er trug ihnen dessen Anliegen vor und fragte, ob Deutschland genügend Flugzeuge zur Verfügung stellen könne, um Francos Truppen mit ihrer ganzen Ausrüstung nach Spanien überzusetzen.

Damals hat Göring Hitler versichert, daß er diese Flugzeuge zur Verfügung stellen könne und innerhalb einer kurzen Frist den Transport der Truppen nach Spanien bewerkstelligen werde. Hitler gab ihm daraufhin den Befehl, den Transport durchzuführen.

Ich sah hier eine Gelegenheit, früher erhaltene Informationen auf die Probe zu stellen und fragte ihn: »Herr Reichsmarschall, kennen Sie einen Dr. Johannes Bernhardt?«

Göring sprang von seinem Stuhl auf und fragte beinahe barsch: »Was wissen Sie von Dr. Bernhardt?«

Ich erwiderte: »Einen Augenblick, Herr Reichsmarschall. Wir wollen uns über eins klar sein. Ich stelle hier die Fragen und erwarte von Ihnen, daß Sie sie beantworten. Wenn wir ein Thema abgeschlossen haben, dann können Sie, wenn Sie es für nötig halten, auch Fragen stellen, die ich entweder beantworten werde oder nicht.«

Göring, der sich inzwischen gefaßt hatte, fand das wieder ungeheuer amüsant und sagte dann: in der Tat sei ihm Dr. Johannes Bernhardt bekannt. Das sei ein ganz besonders intelligenter und kundiger Mensch, und nun, da das Dritte Reich ja im Eimer sei, möchte er den Amerikanern ans Herz legen, sich diesen Mann zu sichern, denn er könnte ihnen hervorragende

Dienste leisten. Ich fragte ihn darauf, ob vielleicht Dr. Bernhardt der Mann gewesen sei, der als Emissär Francos Hitler um Hilfe beim Truppentransport gebeten habe. Göring sagte, das sei richtig.

Darauf bat er, einige Fragen an mich richten zu dürfen, was ich ihm gestattete. Seine erste Frage war: »Woher kennen Sie Dr. Johannes Bernhardt?« Ich sagte, er sei mir namentlich bekannt, da er verschiedentlich bei Gesprächen erwähnt worden sei, und zwar nicht nur als intelligenter und kundiger Mensch, sondern auch als Vertrauensmann Görings. Ich hätte den Eindruck gewonnen, daß er im Auftrag von Görings Vierjahresplan in Spanien wirtschaftliche Möglichkeiten erforscht habe. Und vielleicht hätte er ganz diskret auch ein bißchen Spionage getrieben.

Auch das fand Göring erheiternd und fragte mich, nachdem er sich ausgelacht hatte: »Und woher wußten Sie, daß Dr. Bernhardt derjenige war, den Franco zu Hitler und mir geschickt hatte, um sich Hilfe zu erbitten?«

»Das weiß ich von Ihnen«, sagte ich. Darüber konnte sich Göring lange Zeit nicht beruhigen, weil er es unwiderstehlich komisch fand, auf diese Weise überrumpelt zu werden. Es war wieder seine gekränkte Eitelkeit, die er durch Lachen überspielen mußte.

Ein weiteres Beispiel seiner gekränkten Eitelkeit gab er mir mit einer neuen Geschichte, die auch Dr. Johannes Bernhardt betraf, und auch ein wenig das Verhältnis zwischen Spanien und Deutschland berührte.

Hitler hatte immer die Absicht gehabt, Franco in seinen Krieg mit hineinzuziehen. Das hätte vor allem den Vorteil gehabt, daß man Gibraltar abriegeln und dadurch die Einfahrt alliierter Flotteneinheiten ins Mittelmeer verhindern konnte. Franco war zu einer solchen Allianz allerdings nicht bereit. Er sagte niemals ein kategorisches Nein, aber er hatte bisher auf keinen Fall ja gesagt und immer nur hinhaltende Gespräche geführt.

Eines Tages schien es jedoch so weit zu sein. Göring hatte entsprechende Hinweise erhalten, daß Franco vielleicht wegen eines Eintritts in den Krieg auf Seiten Deutschlands mit sich reden lassen würde. Ein Zusammentreffen zwischen Göring und Franco wurde vereinbart.

Göring, der trotz seiner Vergangenheit als erfolgreicher Kampfflieger sehr anfällig für die Seekrankheit war und sich schon übergeben mußte, wenn sich das Wasser auch nur ein wenig kräuselte, hatte sich einem Kriegsschiff anvertraut und fuhr in einen spanischen Hafen ein, wo ihn Franco erwarten sollte. Im Hafen ließ jedoch kein Zeichen erkennen, daß Franco dort bereits eingetroffen war. Statt dessen kam in großer Fahrt eine Barkasse auf Görings Kriegsschiff zugeschossen, in der mit sehr langem Gesicht und lebhaften bedauernden Gebärden eben jener Dr. Bernhardt saß, der als eine Art Mittelsmann zwischen Göring und Franco fungierte. Er offenbarte Göring, daß Franco leider, aus welchen Gründen auch immer, das verabredete Treffen absagen müsse. Ein neuer Termin sei nicht abzusehen.

Das war die Absage. In furchtbarer Wut brüllte Göring dem Kommandanten seines Kriegsschiffes zu: »Fahren Sie mich sofort ärschlings aus diesem Hafen raus!« und kehrte nach Italien zurück, von wo aus er Hitler von diesem Fehlschlag unterrichtete. Wieder war seine Eitelkeit angeschlagen und wieder mußte er sie mit einer dramatischen Geste rehabilitieren.

Natürlich unterließ es Göring nicht, durch diskrete Hinweise durchblicken zu lassen, daß er an vielem nicht schuld gewesen ist, was sich im nationalsozialistischen Staat ereignet hat. Er erklärte zum Beispiel, er sei ein entschiedener Gegner der Nürnberger Gesetze gewesen, und ein noch entschiedenerer Gegner der sogenannten »Reichskristallnacht« am 10. November 1938, als jüdische Firmen und Läden gestürmt und geplündert wurden, weil er kein so prinzipieller Antisemit gewesen sei wie Hitler und weil er als Leiter des Vierjahresplanes wirtschaftliche Schäden voraussah, die sich Deutschland zu dieser Zeit nicht leisten konnte. (Er hat sich dann allerdings durch die sogenannte »Judenabgabe« reichlich entschädigt.) Auch andere Meinungsverschiedenheiten mit Hitler ließ er einfließen und überraschte mich eines Tages sogar mit der Feststellung: »Wissen Sie, daß ich seit 1923 kein Parteiamt mehr innegehabt habe?«

»Wollen Sie damit sagen, daß Sie kein Nationalsozialist gewesen sind?« fragte ich ihn.

Nein, so hatte er es nicht gemeint. Er hatte überhaupt nichts weiter damit sagen wollen, als daß er eben bis 1923 der oberste Befehlshaber der SA gewesen sei und seitdem kein Parteiamt mehr bekleidet hätte. Ich erwiderte ihm, ich nähme das zur Kenntnis.

Gewiß war er viel zu klug, seinen unbedarfteren Kollegen nachzueifern und Hitler alle Schuld zuzuschieben. Auch sagte er nicht geradeheraus, daß er eine andere Auffassung von der Lenkung der Geschicke gehabt hätte und sich eigentlich als Opfer des Nationalsozialismus betrachten müsse. Dagegen sprachen aus seiner Sicht zwei Gründe: Erstens hatte er sich die Rolle des treuen Paladins zurechtgeschnitten und wollte sie auch ausfüllen. Aber zweitens hätte eine solche Erklärung seine eigene Bedeutung abgewertet. Denn er bereitete sich schon auf den Prozeß vor, den er als sicher erwartete.

Als er jedoch bei einer Gelegenheit wieder einmal sagte, er hätte Hitler einen Vorschlag gemacht, aber Hitler hätte ihn abgelehnt und sei daher in sein Unglück gerannt, sagte ich: »Wissen Sie, ich habe den folgenden Eindruck. So wie Sie mir Ihre Meinungsverschiedenheiten mit Hitler darstellen, kommt es mir vor, als hätten Sie ihn für einen Idioten gehalten, seien aber zu höflich, zu loyal oder zu klug, um das zuzugeben.«

Darüber mußte er wieder lachen, erwiderte dann aber: »Nein, ganz so war es doch nicht.« (Womit er vielleicht andeuten wollte, daß es immerhin ein bißchen zutraf.) »Ich war«, fuhr er fort, »von allen Beratern Hitlers der einzige, der ihm widersprechen konnte. Alle anderen haben von ihm nur Befehle entgegengenommen und mußten sich seinen Entscheidungen fügen. Ich dagegen konnte meine Meinung ihm gegenüber vertreten, was verständlicherweise dazu führte, daß wir uns oft stritten und manchmal sogar böse Wortwechsel hatten. Das hat aber an den grundlegenden Tatsachen nichts geändert, daß ich ihm von Anbeginn mit einer Loyalität verbunden war, der solche Meinungsverschiedenheiten und Streitereien nichts anhaben konnten.«

Im Nürnberger Prozeß sagte er dann etwas Ähnliches. Offenbar hatte er bei mir diesen Gedanken nur geprobt. Er erhob sich von seinem Platz und sagte dem Sinne nach: »Da ich der einzige war, der Hitler widersprechen konnte und daher die volle Verantwortung für meine Handlungen trug, möchte ich den Vorschlag machen: Sie verhandeln hier den Prozeß Göring und lassen diese anderen, die nichts anderes getan haben als Befehle zu empfangen und auszuführen, laufen.«

Diese Rede hat damals anscheinend Eindruck gemacht. Es ist allerdings zu bezweifeln, daß »diese anderen« sehr begeistert darüber waren, als reine Botenjungen, Handlanger und willenlose Marionetten charakterisiert zu werden. Aber Göring hatte seinen Auftritt.

Sein Verhältnis zu Hitler war sicher zwiespältiger, als er es uns darstellte. Er war, wie gesagt, im Laufe des Jahres 1942 oder vielleicht Anfang 1943 bei Hitler in Ungnade gefallen und traf seltener mit ihm zusammen als zuvor. Möglicherweise hatte er aber damals auch schon eingesehen, daß dieser Krieg nicht mehr zu gewinnen war und sich deshalb auf andere Auswege besonnen.

Viel größeren Wert als auf das Amt des Luftfahrtministers, des Oberbefehlshabers der Luftwaffe und eines Reichsmarschalls legte er darauf, daß er der designierte Nachfolger Hitlers, und nachdem Heß seinen Flug nach England unternommen hatte, auch dessen Stellvertreter war. Darauf begann er zunehmend zu spekulieren.

Es mag sein, daß Loyalität eins der Motive war, die Göring in seinem Verhältnis zu Hitler bestimmten. Ein anderes war aber unzweifelhaft die Rivalität. Er versuchte, es ihm zuvorzutun. Wenn Hitler also in seinem Berghof am Obersalzberg ein Panoramafenster von, sagen wir, vier Meter Breite hatte, dann sah Göring darauf, daß das Panoramafenster in Karinhall vierundhalb Meter breit war. Wenn die neue Reichskanzlei 400 Kubikmeter maß, sollte das sogenannte Reichsmarschallamt, das sich Göring von Speer entwerfen ließ, 580 Kubikmeter Inhalt messen. Auch hier mußte Göring kompensieren, und das hatte seinen Grund.

Bei einem unserer Gespräche, das sich um das Kunstleben Berlins drehte, fragte ich ihn plötzlich und unvermittelt: »Wo ist eigentlich Gründgens?«

Göring, der, wie schon oben beschrieben, nach seinem Herzanfall lang ausgestreckt und ziemlich reglos auf seinem Feldbett lag, saß auf einmal steil aufgerichtet da und fragte heiser: »Was wissen Sie von Gründgens?«

Ich wies ihn nicht zurecht, weil ich eine ähnliche Reaktion vorausgesehen hatte und sie mir eine Theorie bestätigte.

Ich erwiderte nur, ich wüßte eben leider nichts von ihm und

hätte ihn gefragt, weil ich hoffte, er könnte mir vielleicht Auskunft geben.

Inzwischen hatte sich Göring beruhigt und wieder hingelegt. Er sagte: »Sie müssen aber wissen, daß mir an Gründgens sehr viel liegt.« Ich sagte, ich hätte das zum mindesten angenommen, da er ihn ja schließlich zu seinem Intendanten gemacht hätte.

Göring gab das nicht nur zu, sondern sagte zusätzlich: eigentlich sei das Theater ja gar nicht sein Ressort gewesen, da die Kultur dem Reichspropagandaminister unterstanden hätte, aber er hätte durchgesetzt, daß ihm das Theater unterstellt würde, und hätte gleichzeitig Gründgens nicht nur zum Intendanten, sondern auch zum Mitglied des Preußischen Staatsrats gemacht, damit er vom Reichskulturamt unabhängig sei.

Von Gründgens hätte er in letzter Zeit nichts mehr gehört; er hätte ihn, als die Dinge in Berlin für ihn unhaltbar wurden – was er nicht näher erklärte – in die Luftwaffe gesteckt und dafür gesorgt, daß er einen Posten bekam, an dem es ihm nicht allzu schlecht ging. Aber dann hätten sich die Ereignisse so überstürzt, daß er den Kontakt zu ihm verloren hätte.

Görings Reaktion auf meine Frage hatte nur eine Vermutung bestätigt, die sich zum mindesten anbot. Loyalität, Machtstreben, Eitelkeit sind unzweifelhaft Motive von Görings Handeln gewesen, aber sie waren nicht der eigentliche Motor seiner Existenz. Der eigentliche Motor war die Schauspielerei.

Göring war ein verhinderter Schauspieler. Daher seine fast krankhafte Eitelkeit, daher die Unzahl der Uniformen, in die er sich verkleidete – und ich habe von verschiedenen Leuten gehört, er habe sie in seinem Haus auf einem Diwan ausgestreckt empfangen, in eine Art römische Toga gehüllt, mit saffiangelben geschnürten Sandalen und mit Brillanten spielend; vielleicht dachte er dabei an Nero oder einen anderen römischen Caesaren – daher die Vielzahl seiner Pflichten, die nicht nur jeweils ein anderes Kostüm verlangten, sondern auch ein ganz anderes Gebaren, sei es als Reichsjägermeister, sei es als Ingenieur seiner sehr kompliziert aufgebauten Modelleisenbahn, sei es als Marschall, als jovialer Volksfreund, als Protektor individueller Juden, als Diplomat oder als Henker.

Hinter seinen Handlungen stand kein Ethos. Er beurteilte

seine Aufgaben danach, was sie schauspielerisch hergaben und wie er sich damit in Szene setzen konnte. Deshalb war er auch der perfekte Gefangene, dem das Publikum – und das waren wir – seinen fast ungeteilten Beifall nicht versagten. Allerdings war der aufgeschmissen, der glaubte, daß dieses hervorragende Spiel gleichzeitig auch einen lauteren Charakter anzeigte.

Göring wußte sehr genau, daß er ohne Hitler und den Nationalsozialismus niemals zu diesen Rollen gekommen wäre. Aber so gut er auch spielen mochte, so vielseitig er sich auch zeigte, so populär er beim Volk auch war: er war dazu verdammt, im Dritten Reich immer nur die zweite Rolle zu spielen. Es half ihm nichts – und er wußte es – daß sein Panoramafenster größer war oder der Kubikinhalt seines geplanten Reichsmarschallamtes den der neuen Reichskanzlei um ein Erkleckliches übertraf: Hitler war für Volk, für das Reich und für die Welt der Spieler Nummer Eins. Und daran ließ sich nichts ändern, solange Hitler lebte.

Die einzige Vorsorge, die Göring dagegen treffen konnte, war die, daß er seine Rolle unverwechselbar von der Hitlers abhob. Wenn Hitler vom Typ her klassisch und streng war, war Göring barock und dionysisch. Wenn Hitler frugal war, war Göring üppig, wenn Hitler Vegetarier war, der nach strenger Diät lebte, war Göring allen Tafelfreuden zugeneigt, wenn Hitler nur ein Gewand hatte, die schlichte braune Uniform mit dem Eisernen Kreuz erster Klasse, hatte Göring über hundert Uniformen mit sämtlichen Orden, die in Deutschland und vielen, die im Ausland vergeben wurden.

(Das stimmt freilich nicht ganz. Göring fragte mich eines Tages: »Wissen Sie eigentlich, daß es einen deutschen Orden gibt, der mir nie verliehen worden ist?« Ich stellte mich ungläubig. »Doch«, sagte er, »es gibt ein Kreuz in Gold, das, soviel ich weiß, nur ein einzigesmal verliehen worden ist, und zwar an einen Oberst mit Namen Rudel. Diese Auszeichnung habe ich nie erhalten.«)

Und wenn Hitler nur eine Maske hatte, so hatte Göring deren viele.

Das Schlimme war, daß Hitler im Grunde ein jämmerlicher Schauspieler war. Zunächst einmal tat er etwas, wovor sich Schauspieler hüten sollten: er glaubte an das, was er sagte, wenn er es sagte, selbst wenn es eine Lüge war. Das wäre Göring nie passiert; er wußte, wann er log und bemühte sich nur, überzeugend zu lügen. Und dann hatte er nur dieses eine Gesicht, dieses strenge, starre Gesicht, das im Lachen nicht schöner wurde wie die meisten Gesichter, sondern häßlicher. Und das sollte der Mann sein, der die ganze Zeit die Hauptrolle spielte? Er sollte immer den ersten Platz auf dem Spielplan haben, obwohl er ein kläglicher Stümper war? Und ein unmöglicher Typ! Sicher war das ein Grund, weshalb sich Göring von Hitler mit der Zeit immer mehr fernhielt und Reisen unternahm, die ihn aus der Sphäre Hitlers entführten.

Hierin ist Göring durchaus zu verstehen. Ich habe mich einmal mit einem Freund, der Regisseur war, darüber unterhalten – Hitler lebte damals noch – für welche Bühnenrolle man Hitler gebrauchen könnte. Sicher nicht für einen Diktator, sagte mein Freund, denn dafür gibt er nicht genügend her. Auch in dem Film von Charlie Chaplin »Der Diktator«, der Hitlers Maske gebraucht, ist nur eine parodistische Diktatorszene wirklich gelungen, während die sonstigen gelungenen und komischen Szenen den jüdischen Friseur betreffen, der dem Diktator ähnlich sieht. Mit diesem einen Gesicht, das keiner Wandlung fähig ist, läßt sich eine große Figur der Geschichte nicht darstellen; vor allem wenn man darin eine tragische Wandlung verkörpern will.

Auch für andere Rollen fanden wir ihn denkbar ungeeignet, bis schließlich mein Freund sagte: »Die Sache ist vollkommen klar. Er ist der perfekte Typ für einen Heiratsschwindler bis zu 500 Mark. Nicht mehr als 500 Mark; darüber hinaus ist der Typ schon wieder vollkommen verschieden.

»Alles paßt dazu«, fuhr mein Freund fort, »das kleine Schnurrbärtchen, das ihn zum Dienstmädchenidol macht, die etwas künstlerische Tolle, mit dem Scheitel auf der rechten Seite, die Unbeugsamkeit, die Starrheit, die den Eindruck des starken Mannes erweckt.

»Er sagt seinen Opfern nie, daß er sie liebt. Aber er verspricht ihnen die Ehe. Er verlangt von ihnen, daß sie ihm das Geld geben. Er läßt sich zu keinen Zärtlichkeiten herab. Aber die Mädchen sind furchtbar verliebt. Sie finden ihn hinreißend. Sie schwärmen für ihn.

»Nur kurz, bevor ihm das Mädchen ihr Geld gibt, sagt sie

stockend: ›Aber Adolf – Adolf – nicht wahr – Adolf, du wirst mich doch nicht betrügen.‹ Sein Gesicht verzerrt sich, und er schreit mit fistelnder, sich überschlagender Stimme: ›DU GLAUBST MIR NICHT?‹«
»Und das Mädchen, überwältigt, überzeugt: ›Doch, doch, Adolf, ich glaube dir. Ich glaube dir immer.‹ Und gibt ihm die 500 Mark. Am nächsten Tag ist er verschwunden. Das Mädchen sitzt da mit dem Eheversprechen und ist ihr Geld los.«

Wie sehr Göring die Ereignisse im Lichte von szenischen Auftritten sah, könnte die folgende Anekdote illustrieren:

»Eines Morgens«, erzählte Göring, »wurde ich auf dem Obersalzberg ziemlich früh zu Hitler gerufen. Ich ahnte nichts Böses und trat einigermaßen vergnügt bei Hitler ein, wo ich eine Versammlung von Männern fand, die stumm und verzweifelt auf den Teppich starrten und meinen Gruß kaum erwiderten. Ich fragte: ›Was ist denn passiert?‹ erhielt aber zunächst keine Antwort. Erst auf weiteres Drängen sagte mir jemand zwischen zusammengebissenen Zähnen hervor: ›Heß ist nach England geflogen.‹ Ich glaubte, nicht recht gehört zu haben und begann, weiter zu fragen, aber es dauerte lange Zeit, bis ich die Tatsachen einigermaßen beisammen hatte, daß Heß in einem Flugzeug nach England davongeflogen war und man nicht wußte, wo er sich jetzt befand.

»Ich sagte: ›Das ist doch unmöglich!‹ Und jetzt war es an mir, auf einen Sessel zu plumpsen und auf den Teppich zu starren. So saßen wir eine ganze Weile. Nur ab und zu sprang jemand auf, brüllte: ›Aber das kann doch gar nicht sein!‹ rannte zwei-, dreimal durchs Zimmer, plumpste wieder auf seinen Sessel und starrte auf den Teppich, weil es ihm von Neuem klar geworden war, daß es eben doch so war, obwohl es nicht sein konnte.

Nun müssen Sie wissen, daß Heß ein exaltierter Mensch war. Wenn der sich in eine Idee verrannte, dann gab es nichts, was ihn davon abhalten konnte, denn er fühlte sich manchmal als Heiland der ganzen Welt.

Schließlich fragte Hitler: ›Wie sagen wir es dem deutschen Volk?‹ Goebbels, der auch zugegen war, hatte einen Vorschlag bereit: man müsse erklären, daß Heß in einem Anfall geistiger Umnachtung gehandelt habe und jedenfalls nicht im Auftrag der Reichsregierung.

Darüber kriegte Hitler einen fürchterlichen Wutanfall und schrie Goebbels an: ›Wenn der zweite Mann des Reiches, der Stellvertreter des Führers, schon in geistiger Umnachtung handelt, was soll denn dann das deutsche Volk von uns anderen denken.‹

Danach wurden Hunderte von Plänen durchgesprochen, wie man es dem deutschen Volk plausibel machen konnte, aber schließlich setzte sich die Auffassung von Goebbels mehr und mehr durch, daß man von einem vorübergehenden Unwohlsein des Stellvertreters des Führers berichten solle, das schließlich zu dieser Kurzschlußhandlung geführt habe.«

»Goebbels«, sagte Göring, auf eine Frage von mir, ob seine Rivalität mit Goebbels wirklich so groß gewesen sei, »ist gewiß nicht mein Typ gewesen. Aber manchmal hat es Situationen gegeben, besonders wenn man Hitler in irgendeiner Angelegenheit umstimmen wollte, in denen man sich nur auf Goebbels verlassen konnte und in denen er Wunder wirkte.«

Soviel zu Görings Erzählung. Sie war außerordentlich plastisch geschildert, sie war amüsant, sie war farbig und charakterisierte irgendwie auch die Mitspielenden. Die Rollen waren richtig verteilt und es war, als hätte man eine Szene aus der großen Tragikomödie des Dritten Reiches miterlebt.

Das war also das Dasein des verhinderten Schauspielers Hermann Wilhelm Göring. Wie schon gesagt, betrachtete er seine Stellung im Staat nicht vom politischen oder militärischen geschweige denn ethischen Gehalt, sondern nur von ihrer schauspielerischen Ergiebigkeit. Es interessierte ihn nicht, ob er zu Gutem oder zu Bösem aufgerufen war, er spielte den Staatsmann ebenso gern wie den Kondottiere, den jovialen Beschützer so gern wie den Henker. Er liebte das Theater und vergaß sich manchmal so weit, daß er sich in die Person seines Lieblingsschauspielers Gründgens hineinprojizierte; und wenn er am Schluß des Aktes oder der Vorstellung begeistert klatschte, dann applaudierte er nicht Gründgens dort auf der Bühne, sondern in Wahrheit sich selber. Daher auch die ungeheuer starke Reaktion, als ich ihn nach dem Verbleib von Gründgens fragte.

Als sich nun jedoch der Krieg dem Ende zuneigte, begann Göring eine Rolle zu ahnen, die ihm vielleicht doch noch die Erfüllung aller seiner Wünsche versprach. Seine Stunde schien gekommen. Daß sie dann doch nicht kam und daß Hitler ihm noch über das Grab hinaus einen geradezu perfiden Streich spielte, darüber führte Göring noch in Mondorf Klage bei seinen amerikanischen Zuhörern.

Es war damals allen klar, daß die Niederlage Deutschlands nicht mehr abzuwenden war. Es war ebenso klar, daß Hitler die Kapitulation des Deutschen Reiches nicht selber vollziehen konnte. Die Alliierten hätten sie von ihm nicht entgegengenommen, und Hitler wußte das. Er hatte noch zwei Wochen vor seinem Tode gesagt, er wolle in Berlin bleiben und dort sterben. Die Kapitulation solle Göring vollziehen, der könne so etwas, und außerdem käme es dann sowieso nicht mehr darauf an, wer sie vollzog und wie sie vollzogen wurde.

Auch nach Recht und Gesetz mußte diese Rolle Göring zufallen, denn er war ja Hitlers Stellvertreter, falls Hitler aus irgendeinem Grunde zu seinen Lebzeiten an der freien Ausübung seiner Regierungsgeschäfte gehindert sein wollte und sein Nachfolger im Falle von Hitlers Tod. Während Hitler im umkämpften Berlin, vergraben im Bunker der Reichskanzlei, abgeschnitten von aller Wirklichkeit noch über Truppen disponierte, die längst aufgerieben waren und nur noch auf dem Papier weiterlebten und sich noch Herr des Reiches glaubte, fieberte Göring auf dem Obersalzberg bei Berchtesgaden – zu dem er sich eilends begeben hatte, als Hitler seinen Entschluß bekanntgab, in Berlin zu bleiben – dem Tag entgegen, an dem ihm die Macht zufallen würde. Dann wollte er in der Aureole dieser Macht in seiner prächtigsten Uniform, mit Orden, Ehrenzeichen und Marschallstab den obersten Befehlshabern den alliierten Streitkräfte entgegengehen und sagen: »Ich kapituliere im Namen des deutschen Volkes!«

Nur wollte Hitler weder weichen noch sterben. Die Zeit verrann, die feindlichen Heere rückten näher, und zwar nicht nur in Berlin, die Chance für Göring wurde schmaler und seine Ungeduld erreichte den Höhepunkt. Da schickte er am 23. April 1945 folgendes Telegramm an Hitler: »Mein Führer, sind Sie einverstanden, daß ich nach Ihrem Entschluß, in der Festung Berlin auszuharren, auf Grund des Gesetzes vom 29. 6. 41 nunmehr die Gesamtführung des Reiches mit allen Vollmachten nach innen und außen übernehme? Wenn ich bis 22 Uhr keine Antwort erhalte, nehme ich an, daß Sie Ihrer Handlungsfreiheit beraubt sind und werde die Bedingungen Ihres Gesetzes als gegeben betrachten und nach eigenem Ermessen aufs beste für die Interessen unseres Landes und Volkes handeln. Was ich in dieser schwersten Stunde meines Lebens empfinde, kann ich nicht aussprechen. Der Herrgott schütze Sie, und ich hoffe, daß Sie doch noch aus Berlin hierherkommen. Ihr getreuer Hermann Göring.«

Das Telegramm, meinte Göring, hätte seine Wirkung tun müssen. Es habe Hitler ja noch einmal nahegelegt, Berlin zu verlassen, indem es auf die umzingelte Lage dort aufmerksam machte. Das Ansinnen, die Macht abzutreten, sei so formuliert gewesen, daß man den Schmerz und die teilnehmende Sorge nicht überhören konnte. Und die Absicht zu kapitulieren habe sich auch nur zwischen den Zeilen lesen lassen. Da Eile geboten war, habe er um schleunige Antwort gebeten. Eine andere Absicht habe ihm ferngelegen.

Wie dem auch sei, die Antwort war schneller da, als sich Göring erträumt hätte. Sie war auch nicht nur an ihn gerichtet, sondern an den Befehlshaber der SS-Truppen auf dem Obersalzberg und lautete, daß der Reichsmarschall wegen Hochverrats zum Tode verurteilt und das Urteil unverzüglich zu vollstrecken sei.

(Vielleicht täuschte hier Göring sein Gedächtnis, oder er wollte die Darstellung für seinen amerikanischen Zuhörer kräftig dramatisieren. Denn wenn er von Hitler zum Tode verurteilt war: wer weiß? vielleicht wertete man ihn dann doch noch als Opfer des Nationalsozialismus. Jedenfalls enthielt das Telegramm nicht den Befehl, ein Todesurteil an Göring zu vollstrecken.)

Andererseits enthielt die Botschaft an Göring selbst den Passus, daß dieser ab sofort seine sämtlichen Ämter niederzulegen habe. So wurde es auch über den Rundfunk verkündet. Und so viel gab Göring mir gegenüber auch zu.

Leidenschaftlich jedoch verfocht Göring in Mondorf seine Ansicht, daß die beiden Telegramme nicht von Hitler stammten, sondern von seinem Intimfeind Martin Bormann, Hitlers Brauner Eminenz. Denn erstens habe das Telegramm an ihn eine Unterschrift getragen, mit der Hitler nie zeichnete – »Führer« statt irgendeiner anderen Chiffre – und zweitens sei das Todesurteil gegen ihn ja auch nicht vollstreckt worden. Feststehe jedoch, daß das Telegramm ihm zwar seine Ämter aberkannt habe, aber die durch Reichsgesetz geregelte Nachfolge unerwähnt gelassen habe. Diese sei also durch den Vorfall unberührt geblieben.

Nach dem, was man heute weiß, hatte Göring vielleicht nicht ganz unrecht. Ob Bormann das Telegramm geschickt und vielleicht sogar auch formuliert hat, mag dahingestellt bleiben. Bestimmt hat es Hitler autorisiert. Dafür gibt es zu viele Zeugen, die Göring hätte kennen können, unter anderen zum Beispiel Albert Speer. Daß andererseits Bormann es verstanden hat, Görings Telegramm bei Hitler verdächtig zu machen, unterliegt wohl keinem Zweifel mehr, denn er hat Hitler darauf aufmerksam gemacht, daß Göring eine Antwort bis 22 Uhr erwarte- und wenn diese nicht einträfe, den Fall der Stellvertretung als gegeben annehmen wollte. Das sei ein Ultimatum, und darin liege Görings abgefeimter Verrat.

Da Hitler in dieser Zeit sowieso Götterdämmerung spielte, kam es auf einen Wutausbruch mehr oder weniger nicht mehr an. Er beklagte sich jedenfalls bitter über Görings Verrat und ließ, wie schon gesagt, die Telegramme schicken, mit welcher Formulierung und welcher Chiffre auch immer. Für ihn war Göring, dessen Luftwaffe er für viele Kalamitäten des Krieges verantwortlich machte, erledigt.

Für Göring war es jedoch ein grausamer und im wahrsten Sinne des Wortes vernichtender Schlag, als am 30. April über den Rundfunk verkündet wurde, daß Hitler Selbstmord verübt und letztwillig Großadmiral Dönitz zu seinem Nachfolger bestimmt habe. Wieder argumentierte Göring, daß diese Anordnung nicht von Hitler stammen könne. Schon der Wortlaut verriete, daß Bormann sie formuliert habe, und sie sei auch erst nach Hitlers Tode verbreitet worden, als dieser sich nicht mehr wehren konnte. In dieser, dem Testament einverleibten Botschaft hatte Hitler nun ausdrücklich das Nachfolgegesetz widerrufen und abgeändert, aber das, meinte Göring, sei ungültig, einfach aus dem Grunde, weil mit Morgensterns Formulierung »nicht sein kann, was nicht sein darf«. Da es schließlich einen gesetzlich designierten Nachfolger gegeben habe, sei jede andere Verfügung rechtswidrig und daher nichtig gewesen.

Göring ließ sogar durchblicken, daß damit die von Dönitz vollzogene Kapitulation nichtig sei – obgleich diese Tatsache keine praktische Bedeutung mehr habe – und daß er, wenn er die Kapitulation vollzogen hätte, auf alle Fälle bessere Resultate erzielt haben würde als der unkundige Dönitz. Jedenfalls sei er rechtens der letzte Führer, Kanzler und Präsident des Dritten Reiches gewesen.

Wieder hat Göring vielleicht halb recht. Wieweit Hitler in seinen letzten Stunden noch imstande war, eigene Entscheidungen zu fällen, wird sich nicht ermitteln lassen. Aber daß Bormann sowohl bei der testamentarischen Ausschaltung Görings wie auch bei der Ernennung des neuen Kabinetts, das Dönitz aufgezwungen werden sollte, eine sehr kräftige Rolle gespielt hat, bedarf keines weiteren Beweises. Goebbels als Reichskanzler, Bormann als Parteiminister und Seyss-Inquart als Außenminister waren jedenfalls eher Bormanns Wahl als Dönitz', der diesen Teil des Testamentes auch schleunigst unterschlug.

Als ich mit Göring sprach, lagen diese Ereignisse nun schon drei Monate zurück. Dönitz weilte selbst als Gefangener in diesem Lager, das geschlagene deutsche Volk suchte, in bitterem Elend das nackte Leben zu retten. Dadurch erhielt dieser verspätete Diadochenstreit etwas Gespenstisches, aber er war symptomatisch für das Ende dieses hybriden Staatswesens. Es war, wie schon gesagt, nicht tragisch, sondern grotesk.

Um wieder auf Göring zurückzukommen, so war ihm zum Ende eine Rolle zugedacht, die er nicht zu spielen gewillt war. Man hatte ihn, wie er es wohl vorausgesehen hatte, zum Tod durch den Strang verurteilt. Dem hat er sich durch Selbstmord entzogen, und die Experten rätseln heute noch daran, wie er das Gift erlangt hat, mit dem er sich umbrachte. Ich nehme an, er hat irgendjemanden bezaubert, der glaubte, daß ein so liebenswürdiger Mensch nicht auch ein böser Mensch sein könnte. Das gleiche sagte mir ein amerikanischer Verhöroffizier von Kaltenbrunner, dem bluttriefenden Chef des Reichssicherhauptamtes, der jedoch einen österreichischen Charme besaß, daß seine Gesprächspartner hingerissen waren. Ich habe ihn nicht kennengelernt.

Wäre Göring Schauspieler geworden, statt Luftfahrtminister, Reichsmarschall usw. usw., so hätte er sicher nie zu den Großen gezählt. Es war sehr viel Schmiere sowohl in seinem Auftreten wie in seinem Lebensstil, er brauchte Pracht und Brimborium und viel Kulisse. Er brauchte auch jemanden, in dessen reflektiertem Licht er sich produzieren konnte. Ich hätte ihm nie eine tragische Rolle zugetraut, weil ihm dazu die Tiefe fehlte.

Ein Wort noch über seinen großen Gegenspieler. Nach allen Beschreibungen, die ich von ihm erhalten habe und die sich in den Dokumenten seiner Mitarbeiter befinden, war er ein Mensch, dessen Suggestionskraft man sich nicht entziehen konnte. Seine Ausstrahlung muß ungeheuer stark gewesen sein, und seine Willensäußerung so dynamisch, daß selbst Menschen, die zum Widerspruch entschlossen waren, davor wortlos kapitulierten. Wenn man diese Intensität als genial bezeichnen will, dann war Hitler ein Genie.

Aber wenn ich die Erzählungen richtig verstanden habe, war er kein Genie des Aufbaus. Wahrscheinlich hat er das selber erkannt, denn seine sentimentale Hinneigung zum Architektonischen, zum Errichten monumentaler Bauwerke in Berlin, in Nürnberg oder in Linz, seine Zuneigung zu dem Architekten Speer und seine Privatissima mit dem tumben Ley scheinen mir zu beweisen, daß er etwas ersehnte, was seiner Natur versagt war. Wenn es sich jedoch darum handelte zu vernichten, Möglichkeiten zu ersinnen, wie Menschen, Rassen, Völker, ja schließlich die Welt durch ihren Untergang ein Fanal für seinen Ruhm liefern sollten, dann kannte seine Phantasie keine Grenzen. Ein Ausspruch wie: »Wenn ich untergehen muß, dann soll die Welt mit mir untergehen« oder »Wenn das deutsche Volk diesen Krieg verliert, dann war es meiner Person nicht würdig« deuten darauf hin, daß ihm weder an seinem Volk noch an der Welt gelegen war, sofern die beiden nicht imstande waren, seinen Ruhm siegreich in sich zu integrieren. Hätte er – ein furchtbarer Gedanke – die Atombombe gehabt, er hätte in seinen letzten Minuten die Menschheit ausgerottet.

Er war groß und klein. Er war ein blutiger Dilettant, der durch Dynamik vertuschen mußte, was ihm an Wissen fehlte. Er hatt das Anfängerglück mehrerer Diktatoren, indem er einen vorhandenen Apparat äußerst konzentriert einsetzte und damit seine Pläne verwirklichte. Dazu kam sein Charisma, weil er seine zur Schau getragene Unbeugsamkeit scheinbar mit den »lieblichen Gefühlen« vermischen konnte, die er sich suggerierte. Es mag sein, daß er sie einmal tatsächlich empfunden hat, aber sie sind ihm in steigendem Maße verkümmert.

Der Stil, in dem er sich wohlfühlte, das heißt der regelrechte Wohnstil, war erbärmlich; sein Berghof auf dem Obersalzberg war verbaut, und das große Zimmer, in dem, wie er sagte, seine Entschlüsse reiften, war eine mäßig möblierte gute Stube. Sie war weder bequem noch schön. Dasselbe galt von seinem Teehaus, in dem zwar eine gewisse Bequemlichkeit herrschte, ohne jedoch eine persönliche Note erkennen zu lassen; nichts was von der ödesten Konvention eines Konferenzzimmers abwich.

Die Gespräche, die von ihm überliefert sind, verraten keinen eigenen großen Gedanken. Er war bei weitem am beredtesten, wenn er sich vorstellte, wie er Menschen oder Menschenmassen liquidieren könnte, seien es fremde Völker, fremde Rassen oder das eigene Volk. Als ihm einer der militärischen Führer klarmachte, daß nur für ein bis zwei Prozent der Bevölkerung Luftschutzbunker vorhanden seien und hinzufügte, es könnte doch passieren, daß sich das Volk eines Tages dagegen empörte, und einen Aufstand machte, hat Hitler geantwortet: »Dann lasse ich eine Division SS aufmarschieren und die ganze Bande von denen niederschießen.« Von den Deutschen hat er in der Tat nicht sehr viel gehalten, vor allem als sie begannen, »seinen« Krieg zu verlieren.

Auch er war Mittelmaß. Allerdings war bei ihm alles, was das Mittelmaß ausmacht, ins Gigantische aufgeblasen und vergröbert. Er war das Genie der Mittelmäßigkeit.

Es blieb noch über Admiral Horthy zu sprechen, den langjährigen Reichsverweser und Regenten Ungarns, der schließlich auch gemeinsame Sache mit Hitler gemacht und dadurch sein Reich zugrunde gerichtet hatte.

Die Meinungen über ihn waren während seiner Regierungszeit geteilt; manche erblickten in ihm einen starren Diktator, andere bewunderten die Würde, mit der er um ein freundlicheres Schicksal für sein Land kämpfte, das nach dem Ersten Weltkrieg grausam verstümmelt worden war.

Anscheinend hatten ihn die Amerikaner nach Mondorf gebracht, um ihn vor den Russen zu schützen. Er gehörte jedenfalls nicht zu den anderen, die sich jetzt um Positionen stritten, um vielleicht einen winzigen Vorteil für sich herauszuschlagen. Er war auch von ihnen getrennt untergebracht. Und er war ein sehr alter Mann von 78 Jahren.

Bevor wir ihn sahen, sagte uns ein Kollege, von Horthy werde man wenig anderes hören als ein Loblied auf Ungarn, auf die ungarischen Frauen, auf die ungarischen Pferde und, seltsamerweise, auf den ungarischen Reis. Genau das geschah: Horthy sprach von seinem Heimatland, er sprach von den ungarischen Frauen, den Pferden und behauptete, daß nach dem Urteil von Kennern der ungarische Reis der beste der Welt sei.

Danach begann er eine zusammenhanglose, langatmige Geschichte zu erzählen, die mehr dem Geschwafel eines Greises zu ähneln schien als irgendeiner gebundenen Aussage. Dabei liefen ihm immer wieder Tränen über das Gesicht, die allerdings mit seiner Erzählung nicht in Verbindung zu stehen schienen. Es waren Greisentränen, die aus keinem Anlaß flossen und deren er nicht achtete.

Trotzdem hörte man ihm zu. Er war nicht die Art Persönlichkeit, die man aus der Aufmerksamkeit oder aus der Achtung entlassen konnte. Wenn auch der Verfall des Alters deutlich war, so wußte man doch, daß hier ein Mann mit Autorität sprach.

Er erzählte vom Ersten Weltkrieg, als die Alliierten Italien dazu aufforderten, mit seiner Flotte eine Offensive im Mittelmeer zu beginnen, und die Italiener antworteten, sie wagten es nicht, denn die Österreicher hätten da einen neuen verrückten Admiral, einen ganz jungen Burschen, dem alles zuzutrauen sei. »Dieser Admiral«, sagte er, »war der Horthy.« Und dann ging es, mit Abschweifungen und Wiederholungen und mit Stocken und Fadenverlieren, weiter, wie es in Ungarn gewesen war, was der Vertrag von Trianon dem Lande angetan hatte, was man verloren hatte, wie man versuchte, sich zu arrangieren, wie man fanatisch gewillt war, das Geschehene nicht anzuerkennen und es womöglich abzuändern. Und dann kam Hitler.

Horthy war mehrere Male bei Hitler, bevor er 1941 auf Seiten der Deutschen in den Krieg eintrat. Zuerst hatte er sich energisch geweigert, den deutschen Streitkräften den Durchzug durch sein Land zu gestatten. Aber der Erfolg der nationalsozialistischen Streitkräfte war natürlich überwältigend, und außerdem hatte Hitler dafür gesorgt, daß einige frühere ungarische Gebiete wieder an Ungarn zurückgegeben wurden.

Die Entscheidung war für Horthy bitter, denn er war ein alter Edelmann, und Hitler, obwohl er sich Horthy gegenüber mit äußerster Höflichkeit benahm, war ihm zuwider. Schließlich versuchte er, nach zwei Seiten zu spielen. Aber als Ungarn 1944 von den deutschen Truppen besetzt wurde, hatte Horthy keine Macht, ihnen entgegenzuwirken. Er wußte sehr wohl, mit wem er sich eingelassen hatte und glaubte auch nicht mehr an den Sieg der deutschen Waffen.

Da aber Ungarn für die Nazis kein besetztes oder erobertes Land war, sondern ein verbündetes, konnten die Nazis dort zunächst nicht nach Belieben schalten und empfanden es als sehr störend, daß Horthy die Gesetze des Landes streng hütete und Übergriffe unterband. Er war sicher kein Freund der Juden und machte daraus auch keinen besonderen Hehl. Aber die Juden, die in Ungarn lebten, waren seine Untertanen und genossen seinen Schutz, so wie es im Gesetz garantiert war. Übergriffe der Nazis suchte er, so gut er konnte, zu verhindern.

Damit verärgerte er seinen mächtigen Bundesgenossen, der sich nunmehr darum bemühte, ihn loszuwerden.

»Szálasy«, sagte er, »war ein unbedeutender Mensch niederer Herkunft, den man aus der Politik vielleicht kannte, aber links liegen ließ. Er war niemand, den man sich für einen führenden Posten ausersehen hätte. Aber auf ihn sind die Nazis verfallen, weil sie ihn für einen treuen Helfershelfer hielten.

Damals begannen die Nazis den Druck auf mich auszuüben, mein Amt niederzulegen und Szálasy zu meinem Nachfolger zu machen. Als ich mich weigerte, wurde mein Sohn entführt. Trotz aller Nachforschungen, die ich anstellte, konnte ich nicht ermitteln, wo er sich befand. Aber man sagte mir folgendes: ›Mein Sturz sei beschlossen, man könne ihn selbstverständlich auch mit Gewalt herbeiführen, das mache jetzt schon keinen Unterschied mehr. Wenn ich jedoch freiwillig meinen Platz räumte, würde man mich in Salzburg mit meinem Sohn zusammenbringen. Man würde mich dann ins Reich überführen und dort internieren.‹

Ich habe schließlich nachgegeben. Ich bin mit meiner Frau abgefahren und nach Salzburg gekommen, wo wir fünf Stunden Aufenthalt hatten. Aber meinen Sohn habe ich bisher nicht wiedergesehen.«

»Wie die Dinge nun stehen«, sagte er, »ist der Horthy in den

Augen der westlichen Alliierten ein Verräter. Es hat in dieser Zeit andere Verräter gegeben. Da war der Dr. Hacha in der Tschechoslowakei, aber der Beneš ist ins Ausland gegangen. Da war der Pétain in Frankreich, aber der de Gaulle ist ins Ausland gegangen. Da war der Quisling in Norwegen, aber die norwegische Regierung hat sich im Ausland gebildet. Die Verräter werden bestraft werden und die Regierungen werden wieder hergestellt, ohne daß die Länder zur Verantwortung gezogen werden. In Ungarn hat es den Horthy gegeben, aber es hat keine ungarische Regierung im Ausland gegeben. Könnte man nicht trotzdem dem Horthy den Prozeß machen und Ungarn ungeschoren lassen? Um den Horthy wäre es nicht schade.«

Nachdem er das nicht annähernd so gerafft, zusammenhängend und eindeutig, wie es hier dargestellt ist, herausgebracht hatte, bat er, gehen zu dürfen. Wir blieben zurück und versuchten, uns dieses scheinbar zusammenhanglose Gerede in irgendeine Ordnung zu bringen. Als wir es dann einigermaßen beieinander hatten, wurde uns klar, daß wir einer außerordentlich geschickten Verteidigungsrede zugehört hatten. Einer Verteidigungsrede, die sich durchaus nicht schämte, mit sentimentalen Effekten zu arbeiten, die aber doch im ganzen bewegend und beeindruckend war. Und es war die einzige Verteidigungsrede während der Mondorfer Zeit, die nicht für die Person gesprochen war, die vor uns saß, sondern für ein Land, für ein Volk, für eine Nation. Das zum mindesten hat Horthy vor allen anderen Gefangenen ausgezeichnet.

Das waren also meine Eindrücke in Mondorf. Sie sind verständlicherweise im Laufe der Zeit etwas impressionistischer geworden als sie in der frischen Erinnerung waren. Aber sie haben mir nur bestätigt, was ich schon bei der Befragung Gefangener und kleinerer Nazichargen erfahren hatte, daß weder der Nationalsozialismus noch seine Vertreter etwas waren, was aus sich heraus existierte und verpflichtete. Es war so sehr einfach, den Nationalsozialismus zu denunzieren und ihn mit einer Handbewegung von sich zu weisen, ja sich als sein Opfer auszugeben, weil er keinen geistigen Gehalt verkörperte. Der Nationalsozialismus als Idee hat nicht einen Tag länger gedauert als die Regierung. Schon in Mondorf hatte er ausgespielt und abgedankt. Deshalb war es durchaus nicht immer gelogen, wenn unsere

Kriegsgefangenen keine Nazis gewesen sein wollten; das hatte seinen Sinn für sie vollkommen verloren. Sie hätten kaum mehr zu sagen gewußt, was sie einmal daran gelockt hatte, es sei denn das Brimborium, das allerdings immer aufs prächtigste inszeniert war. Auch davon waren die Führer des Nationalsozialismus nicht ausgenommen.

Was von ihnen übrig war, war nicht viel. Ein paar Leute unterschiedlicher Intelligenz, aber verwilderter Moral mit einem jetzt sehr schlechten Gewissen, ein skrupelloser Schauspieler, ein doppelzüngiger Diplomat, ein Sexualmaniker, ein paar Priester des Blutrausches. Und die dazugehörige Generalität.

7 Geschichtliche Notwendigkeiten

Die beängstigende Frage, wie das möglich war, bleibt noch zu beantworten. Wie konnte es geschehen, daß ein Land mit einer großen kulturellen Tradition und einem immerhin aufgeklärten Bürgertum in einen solchen Abgrund der Barbarei sinken und einer so geistesarmen Lehre verfallen konnte? War das wirklich alles, was sich dem Marxismus, der ja schließlich auch deutschen Ursprungs war, entgegnen ließ? Und sollte das die Synthese sein, die sich aus Marx und Hölderlin ergab?

Vielleicht läßt sich aus einer unerlaubt abgekürzten Rückschau auf die deutsche Geschichte etwas ablesen. Da denkt man an das deutsche Volk, das sich vergebens bemüht, eine Nation zu werden. Dann schafft man 1871 eine leicht frustrierte deutsche Nation, die allerdings nur im Kleinformat verwirklicht wird, und sich nun für Jahrhunderte der nationalen Ohnmacht schadlos halten muß. Deutsch wird zur Weltmarke. Die deutsche Wirtschaft und die deutsche Wissenschaft sind so ziemlich allgegenwärtig, aber dafür gehen Literatur und Geschichtsschreibung (zumindest die nationale Geschichtsschreibung) doch einen abschüssigen Weg nach unten. Zugleich mißlingt der deutsche Versuch, zugleich geliebt und gefürchtet zu werden. Ein komplexbeladener Monarch vertritt ein komplexbeladenes Volk und führt Reden, in denen es dauernd wetterleuchtet von geballter Kraft, hinter der eine zitternde Unsicherheit steht. Das prahlerische Auftreten verdeckt einen Verfall der Kultur und verursacht einen sicher nicht gewollten, aber unvermeidlich gewordenen Krieg.

Daß der Krieg verloren ging, schuf eine pathologische Situation. Eine so herrliche Nation, ein so tiefes Volk, von Gott geliebt, wenn auch von keinem anderen (worauf man vorgab, stolz zu sein) konnte nur durch Verrat besiegt worden sein. Verrat bedeutete volksfremde Elemente: Juden (das ist eine Karte, die immer sticht), Marxisten (denn Marx war ja auch Jude gewesen) und Intellektuelle, die dem volkhaften Instinkt den öden, wurzellosen Geist entgegensetzen wollten.

Es galt, dem Volk den intakten Instinkt zu bestätigen. Zugleich galt es, den pathologischen Zustand der Niederlage und die dadurch geschaffenen Minderwertigkeitsgefühle zu aktivieren und aggressiv zu machen. Man mußte den Verzagten und Zweifelnden sagen, daß sie gerade wegen dieser Niederlage und weil sie Opfer des Verrats geworden waren, zur Herrschaft über die Welt ausersehen waren. Man mußte das eigene Recht und den eigenen Anspruch absolut setzen. Man mußte aus der Niederlage einen Sieg machen. Eine Welt als Feind bedeutete, daß man auserwählt war, eine Welt zu zerstören, um neu geboren zu werden.

Diesem Minderwertigkeitsgefühl, daß sich zum Auserwähltsein emporstilisierte, entsprach Hitler genau. Ein frustrierter Architekt und Künstler, Bewohner von Asylen, weder durch seine Geburt noch durch Leistungen ausgezeichnet, vom dumpfen Gefühl einer Sendung angetrieben war er der ideale Vollstrecker nachkriegsdeutscher Sehnsüchte. Die kollektive und die individuelle Frustration verstanden sich auf Anhieb. In Hitlers Reden war jedem Stammtischwunsch Rechnung getragen: Familie, Blutsgemeinschaft, die Reinhaltung der Art, das Heilige Reich, Mythos und Mystik, aber auch Rache, Unterwerfung, die Immoralität des Starken, Volk ohne Raum mit dem Recht auf Eroberung. Einem großen Teil der Bevölkerung war das Musik in den Ohren.

Hinzu kam die Weltwirtschaftskrise, die die Bevölkerung aufs äußerste demoralisierte. Und schließlich die gigantische Dummheit der vermeintlich immer noch siegreichen Alliierten, die den demokratischen Regierungen hartnäckig verweigerten, was sie bald darauf Hitler bereitwillig zugestanden.

So wurde Hitler zum idealen Vollstrecker eines pathologischen Zustandes. Er wurde, um mit Norman Mailer zu reden, sein »Held«. »Der Held verkörpert seine Zeit und ist nicht besser als seine Zeit, aber er ist überlebensgroß und dadurch befähigt, seiner Zeit die Richtung zu weisen, die Nation den Urgrund ihres Charakters erkennen zu lassen. – Der Held offenbart der Nation den eigenen Charakter.«

Hitlers Offenbarung war gleichzeitig die Apokalypse. Denn der Charakter, den er offenbarte, war bisher nie so artikuliert worden, daß man ihm viel Beachtung geschenkt hätte. Gewiß war die schöne Barbarei, eine Art Blutästhetik bei Stefan George und einigen Schriftstellern nationalistischer Couleur ausgesprochen worden, die sich – wie seinerzeit Wilhelm II. auf die Hunnen – nun auf Alarich, die Vandalen, Elgabal oder auf mythische Gestalten beriefen, die der Kultur spotten durften, weil sie kraft ihrer Siege oder ihres Genies außerhalb aller Gesittung standen. Natürlich spukte überall im Hintergrund Nietzsches Zarathustra und seine Lehre vom amoralischen, außermoralischen Übermenschen.

Da ereignete sich allerdings nun eine grausige und groteske Verwechslung. Angelockt von der eigenen für heldisch und trutzig gehaltenen Immoralität begannen sich diese, im nietzsche'schen Sinne durchweg Schlechtweggekommenen für den Übermenschen zu halten, der sich aus seiner sicheren Überlegenheit seine eigenen Gesetze erlauben konnte. All dieses frustrierte Gesindel, die kleinen Siegfriede, denen man eine nationale, rassische und mythische Überlegenheit garantiert hatte, sahen sich plötzlich zu den Gipfeln der Menschheit befördert, begannen, ihre verklemmte Phantasie auszuleben. Angeleitet wurden sie von ihrem ebenfalls kompensationsbedürftigen Führer, dessen Dynamik dieses Geltungsbedürfnis, ein typisch kleinbürgerliches Bedürfnis, ins Überdimensionale, Ungeheure und Ungeheuerliche steigerte. So wurde das Nazireich schlechthin zur Geltungsbedürfnisanstalt – und wurde in dieser Beziehung später abgelöst durch die DDR.

Gefördert wurden die Ziele dieses hybriden Staatsgebildes durch die Technik, die zum ersten Mal so konsequent für die Erreichung von politischen Zwecken eingesetzt worden war. Rußland, das an Grausamkeit dem Nazireich nicht nachstand, hatte sicher ein besseres Spitzelsystem, aber ein viel primitiveres Vollstreckungssystem als das Dritte Reich.

Und schließlich trug der Hitlerstaat noch dem in unserer Zeit grassierenden Materialismus Rechnung. Die Rassenlehre zum Beispiel ist reiner Materialismus, weil sie leugnet, daß eine sogenannte »minderwertige« Rasse durch Züchtung, Milieu oder sonstiges Erlebnis veredelt werden kann. Aber auch der bewußte Einsatz der Massen zeigt die Verneigung vor dem Materialismus. Das Volk hatte im Nazistaat längst vor der Masse abgedankt. Die Masse bewies etwas, während das Volk ungreifbar und daher unbrauchbar blieb.

Baldur von Schirach, weiland Reichsjugendführer, hatte diesen Tatbestand absolut richtig formuliert, als er seine erste offizielle Rede in Hamburg mit den Worten begann: »Wir sechs Millionen der Hitlerjugend zählen die Massen nicht.« Das ist ein dialektisches Meisterstück. Wenn ganze sechs Millionen der Hitlerjugend die Massen nicht zählen, ist damit bewiesen – denn die große Zahl ist stets ein Beweis – daß man die Massen nicht zählen soll. Wie man jedoch, ohne zu zählen, wissen kann, daß in der Hitlerjugend sechs Millionen vereint sind, ist Schirachs Geheimnis, aber das eben ist die Mystik des Materialismus.

Kurz gesagt: Hitler war nicht ein Beweger, sondern ein Vollstrecker. Er hat als Vollstrecker einer pathologischen Situation nur pathologisch handeln können. Er hat als frustrierter und überkompensierender Mensch nur maßlos handeln können. Er hat als Materialist nur in Summen und genau definierten Größen denken können und als Mann des technischen Zeitalters Möglichkeiten der Vernichtung erschlossen, die bisher nicht erkannt worden waren.

Als kleiner Mann hat er sich kleine Männer als Handlanger gesucht. Er hat die Menschen am Untergrund ihres Bewußtseins erreicht, in Tiefen, die normalerweise unberührt vor sich hinstinken. Er hat sie zu einer Selbstentäußerung gezwungen, die sie sich später nicht mehr einzugestehen wagten.

Er hat keine Geschichte gemacht. Die Geschichte hat ihn gemacht und sich durch seine Person vollzogen. Nur so habe ich Mondorf und alles, was in Mondorf zur Sprache kam, verstanden.

Ich glaube allerdings, noch etwas anderes verstanden zu haben. Es hat in der Geschichte bereits verschiedentlich Gottesstaaten gegeben, die ihren Anspruch entweder aus einem unmittelbar erteilten göttlichen Auftrag oder aus der Göttlichkeit ihrer Herrscherpersönlichkeiten herleiteten. Der Judenstaat des Alten Testamentes würde zur ersten Kategorie gehören oder der Staat der Puritaner in der frühen amerikanischen Einwanderergeschichte. Zur zweiten Kategorie könnte man die Ägypter zur Pharaonenzeit rechnen, die letzte Phase Alexanders des Großen und das römische Kaiserreich. Dazu wohl auch die großen orientalischen Reiche wie China und Japan, deren Herrscher entweder selber göttlich oder göttlich legitimiert waren.

Im Abendland hat das Christentum mit der Göttlichkeit der weltlichen Staaten aufgeräumt. Das einzige Staatswesen, das für sich Göttlichkeit beanspruchen konnte, war die Kirche, die sich jedoch davor hütete, sich als Staat zu empfinden oder zu gerieren. Kein weltliches Regime hingegen, und sei es noch so christlich, durfte sich angesichts der Kirche göttlich nennen. Zwar war in der Bibel versichert, daß jede Obrigkeit von Gott stammte, aber damit war über die Obrigkeit kein Werturteil ausgesprochen, sondern bestenfalls die Ermahnung, daß man auch schlechte Obrigkeiten dulden mußte.

Mit dem Verfall der kirchlichen Macht begannen sich die Staaten wieder auf ihre Göttlichkeit zu besinnen. Den üblen Gottesstaat in New England hatten wir schon erwähnt, der Staat der Französischen Revolution berief sich auf die göttliche Vernunft der Aufklärung, Hegel fand eine ähnliche göttliche Vernunft im preußischen Staat verwirklicht und Marx formulierte einen Staat, der sich durch seine Vollkommenheit die vollkommene Gesellschaft schaffen und daher für alle Zeiten sich selbst aufheben konnte.

Damit war tatsächlich ein neues Zeitalter angebrochen. Da wir in unserer Zeit unzweifelhaft in die Phase des ausgehenden christlichen Mittelalters getreten sind – wobei ich zum christlichen Mittelalter die gesamte Periode vom fünften nachchristlichen Jahrhundert bis zur Gegenwart rechne – und nunmehr an dem Punkt angelangt sind, da das Christentum sowohl als geistig wie als geistliche Macht mit großer Geschwindigkeit an Einfluß verliert, beginnen sich neue Religionen, und zwar neue biblische Religionen anzumelden.

Sie sind alle politisch. Sicher hat Karl Marx, ohne es im mindesten zu wollen, die erste politische Bibel der Neuzeit geschrieben, die mit ebenso großer Gelehrsamkeit, Dogmatik, Unerbittlichkeit und Wütigkeit zitiert wird wie nur je die Bibeln der großen Weltreligionen, danach kam Lenin, dann Adolf Hitler und als bisher letzter Mao. Che Guevara geistert irgendwo als einer der göttlichen Propheten. Aber erstaunlicherweise befinden wir uns in einem Zeitalter der biblischen Reiche, die ebenso unmenschlich sind wie bisher die religiösen Institutionen waren.

Insofern ist, wie ich schon gesagt habe, das Hitlerreich keine Ausnahme und kann sich in den verschiedensten Variationen unendlich wiederholen. Sie werden alle das gemeinsam haben, daß sie aus einem Mangel, aus einer Aporie geboren sind und deshalb nach überhöhter Geltung suchen. Sie werden alle Diktaturen sein, die von einem charismatischen Führer beherrscht werden. Sie werden alle von einem Ausschließlichkeitsanspruch getragen sein. Und sie werden der eigenen Göttlichkeit unzählige Opfer bringen.

Auch das scheint eine der Lehren zu sein, die mir Mondorf erteilt hat. Die Geschichte, vernünftig oder nicht, vorausbestimmbar oder nicht, vollstreckt sich auch durch Menschen, die zu dem, was sie tun, in keinem vergleichbaren Größenverhältnis stehen. Für die Zukunft des Menschengeschlechts ist das kein tröstlicher Gedanke.